新物流培训系列

U0838147

仓储物流

管理实务培训图表书

第2版

王化晶　王连新◎编著

中国经济出版社
CHINA ECONOMIC PUBLISHING HOUSE
·北京·

图书在版编目（CIP）数据

仓储物流管理实务培训图表书 / 王化晶，王连新编著. --2 版. --北京：中国经济出版社，2022. 4

ISBN 978-7-5136-6882-8

Ⅰ. ①仓… Ⅱ. ①王… ②王… Ⅲ. ①物流-仓库管理 Ⅳ. ①F253

中国版本图书馆 CIP 数据核字（2022）第 058603 号

责任编辑 夏军城
责任印制 马小宾
封面设计 任燕飞

出版发行 中国经济出版社
印 刷 者 北京富泰印刷有限责任公司
经 销 者 各地新华书店
开　　本 710mm×1000mm 1/16
印　　张 18. 5
字　　数 437 千字
版　　次 2022 年 4 月第 1 版
印　　次 2022 年 4 月第 1 次
定　　价 88. 00 元
广告经营许可证 京西工商广字第 8179 号

中国经济出版社 **网址** www. economyph. com **社址** 北京市东城区安定门外大街 58 号 **邮编** 100011
本版图书如存在印装质量问题，请与本社销售中心联系调换（联系电话：010-57512564）

前言

PREFACE

现代仓储物流管理是将信息、运输、仓储、库存、装卸搬运及包装等物流仓储活动综合起来的新型集成式管理，即在传统仓储物流管理的基础上，运用数字信息技术，对仓储物流信息进行科学管理，从而加快仓储物流速度、提高作业准确率、减少库存、降低成本、提高存储质量，为相关部门提供优质仓储物流服务。

现代化的仓储物流是“促进经济增长的加速器”。现代物流业的发展离不开现代化的仓储管理，现代化的仓储管理必然推动现代物流业的发展。物流是仓储服务业实现增值的有效手段，而仓储是物流不可或缺的重要环节，现代物流业要快速发展，必须基于现代化仓储管理的有力支撑。实施有效的仓储物流管理，可以提高企业的服务水平、降低存储成本、实现企业效益最大化，从而增强企业的竞争力，优化资源配置。随着现代制造业和科学技术的迅猛发展，各种基础设施不断完善，市场竞争程度日益加剧，对物流仓储管理提出了越来越高的要求。

近年来，基于商流的迭代，仓储物流体系在不断创新，主要体现在以下几个方面：①功能创新。由于消费者对交付时效的要求越来越高，而仓库到消费者的距离从物理层面决定了时效。因此，仓库与生产端和消费者之间的距离是否合适非常重要。这不仅要求变革与成品物流相关的仓储网络结构，还要改革上游生产制造端的仓储布局。②基础设施创新。一定程度上，基础设施的状况决定了操作效率的高低。当今，越来越多的智能化设备在替代人工，尤其是在高端制造、消费行业、电商等领域，仓库已经从原来的普通仓升级到高标仓、智能仓。③服务创新。随着商业发展对供应链能力的要求越来越高，简单的仓配服务已经难以满足新的商业需求，迫切需要综合性的解决方案。

为满足仓储物流行业相关从业人员的需求，我们特组织有关专家编写了《仓储物流管理实务培训图表书》（第二版）。本书共分仓储规划、岗位设计、验收管理、入库管理、仓储管理、盘点管理、出库管理、包装管理、装卸搬运、配送管理、库存控制、绩效管理、安全管理和管理系统14个部分。本书内容简练全面、实用性强，既可作为相关行业培训教材，也可作为仓储物流管理者的参考书目。

由于时间和水平有限，书中难免有疏漏和不当之处，敬请读者批评指正。

见此图标 微信扫码
领取本书作者指导音频

目录

CONTENTS

第1章 仓储规划

第2章 岗位设计

第3章 验收管理

第4章 入库管理

第5章 存储管理

第6章 盘点管理

目录

第7章 出库管理

第8章 包装管理

第9章 装卸搬运

第10章 配送管理

第11章 库存控制

第12章 绩效管理

第13章 安全管理

第14章 管理系统

第15章 附录

第1章

见此图标 微信扫码
领取本书作者指导音频

仓储规划

仓库建设是一项复杂的工程，需要系统规划和详细论证，本章对仓储规划进行了全面系统的介绍。仓储管理人员，应了解仓库的分类及规划，熟悉仓库选址时应考虑的因素及策略，掌握仓库的建筑结构和平面布局。自动化立体仓库是本章的重要内容，需要重点掌握相关知识点。

1.1 概述

1.1.1 仓库

仓库是用以存放包括商品、生产资料、工具或其他财产等物资，并对其数量和价值进行保管的建筑物等设施。

表 1-1 仓库相关概念

概念	内容
仓库	保管、储存物资的建筑物
库房	有屋顶和围护结构，储存各种物资的封闭式建筑物
自动化立体仓库	利用现代信息及控制技术，可对集装单元物资实现自动存取与控制作业的仓库
仓储管理	对库存物资和仓库设施及其布局等进行规划与控制

表 1-2 仓库功能

功能	内容
调节生产与消费	生产和消费存在时间与空间上的差异，通过储存适当数量的物资，可以提高商品的时间效用，调节消费与生产在时间及空间上的矛盾
确保物资顺利流通	物资储存是流通中的重要环节，合理的库存可以保证生产不缺料、销售不缺货
降低物资运输成本	在仓库中集中储存物资，可以将零散的物资进行拼箱，采用整车运输方式，降低运输成本，提高运输效率
提高服务质量	建立靠近客户的销售仓库，企业能够按照客户的要求，将物资适时地送达，从而提高客户的满意度和企业的销售额

基于不同视角，仓库可分为多种类型，具体如表 1-3、表 1-4、表 1-5 所示。

表 1-3　仓库按经营类型分类

类别	定义	特点	适用情况
自营仓库	由企业拥有并管理的仓库	（1）企业对库存的控制能力较强，专用性较强； （2）固定资产投资较大，涉及购买工业用地和基建投资	（1）企业对仓储环境要求较高，库存周转量大且较为稳定； （2）企业融资能力较强
公用仓库	国家或企业向社会提供的仓库，向客户提供相对标准的仓储服务	（1）可以增强物流系统的灵活性，通过协议实现个性化服务，增强企业对库存或配送管理的控制能力； （2）固定资产投资较少，对库存周转量的要求较低	（1）企业对仓储环境的要求较低，而且库存周转量小； （2）货物需求量波动大，企业资金紧张
合同仓库	也称“第三方仓库”，指企业将仓库等物流活动转包给外部公司，由第三方提供综合物流服务	（1）仓库设施和仓储管理的专用性较强，服务对象专一； （2）利用仓库经营者原有的库房设施，仓库经营者和货主共同承担经营中的风险	企业对仓库专用性以及货主对货物控制力的要求较强

表 1-4　仓库按用途分类

类别	用途	特点
采购供应仓库	用于集中储存从生产部门收购供国际贸易的商品	一般设在商品生产厂商比较集中的大中城市，或商品运输枢纽
批发仓库	用于储存从供应库场调进或在当地收购的商品，从事批发供货和拆零供货业务	一般贴近商品销售市场，与采购供应仓库相比规模较小
零售仓库	主要用于零售行业短期储货	零售仓库的规模较小，所储存的物资周转速度较快
储备仓库	一般由国家设置，保管应急储备物资或战备物资	货物储存时间较长，且定期更新，以保证质量
中转仓库	处于货物运输系统的中间环节，存放等待转运的货物，仅作临时停放周转	一般设置在公路、铁路的场站和港口、码头附近，以方便货物装运
加工仓库	产品加工	加工的货物有一定延迟
保税仓库	为满足国际贸易的需要，经海关批准设立的专门存放保税货物及其他未办结海关手续货物的仓库	经过批准，可在保税仓库内对货物进行加工、储存等作业

表 1-5 仓库按货物用途分类

类别	货物用途	备注
原料仓库	用来储存生产所用的原材料	一般比较大
产品仓库	存放已经完成但未进入流通领域的产品	一般附属于产品生产企业
冷藏仓库	用来储藏需要冷藏储存的货物	多为农副产品、药品等对储存温度有要求的货物
恒温仓库	用来储藏对于储存温度有要求的产品	多为农副产品、药品等对储存温度有要求的货物
危险品仓库	用于储存可能对人体及环境造成危害的危险品	危险品对储存环境有特殊要求
水面仓库	用于储存原木、竹排等能够在水面上漂浮的货物	应做好货物的防损和防流失措施

1.1.2 库存

库存是指处于储存状态的物资，广义上的库存还包括处于制造加工和运输状态的物资。库存的类别如表 1-6 所示，库存的作用如图 1-1 所示。

表 1-6 库存的类别

分类标准	类别	内容
按在生产过程中所处的环节分类	制造库存	制造商为了满足生产的需要，保证生产的连续性和节奏性而建立的储备
	流通库存	为满足生产和生活消费的需要，补充生产和生活消费储备的不足而准备的库存
按目的分类	周转库存	在正常的经营环境下，企业为满足日常需要而建立的库存，是在下一批货物到达之前的库存，要求需求和前置期稳定
	在途库存	尚未到达目的地，处于运输状态或等待运输状态储存在运输工具中的库存
	安全库存	防止需求和前置期不稳定而准备的缓冲库存，是对作业失误和随机事件的预防，以备不时之需
	战略库存	企业为整个供应链系统的稳定运行而持有的库存
	季节库存	调节季节供需差异的库存
	投机库存	为避免因物价上涨造成损失或为从物价上涨上获利而持有的库存，具有投机性质

（续表）

分类标准	类别	内容
按经济用途分类	销售库存	用于销售的库存
	制造库存	用于生产制造的库存。 （1）原材料库存：材料、辅助材料（箱、袋、瓶、塑料等外包装）、燃料及外购的半成品。 （2）在制品库存：生产加工过程中的物资，由生产线管理。 （3）半成品库存：部分完成的产品，需要根据订单完成加工。 （4）备件库存：用于维修、维护设备而储存的配件、零件、材料、工具等。 （5）产成品库存：可以销售的产品。 （6）劳保用品库存、促销用品库存和办公用品库存等
按价值分类	贵重物资库存	
	普通物资库存	

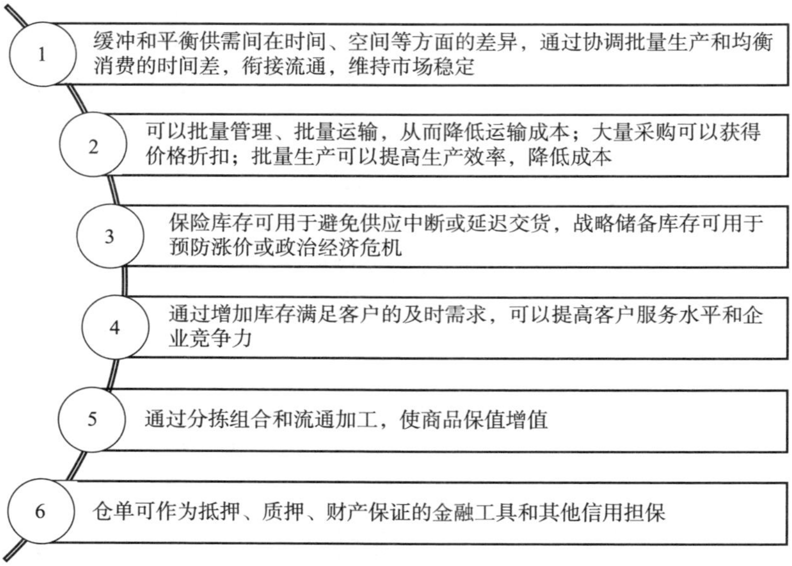

图 1-1　库存的作用

1.2　仓库选址

仓库选址是指在一个有若干供应点及若干需求点的经济区域内，选择一个地址建立仓库的规划过程。合理的选址方案可使物资通过仓库汇集、中转、分发，以及到达需求点的全过程效益最好、费用最低。由于仓库的建筑物及设备、设施投资较大，所以仓库选址要慎重。

仓库选址，应运用适当的策略进行定性或定量分析，遵循费用合理、接近客户、长远发展等原则，考虑多种因素的影响。仓库选址流程如图 1-2 所示。

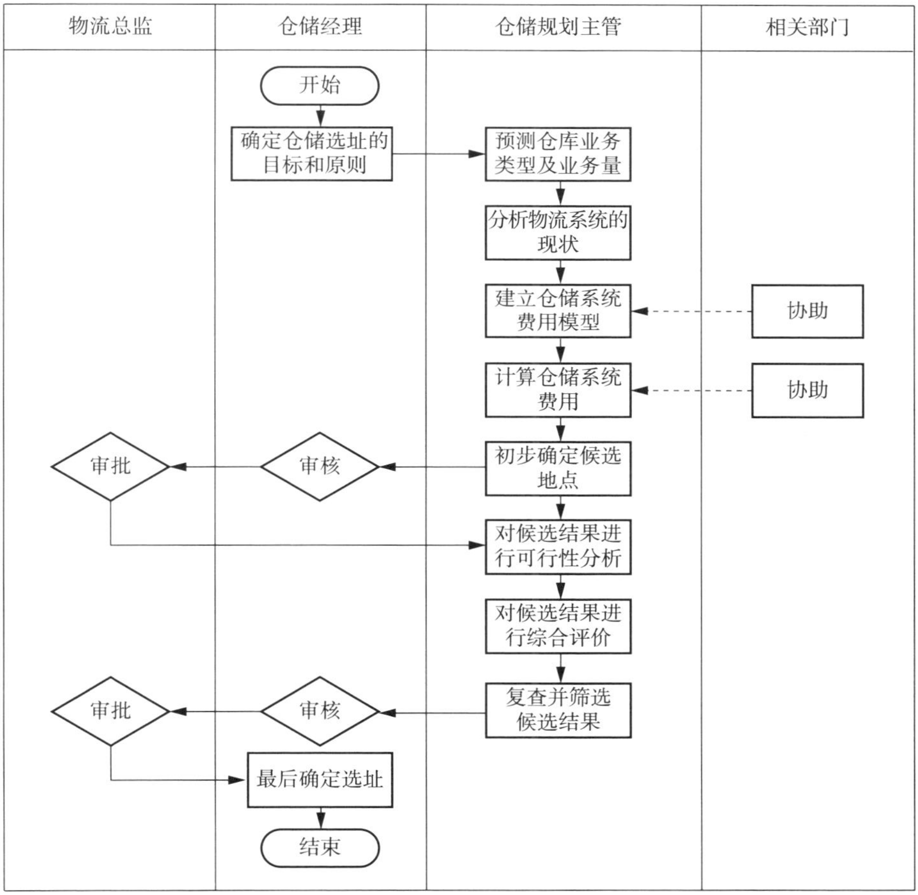

图 1-2　仓库选址流程

1.2.1　影响因素

仓库位置合理不仅能节省高昂的运输成本，更能为企业的高速良性运作带来便利。依据现代仓储管理学原理，在现代物流体系规划过程中，仓库选址应考虑的因素如表 1-7 所示。

表 1-7 仓库选址应考虑的因素

因素	内容
政策因素	（1）当地政府部门是否有招商政策优惠（如减税）； （2）是否符合城市规划要求，如土地开发限制（是工业用地还是农业用地）、近期是否有拆迁和道路建设规划； （3）该区域内发展的主导产业是什么，如不能选择生产“危化品”的产业园区； （4）城市扩张速度与方向； （5）当地环境保护要求和周边状况等，仓库作为火灾重点防护单位，不宜设在易引发火灾的工业设施附近
经济因素	（1）土地与建筑成本； （2）区域内公共设施配套情况，包括供排水、供电、燃气运输、通信设施、垃圾处理等； （3）运营费用，如是否需要缴纳物业管理费等
人力因素	（1）附近劳动力可用性、薪资水准、劳动力素质等； （2）可提供给员工的交通条件，含公交、地铁等； （3）附近食（菜市场、小饭店）、宿（宿舍）、购物（大型超市）设施是否配套； （4）是否属于少数民族聚集区，是否位于居民区附近
交通因素	（1）仓库所在地应交通便利，首选干线公路、火车站、港口或高速公路与城市交通网络的交会地，以减少运输环节中的装卸次数； （2）仓库要远离交通拥堵的区域； （3）交通成本如何，是否必须经过收费站； （4）附近宜有较大的物流配送市场
客户因素	（1）与客户的距离，尽量接近较多客户； （2）客户对物流服务的需求
气候因素	（1）仓库所在地的空气湿度、温度、风力、无霜期长短、冻土厚度等自然条件； （2）仓库所在地的年降低水量、水资源供给状况等
地质因素	（1）土壤的承载能力，仓库是大宗商品的集结地，货物会对地面形成较大压力； （2）如果地下存在淤泥层、流沙层、松土层等不良地质环境，则不宜建设仓库； （3）远离容易泛滥的大河流域和上溢的地下水区域； （4）地下水位不能过高，故河道及干河道不适宜建设仓库； （5）仓库应建设在地势高、地形平坦的地区，尽量避开山区及陡坡地区，最好选长方形用地
自身因素	（1）根据企业的经营方针和政策确定仓库位置、性质及建设形态； （2）提前预估存货流量，仓储空间应至少满足 5~10 年的业务需求； （3）根据所储存的产品种类及大体数量确定设施规模； （4）分析货物流向，避免大量货物倒流、回流、重复运输； （5）自有的装卸、搬运设备在新仓库中是否可以继续使用

1.2.2 定位策略

仓储系统选址包括两个方面：一是选位，二是定址。首先，确定某一地区；其次，选择在该地区什么位置建设仓库。仓库选址的策略、方法和阶段分别如表 1-8、表 1-9、表 1-10 所示。

表 1-8 仓库选址的策略

策略	内容
制造定位	（1）将仓库选在接近产地的地区，其通常用来集运制造商的产成品； （2）影响因素包括原材料的保存时间、产成品组合中的品种数、客户订购的产品种类、运输合并率、终端反应速度
中间定位	（1）将仓库选在制造商和终端客户的中间位置； （2）能够加快对终端客户需求的反应速度，提升客户服务水平，有利于加强制造场地和终端客户的衔接
市场定位	（1）将仓库建在离最终客户最近的区域，常用于分销仓库； （2）影响因素包括运输成本、订货周期、产品敏感性、订货规模、当地运输的可获得性和需要达到的客户服务水平

表 1-9 仓库选址的方法

方法	内容
定量	（1）解析法，包括线性规划法、整数规划法、混合规划法、重心法等； （2）模拟法，使用计算机软件建立仿真模型，根据各相关因素模拟仓库运作，由结果确定最优地址； （3）启发式方法，包括遗传算法、神经网络算法、退火算法、蚁群算法等
定性	（1）加权因素比较法（决策矩阵），是指把各项因素进行加权综合比较，充分考虑各种因素对于方案的影响程度，客观地对每个方案的各因素打分，得分最高的方案即为最优方案； （2）德尔菲法，又称“专家调查法”，用“背对背”的判断代替“面对面”的会议，即采用函询的方式，依靠调查机构反复征求每个专家的意见，经过客观分析和多次征询，使各种不同意见逐步趋于一致

表 1-10 仓库选址的阶段

阶段		内容
分析阶段	需求分析	根据企业发展战略与规划，对客户及潜在客户的分布进行分析
	费用分析	（1）评估工厂到仓库之间的运输费，仓库到客户之间的配送费，与设施和土地有关的费用及人工费等； （2）运输费随着距离的变化而变动，而与设施和土地有关的费用是固定的，人工费则要根据业务量的大小确定
	约束条件分析	（1）地理位置是否合适，是否符合城市或地区的发展规划； （2）是否符合政府的产业布局，有没有法律制度约束； （3）选址地点的地价情况等
筛选及评价阶段	地址筛选	对取得的所有上述资料进行整理和分析，考虑各种因素的影响，并对需求进行预测，初步确定选址范围，即确定初始候选地点

（续表）

阶段		内容
筛选及评价阶段	定量分析	针对不同情况选用不同的模型进行计算，得出结果。对多个仓库选址时，可采用奎汉·哈姆勃兹模型、鲍摩·瓦尔夫模型等；对单个仓库选址时，可采用重心法
	结果评价	结合市场适应性、购置土地的条件、服务质量等条件对计算所得结果进行评价，看其是否具有现实意义及可行性
	复查	分析其他影响因素对计算结果的相对影响程度，分别赋予其一定的权重，采用加权法对计算结果进行复查
	确定选址结果	通过加权法复查，计算所得的结果即可作为最终的计算结果；但是，所得解不一定为最优解，可能只是符合条件的满意解

1.3　仓储规划

为了更加有效地利用仓库，提高存货周转能力，使作业有序进行，需对仓库进行合理规划，提高其利用效率。

1.3.1　仓库结构

仓库建筑类别和仓库建筑结构分别如表 1-11、表 1-12 所示。

表 1-11　仓库建筑类别

类别	内容
库房	（1）平房结构储存物资不必上下移动。 （2）多层仓库要特别重视物资上下楼的通道建设。如果是周转量大的流通仓库，则二层采用立交斜路方式，车辆可直接行驶到二层仓库。二层同时可以进行收货、验货、保管货物，一层则可用作笨重物资保管和配货、大型车辆装卸。 （3）库房用来存放受气候条件影响较大的物资，常用的建筑结构分为砖木结构、水泥混凝土结构、全钢结构 3 种
货棚	货棚只有顶棚，四周并不封闭，用来储存受气候影响不大的物资，如桶装液体货物、有色锭材、汽车及机械设备
货场	用来储存物资的露天堆场，主要储存基本不受天气影响的物资，如大型钢材、水泥制品等

表 1-12　仓库建筑结构

构件	内容
基础	仓库基础部分一般根据建筑物重量、地面耐压强度及土质条件，采用预制混凝土桩或混凝土浇筑桩建造
骨架	仓库一般采用框架式结构，由立柱或墙壁等构成，柱间距和立柱位置对仓库的易用性有很大影响

（续表）

构件	内容
立柱	（1）立柱是骨架的主要组成部分，是承载梁、屋顶等上层载荷的主要构件。仓库内如有立柱，会减少仓库容量并影响装卸作业，因此应尽量减少立柱数量，同时权衡其对仓库坚固性的影响。 （2）一般仓库的立柱间隔，应考虑出入库作业的效率，以汽车或托盘的尺寸为基准，通常以7米间隔较为适当，适合2台大型货车的宽度（2.5米×2）或3台小型货车的宽度（1.7米×3）的作业间隔。 （3）采用托盘存货或作业的，因托盘的种类和规格不同，以适合存放标准托盘6个为间隔，如采用标准托盘的间隔应略大于7.2米（1.2米×6）。 （4）平房仓库，拓宽立柱间隔较为容易，可以设计较大的立柱间距；钢骨架建筑的仓库可不要立柱
墙壁	（1）内墙应按照建筑物防火要求设立防火墙，并在防火墙的中间部分设通路，通过防火门使各个区域成为独立的保管场所。 （2）外墙包括地板、楼板和门，必须采用防火结构或简易的耐火结构，使用不易燃烧的材料
屋顶	应具有一定的坡度，一般可采用镀锌钢板、石棉瓦、带色钢板等材料，且必须可阻燃
地面	（1）仓库地面的结构应考虑耐压强度，一般平房仓库为2.5~3.0吨/平方米。地面承载能力由所保管货物的重量、所使用装卸机械的总重量、楼板骨架的跨度所决定。 （2）地面要采取防止磨损、龟裂及剥离的施工方法，除特殊情况外，最好用喷射混凝土和抹板加工；地面要有良好的防潮措施；储存易燃品的仓库应采用柔性地面，防止产生火花。 （3）低地面式仓库，地面高度比基础地面高出0.2~0.3米；高地面式仓库，地面高度要与用于出入库的车厢高度相符，其中大型载货车（5吨以上）为1.2~1.3米，小型载货车（3.5吨以下）为0.7~1.0米，铁路货车站台为1.6米
出入口	（1）仓库出入口的位置和数量由建筑物的主体结构、进深长度、库内货物堆码形式、通路设置、出入库频率、作业流程等因素决定。多数情况下，每1000~1500平方米设4个出入口，但出入口过多会造成货物堆存面积损失。 （2）出入口尺寸的大小，由货车是否出入库，所用叉车的种类、尺寸、台数、出入库频率，以及保管货物的尺寸大小等因素决定。普通仓库出入口的宽度、高度尺寸一般为3.5~4.0米。如果货车能够进入库内，则出入口的有效高度为4米，有效宽度为4米；如果货车不能进入库内，则有效高度上限为3.7米，有效宽度上限为3.5米。 （3）防火墙的开口、高及宽均为2.5米；库内墙壁开口处的尺寸由叉车高度、宽度以及货物尺寸、人行通道尺寸决定。 （4）出入口的开启有拉门式、开启式及卷帘式3种
窗户	用于采光和通风，种类主要有高窗、地窗和天窗。仓库为了防盗、防漏和排水，一般只采用高窗
房檐	通常设置在出入口外侧，宽度一般为4米。作用是遮挡雨雪，以保证在雨雪天气能够正常进行出入库作业。另外，房檐下可以临时放置货物
层高	理论是越高越好，但实际上受货物所能堆码高度、叉车扬程、货架高度等因素限制，一般不应低于9米
站台	需要设置站台的仓库，其站台平面应与车厢地面和仓库地面平齐，但一般要比库外地面高出1.1米左右。站台宽度根据库内流动机械的回转半径确定，一般为6~8米

1.3.2 总体规划

仓库规划包括地址选择、库内整体布局、储存空间布局、作业区及货位规划等，是物流规划的一个重要模块，对作业效率的高低、实现仓储作业的便利性和数据准确性、提高货物保管质量、提升服务水平等起着基础性作用。仓库规划应考虑的因素、仓库规划的内容、仓库总体规划流程、确定仓库数量应考虑的因素及仓库主要经济指标分别如表 1-13、表 1-14、图 1-3、表 1-15、表 1-16 所示。

表 1-13　仓库规划应考虑的因素

因素	内容
与仓库类型相适应	分析仓库类型，明确库房定位、规模，综合考虑储存物资的类别、安全性质、仓储经营的特点、吞吐量大小及合理的作业流程，并制定与仓库类型相适应的库房内部规划
与周边环境相适应	按照作业的连续性和比例合理确定库房的位置及内部各功能区分布，防止资源的不必要闲置和浪费
整体性、合理性、前瞻性	结合企业的规模，不可一味求大、求好。综合各种因素，兼顾企业与库房未来的发展计划和要求，制定合理的库房规划，并具有一定的前瞻性
符合安全、卫生要求	为避免重大损失，仓库的防火、防盗安全措施非常重要，多数物资要求防水、防潮、防风吹日晒、防尘，库房要为物资的保管创造适宜的环境和良好的条件；对于特殊物资，如放射性物质，要注意防辐射；对于有毒气体和物资，工作人员在作业时要避免中毒；对于食品、调料品等物资，在保管过程中要注意符合国家相关的卫生检疫规定

表 1-14　仓库规划的内容

项目	内容
确定总体布局	根据库房作业和管理需要，应对整个库房的所有设施、设备、人员进行规划，确定各自的分布，并对各类设备、各种仓储物资、库房内各方位进行编号和区分，以便于商品的快速查找和作业的有序进行
划分作业区	按照仓储物资的物化特性、作业要求的不同，依据专业化对作业区进行细分
划分货位	把货物储存区细分为货位并进行编号；确定库房内的作业通道，保证每一个货位都能与通道连通，方便人员、设备通行，并确定仓库作业流程和物资动线
确定主要经济指标	包括库房主要设备利用率、库房吞吐储存能力、库存周转率和储存能力利用率等
岗位人员设计	确定仓库的工作岗位和管理责任，明确班、组人员范围
明确未来发展方向	包括库房规模的可扩张性、库房机械化水平的发展目标和技术改造方向等

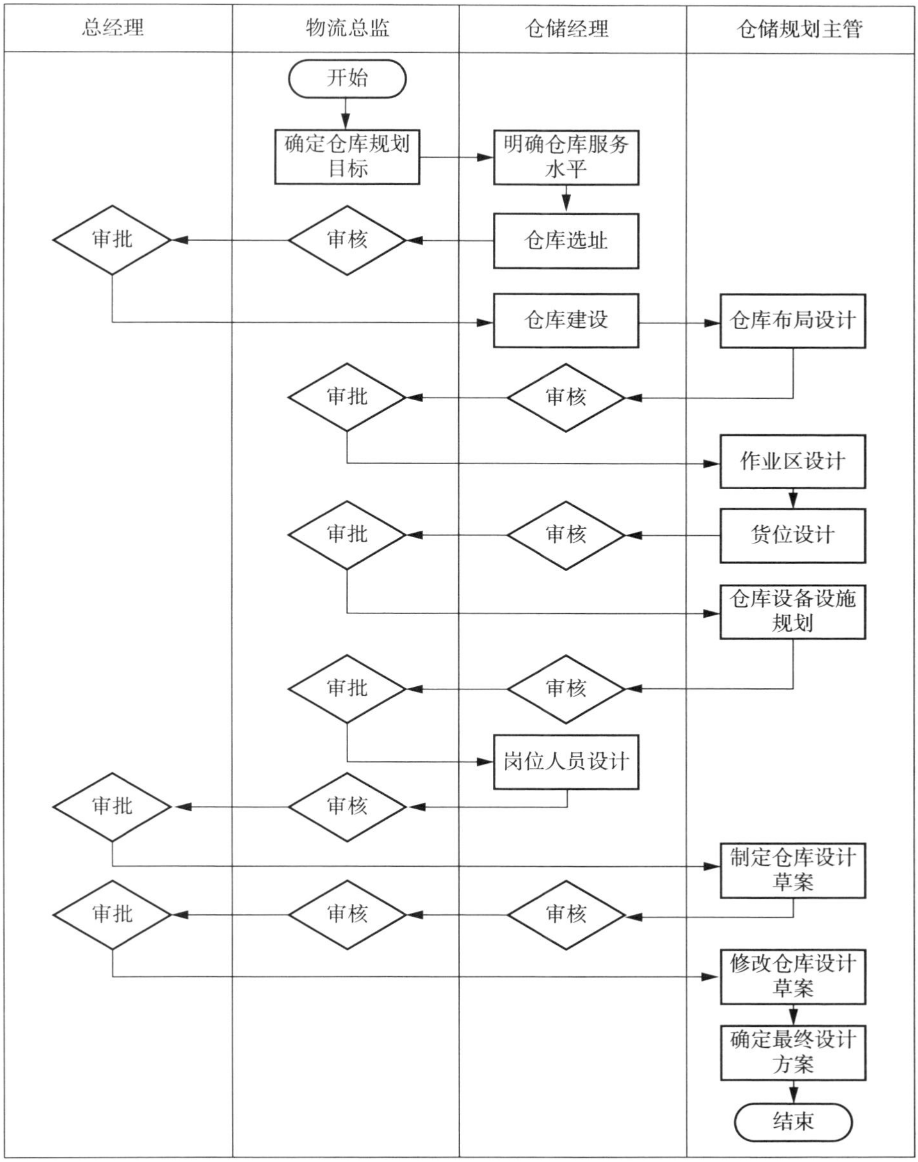

图 1-3　仓库总体规划流程

表 1-15　确定仓库数量应考虑的因素

因素	内容
物流总成本和滞销商品成本间的关系	（1）一般来说，随着仓库数量的增加，运输逐渐减少，运输成本逐渐降低，存货成本和仓储成本逐渐增加； （2）增加的仓库更接近客户和市场，能够及时满足客户需求，提高对客户的服务水平，减少滞销机会，降低滞销商品成本
客户要求的服务水平	当客户对服务水平要求较高时，就需要更多的仓库网点来及时满足客户需求
运输的服务水平	如果不能提供合适的运输服务，则只能通过增加仓库网点来满足客户对交货期的要求
中转供货的比例	当企业直接送货的比例大时，企业需要的仓库网点就比较少，中心区域的仓库规模就比较大；当企业直接送货的比例小，中转供货的比例大时，企业需要的仓库网点就比较多
WMS 和 TMS 及供应链管理的应用	通过运用管理系统，提高仓储工作效率，及时响应客户需求，仓库网点会越来越少
单个仓库的规模	单个仓库的规模越大，管理系统越完善，仓库数量越少；反之，则要增加仓库数量

表 1-16　仓库主要经济指标

指标		内容
影响仓库面积的主要因素	平均库存量	决定所需仓库的面积，以一定时期内日常经营中实际库存量的平均值核算，单位可为吨、立方米或托盘数，这一指标可反映日常工作量的大小
	仓库吞吐量	反映实际出入库的货物量，与仓库面积成正比
	货物品种数	在货物总量一定的情况下，货物品种数越多，所需仓储面积越大
	作业方式	机械化作业必须有相应的作业空间
	经营方式	如配送量大需设有配货区，流通加工需要有作业区等
建筑面积及各项参数	建筑系数	建筑物实际占地面积与库区总面积之比，反映库房及各建筑物在库区内排列的疏密程度，以及在总占地面积中库房所占比例
	建筑面积	（1）建筑面积指仓库建筑结构实际占地面积，用外墙线所围成的平面面积计量，多层建筑面积为每层平面面积之和； （2）除去墙、柱等无法利用的部分后的面积称为“有效面积”，理论上讲，有效面积均可利用； （3）有效面积中有一些无法直接进行储存活动（如楼梯），除去这一部分后的面积称为“使用面积”
	建筑平面系数	库房使用面积与建筑面积之比，用于衡量使用面积所占比例

（续表）

指标		内容
其他技术参数	库房有效容积	仓库有效面积与有效高度之积，用于描述仓库立体的储存能力和利用情况。除去必要的通道和间隙后，能够堆放货物的最大数量称为“库容量”，可用吨、立方米或货物单元表示
	库房高度利用率	货垛或货架平均高度与库房有效高度之比，反映空间高度被有效利用的程度
	出入库频率	出入库货物的频繁程度，反映作业量的大小和作业速度的高低，其大小决定了搬运设备的参数和数量，一般用吨/小时、托盘/小时、立方米/小时表示
	库存周转次数	年入库总量或年出库总量与年平均库存之比。在年入（出）库总量一定的情况下，提高周转次数可降低库存数量，减少有效容积的占用。库存周转次数越多说明资金周转越快，对于储备性仓库来说这不是一个重要指标
	利用率	（1）仓库面积利用率：一定时点存货占用的面积与可利用面积之比。 （2）仓库空间利用率：一定时点存货占用的空间与可利用空间之比。 （3）单位面积的库容量：总库容量与占地面积之比，用于评价储存空间的利用程度。 （4）库容量利用系数：平均库容量与最大库容量之比，一般取平均值，用于评价储存能力的利用程度
	效率指标	（1）全员平均劳动生产率：全年出入库总量与总人数之比，取决于仓库机械化程度。 （2）装卸搬运作业机械化程度：使用机械装卸搬运货物的作业量与总的装卸搬运作业量之比。 （3）机械设备的利用系数：机械设备的全年平均小时搬运量与额定小时搬运量之比，可用来评估机械设备配置的合理性
影响仓库性能的其他指标		包括贮存物资的特性、托盘及其辅助工具的尺寸、自动化程度、出入库平均作业时间、其他约束条件（如运输条件及地面承载能力）等

1.3.3 仓库布局

仓库布局指在一定区域或库区内，对仓库的数量、规模、设施、道路等要素进行的科学规划和总体设计。在充分利用现有仓库内部空间的情况下，应根据储存物资特点、企业财务状况、市场竞争环境和客户需求情况适时改变仓库布局。

仓库布局的目标：一是提高仓库产出率；二是便于管理人员进行作业管理，提高储存物资的流动速度；三是降低成本；四是在运输、保管、装卸物资等方面提高客户服务水平；五是给管理人员提供良好的工作环境与条件。仓库布局的基本原则及区域规划方法、影响仓库布局的主要因素、仓库布局设计流程、仓库的总体构成和仓储面积的计算方法分别如表 1-17、表 1-18、图 1-4、表 1-19、表 1-20 所示。

表 1-17　仓库布局的基本原则及区域规划方法

项目		内容
仓库布局的基本原则	遵守各种建筑及设施规划的法律法规	如库内各区域间、各建筑间根据《建筑设计防火规范》的有关规定，安排一定的防火间距，并设置防火、防盗、防雷等安全设施
	适应现有各种机械设备的使用特点	方便装卸、搬运、运输等作业操作，结合设备大小、类型、转弯半径的限制，尽量缩减通道所占用的空间
	适应仓储作业流程	（1）单一物流方向：安排好物资的装卸、验收、储存位置，保证能够按照一个方向且尽量直线流动，避免逆向操作和大幅度改变方向的低效率运作。 （2）最短的运距：物资出入库和库内搬运时满足作业流畅性要求，交通运输线相互衔接，避免交叉和干扰，减少物资的搬运距离。 （3）最少的装卸环节和次数：物资的卸车、验收、堆码作业最好一次完成，减少装卸搬运环节和次数
	充分利用空间	最大限度地利用平面和空间，节省建设资金
	产品相容	（1）保管在同一区域的物资必须具有互容性。 （2）保管条件不同、作业手段不同、灭火措施不同的物资不能混存
	尽量使用单层结构	造价低，资产的平均利用效率高
区域规划方法		（1）按仓储的功能不同进行分区。 （2）按库存商品理化性质不同进行分区，确定存入同一库房的物资品种理化性质相同，便于采取同样的养护措施。 （3）按库存商品使用方向不同进行分区。 （4）按库存商品供应商不同进行分区（便于项目管理）

表 1-18　影响仓库布局的主要因素

因素	内容
仓库的职能	仓库除了提供储存功能外，是否同时提供货物集中、拆装、混合等多项服务
储存物资的种类	仓库储存物资的种类是单一货物还是多种货物
储存物资的规格	储存物资的重量、体积
储存物资的属性	储存物资的特点和性质对储存条件的要求
储存物资的包装	储存物资的包装是否采用托盘等成组形式
储存物资定位方法	即定位储存和随机储存，定位储存一般对特定物资指定固定位置；随机储存没有此类要求，进库物资可根据入库情况随机摆放
库存周转速度	一般对周转慢的货物特别划定储存区进行保管

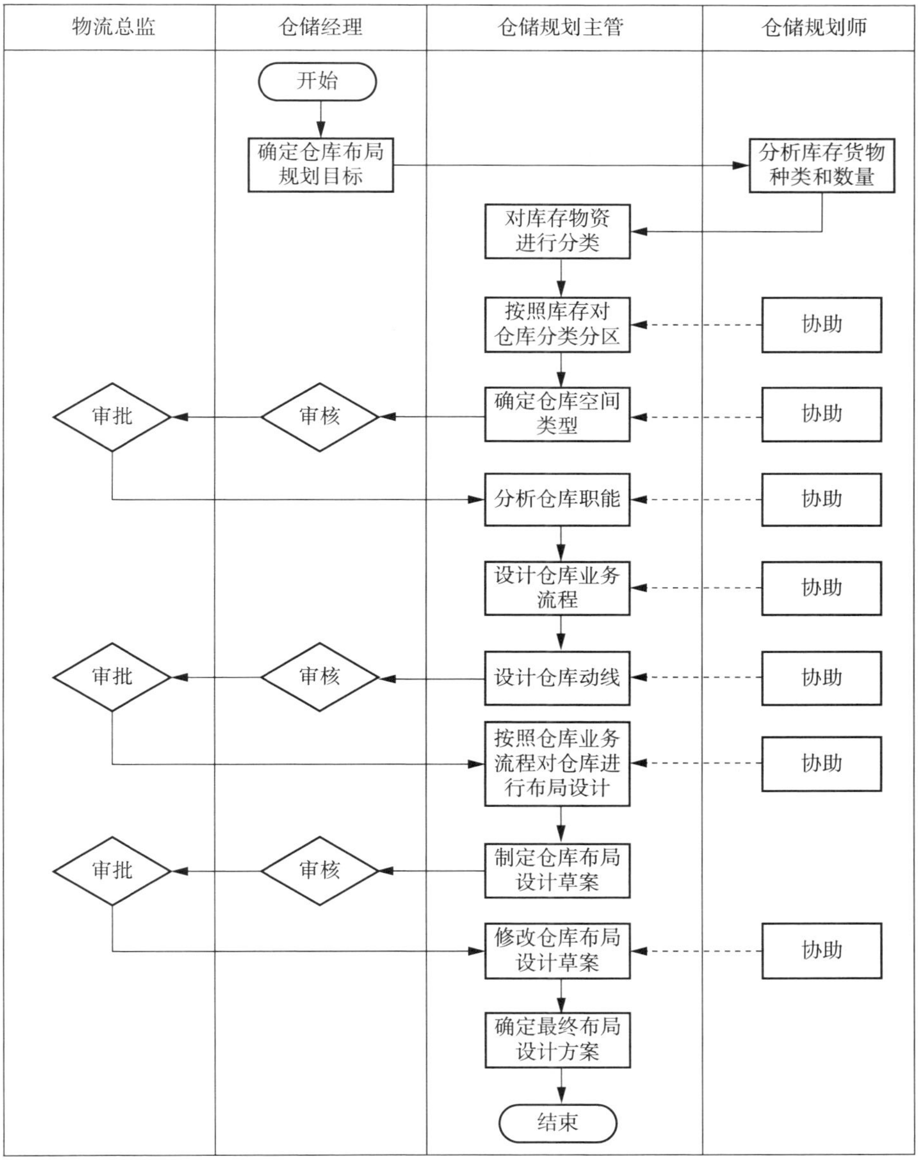

图 1-4　仓库布局设计流程

表 1-19 仓库的总体构成

仓库构成		内容
仓储作业区	进货区	卸货、清点、检验及卸车后未清点货物暂存场所
	加工区	对到货进行简单处理的场所，此处货物被区分为直接分拣配送、待加工、入库储存和不合格需清退等，分别送往不同的功能区；同时，贴条码、改包装、称重、贴价格标签等工作也在加工区进行
	储存区	（1）仓库中最重要、面积最大的区域，主要用于货物的储存和保管，通常配有多层货架。一般情况下，如果空间足够大，储存区就可以分为拣货区和补货区。拣货区用于货物拣选；补货区用于储存量大的货品，分拣区域某些货架清空时（或货架上货品达到最低量时），由补货区补充货物到货架。（2）在储存区角落应分隔出危险物品区，用于存放危险物品，或需要其他特殊处理、特殊保管条件的货品
	打包区	货物分拣后进行装箱、复核、粘贴发货标签作业的场所
	发货区（集货区）	已打包货物粘贴物流标签、暂存等待装车场所
	退货区	存放等待处理的退货，以及货物残损、不合格或需要重新确认等待处理的场所
	废弃物处理区	对废弃包装物（塑料袋、纸袋、纸箱等）、损坏货品（含过期）等进行清理或回收复用的场所
辅助作业区	设备存放及维修区	存放配送车辆、叉车、托盘等设备及其维修工具的场所
	配套设施区	包括变电室、配电室、工具间、杂物间、主要通道、辅助通道、电梯间、楼梯间等
	其他区域	包括等待装货或卸货车辆的临时停放区域、车辆移动用空间（转弯、倒车等）、库外道路、铁路专用线、停车场、站台、环境美化绿化区等
行政生活区	办公区	办公室、会议室、计算机作业室、警卫室等，一般设在仓库入口附近，便于业务接洽和管理
	活动区域	包括休息室、吸烟室、洗漱间、餐厅、厨房、宿舍、非机动车停放场所等

表 1-20 仓储面积的计算方法

储存方式	计算方法
计重物资就地堆码	$S=\frac{Q}{N}$，其中 S 为实用面积，单位为平方米；Q 为物资的最高储备量，单位为吨；N 为物资的仓容定额，单位为吨/平方米；仓容定额是单位面积上的最高储备量
计件物资就地堆码	$S=\frac{\text{单件底面积}\times\text{总件数}}{\text{规定堆积层数}}$
货架存放	货架占用面积 $S=\frac{Q\times L\times B}{L\times B\times H\times K\times R}=\frac{Q}{H\times K\times R}$，其中 Q 为上架存放物资的最高储备量，单位为吨；L，B，H 为货架的长、宽、高，单位为米；K 为货架的容积充满系数；R 为上架存放物资的容重，单位为吨/平方米
托盘码放	单件商品放置在托盘上时，所占用面积＝每个托盘的面积×托盘个数。一般情况下，每个托盘只放置一种货品，以免混淆。在计算实际使用面积时，一般按照托盘占用面积的 2 倍核算，以涵盖通道所占用的空间

动线是物资在库房中运动的轨迹，仓库规划时要重点考虑。设计动线时，一是让货物的运动路线尽可能短、直接，不往复，防止无效搬运；二是动线不要交叉，避免冲突。仓库常见动线类型、货区布置应遵循的原则、货区布置方式及货位规划的原则分别如表1-21、图1-5、表1-22和表1-23所示。

表1-21　仓库常见动线类型

动线类型	内容
U形	（1）在库房的一侧有相邻的两个发货月台和收货月台（或出入口）。 （2）使用同一通道供车辆出入，易于控制和安全防范，适于越库作业；可在建筑物3个方向上进行空间扩张；储存区靠里集中布置，能够充分利用空间
I形	（1）出货区域和收货区域在库房的不同方向。 （2）可应对进货、出货高峰同时发生的情况，常用于接收相邻加工厂的货物，或用不同类型的车辆进行进货和出货
L形	（1）需要快速处理货物时采用，可使货物出入库房的路径缩至最短。 （2）可应对进货、出货高峰同时发生的情况，适于越库作业，能够同时处理“快流”及“慢流”的物资
S形	（1）需要多步骤处理物资时采用。 （2）在宽度不足的库房中，可满足多种流通加工工序的需要；可与I形动线结合使用

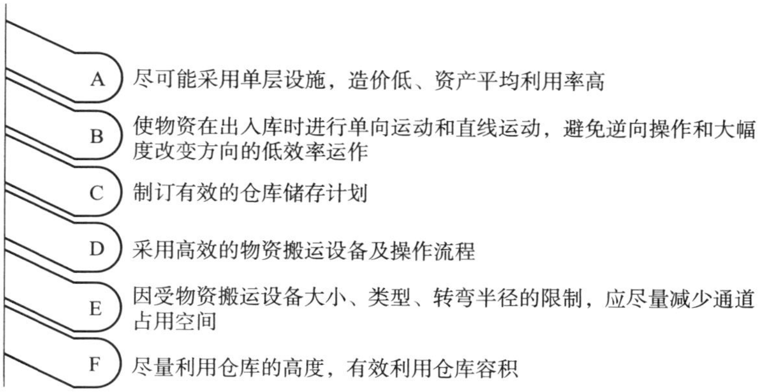

图1-5　货区布置应遵循的原则

表1-22　货区布置方式

布置方式		内容
仓库空间布置		库存物资在仓库立体空间上布局，以便有效利用仓库空间，形式主要有就地堆码，利用托盘、集装箱堆码，上货架、架上平台存放和空中悬挂
仓库平面布置	垂直式布置	货垛或货架排列与仓库的侧墙互相垂直或平行，包括横列式布局、纵列式布局和纵横式布局。具体如下。 （1）横列式布局指货垛或货架的长度方向与仓库的侧墙互相垂直，主通道长且宽，副通道短；特点是整齐美观、便于存取查点、利于通风和采光。

（续表）

布置方式		内容
仓库平面布置	垂直式布置	（2）纵列式布局指货垛或货架的长度方向与仓库侧墙平行，在库时间短，进出频繁的物资放置在主通道两侧；在库时间长，进库不频繁的物资放置在里侧。 （3）纵横式布局指在同一保管场所内，横列式布局和纵列式布局兼而有之，可以综合利用两种布局的优点
	倾斜式布置	倾斜式布置指货垛或货架与仓库侧墙或主通道成 60 度、45 度或 30 度夹角。货垛倾斜式布局是横列式布局的变形，是为了便于叉车作业、缩小叉车的回转角度、提高作业效率而采用的布局方式。通道倾斜式布局指仓库的通道斜穿保管区，把仓库划分为具有不同作业特点的区域，如大量储存和少量储存的保管区等，便于进行综合利用。在这种方式下，仓库内布置复杂，货位和进出库路径较多

表 1-23　货位规划的原则

原则	内容
最接近物流出口原则	在规定固定货位和随机货位的基础上，要求物资摆放在离物流出口最近的位置
流动性高者优先原则	经常出入库、频次高且出入量较大的品种放在离物流出口最近的固定货位上
关联原则	由于 BOM 表或操作习惯，两个或两个以上相关联物资经常同时使用。如果放在相邻位置，则可以缩短分拣人员的移动距离，提高工作效率
唯一原则	同一物资要求集中保管在唯一货位区域内，便于统一管理，避免多货位提货
系列原则	同一系列物资，应设置在一个大的区域中
隔离易混物资原则	外观相近，肉眼难以识别的物资，在标识清晰的基础上，间隔两个以上货位，防止混淆
批号管理原则	适用于对有效期比较敏感的物资，一个批号的产品必须单独放置一个货位；采用“先进先出”方式进行严格管理，同一批号产品如果检验不合格不允许放行，设立红牌警示，避免发生质量事故
面向通道原则	物品的标识面对通道，便于分拣人员流畅地工作
合理搭配原则	要考虑物资的形状、大小，根据仓库的实际条件，合理搭配空间；既要避免空间不足、多货位放货，又要避免空间太大使用不充分
上轻下重原则	楼上或上层货位摆放较轻的物资，楼下或下层货位摆放较重的物资，可以降低搬运强度，保证货架、建筑与人员的安全
危险品单独存放原则	化学品、易燃易爆等危险品要重点管理维护，避免影响其他物资的安全
目视化看板原则	绘制货位平面图（仓库定置图），标明物品货位，以便分拣人员能准确无误地分拣出正确的商品

完成仓储空间布局后，应对各组成要素画线标识或定位，仓库内标识线类别及规格如表 1-24 所示。

表 1-24　仓库内标识线类别及规格

标识线类别	规格	目的
货架定置线	水泥地一般用 50 毫米蓝线，颜色要与地面颜色对比明显；货架两边距离定置线 50 毫米	规范货架摆放位置
货架物品区域标识线	深色货架用黄色磁条，浅色货架用蓝色磁条，15 毫米，要求颜色对比明显；物品应摆放在区域标识线内，先进物品摆在靠近定位标识线一侧；同一区域内只能摆放同一种商品	规范货架物品的摆放位置
仓库通道线	黄线，主通道线 100 毫米，其他通道线 50 毫米	规范仓库通道区域
仓库区域标识线	黄线，50 毫米	规范仓库内各区域
库房过门	黄线，宽度与墙面相当	确保安全
库房门两侧立柱	黄黑线，左低右高，间距 100 毫米，斜度 45 度，从地面开始向上涂覆 1200 毫米	警示作用
突出物或坑道周围、消防设备区	黄黑线	警示作用
设备定置线	黄线，50 毫米	规范设备摆放位置

1.3.4　设备规划

不管是自动化、半自动化，还是人工管理的各类仓库，所需设备都可以划分为储存设备、装卸搬运设备、流通加工设备、集装单元器具、信息采集与处理设备、运输设备、其他设备。仓库常用设备种类及名称与仓储设备规划流程分别如表 1-25、图 1-6 所示。

表 1-25　仓库常用设备种类及名称

设备种类	常用设备名称
储存设备	主要有货架、堆垛机、室内搬运车、出入库输送设备、分拣设备、仓库机器人、搬运机器人等
装卸搬运设备	主要有千斤顶、葫芦、起重机、装卸桥、输送机、提升机、架空索道、叉车、牵引车、跨运车等
流通加工设备	主要有切割机械、包装机械（充填、罐装、捆扎、裹包、贴标、封口、清洗、干燥、杀菌、真空包装）设备等
集装单元器具	包括集装箱、托盘、集装单元器具
信息采集与处理设备	如 GPS、GIS、条码（含二维码）、射频识别（RFID）、移动通信网络、计算机网络、自动化立体仓库等
运输设备	包括载货汽车、货船、管道运输设备等
其他设备	（1）保管养护设备：测湿仪器、去湿机、通风机、除锈机、空气幕等。 （2）计量设备：地磅等。 （3）安全消防设备：防盗报警设备、火灾自动报警设备（感烟探测、感温探测、火焰探测、可燃气体探测器等）、灭火器、自动喷水灭火设备、消防车、消防梯、消防水泵、给/蓄/水泵设备等

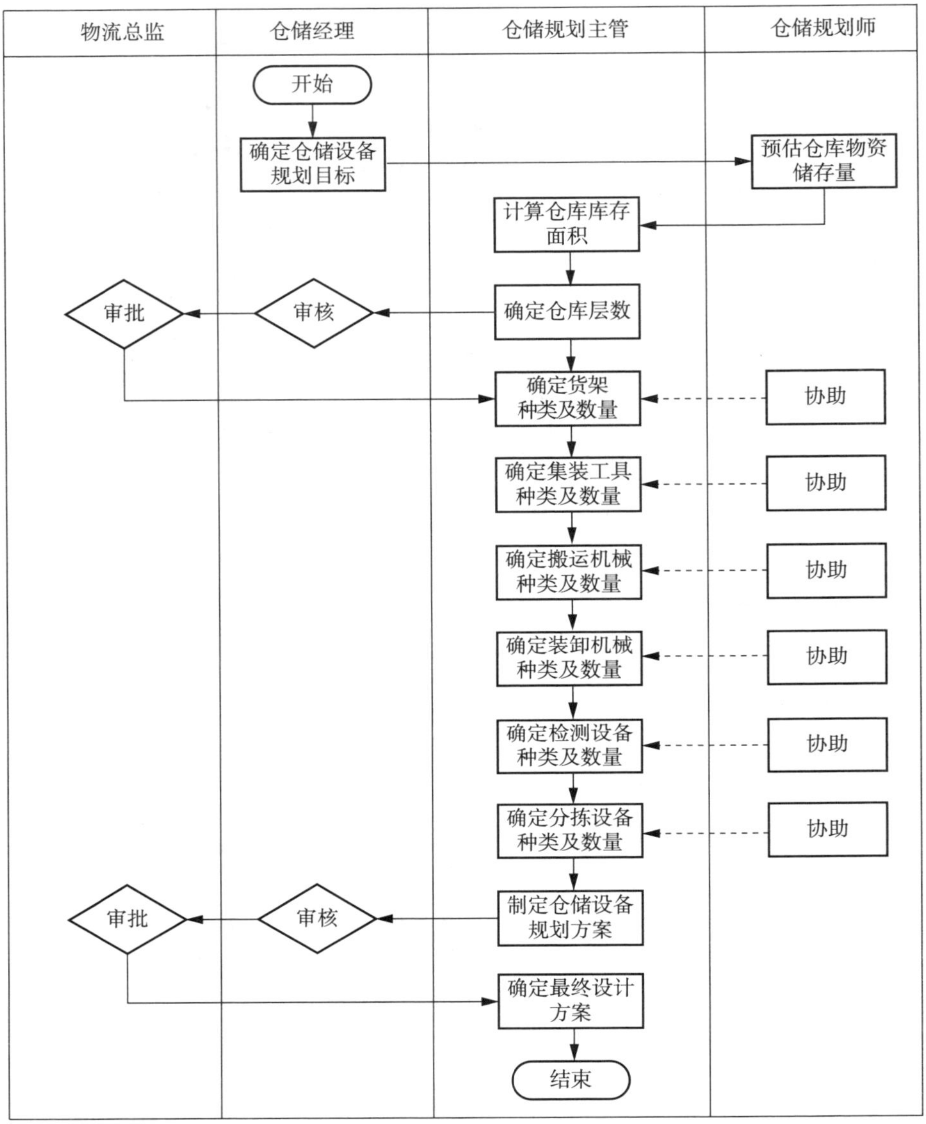

图 1-6　仓储设备规划流程

对仓储设备进行规划时，要充分估算物资的储存数量，根据仓库库存面积，合理选择货架、集装工具、搬运装卸机械、检测及分拣设备，既不能贪多求全，也要着眼当前、兼顾长远。仓库常用设备图例、货架的规划原则、常用货架图例、叉车选型常用参数及常见叉车图例分别如图 1-7、图 1-8、图 1-9、表 1-26 和图 1-10 所示。

箱式托盘

仓储笼

柱式托盘

轮式托盘

集装袋

滑板

电动葫芦

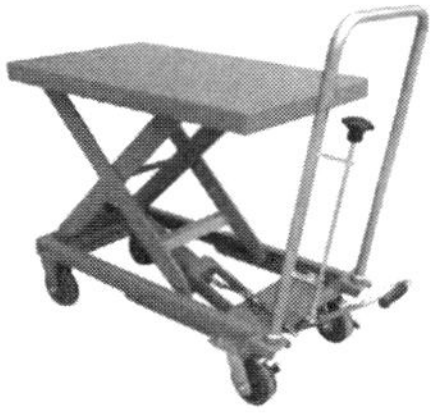
升降式手推车

扶梯式手推车

多层手推车

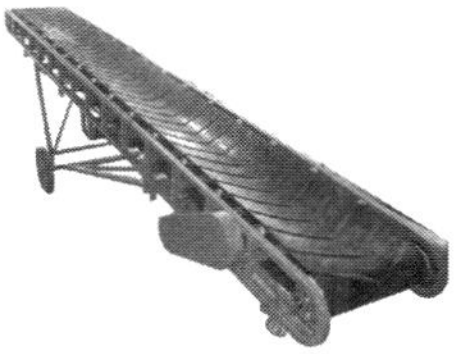
皮带式输送机

辊道式输送机

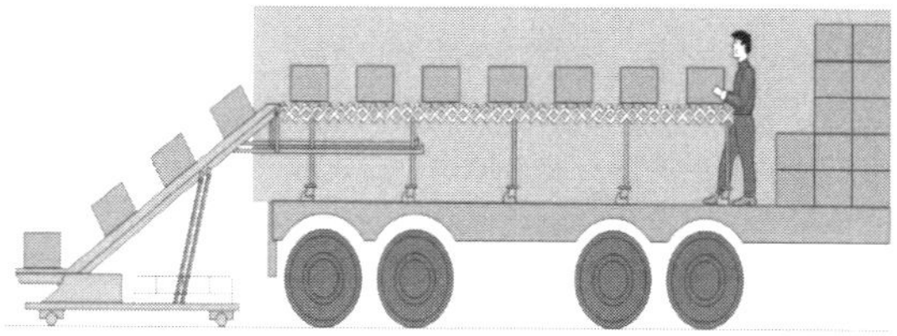
装车输送机

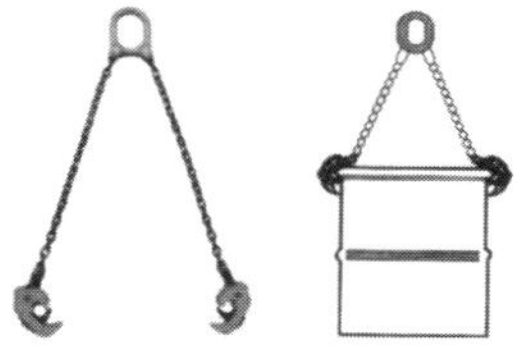
油桶吊具

图 1-7　仓库常用设备图例

 链条式输送机	 牵引车	 电动液压升降平台
 手动液压升降平台	 缠绕式裹包机	 捆扎机
 贴标机	 打码机	 手动封箱机

图 1-7　仓库常用设备图例（续）

- ✧ 沿着库房的长边规划货架
- ✧ 货架应该依据货物流动的方向进行设计
- ✧ 避免在货架系统规划设计中出现“口”状的通道布局
- ✧ 避免在同一个库房中设计不同的货架走向，保证每列货架的方向一致
- ✧ 避免沿建筑物的内墙设计通道，最好每一条通道的两侧都布置货架，减少空间浪费
- ✧ 保证通道的足够宽度，提高货物的通过速度，使仓储作业高效运行
- ✧ 首先，将柱子、楼梯等内部建筑忽略，设计出最理想的预案；其次，考虑内部建筑、消防设施、通风、避光等因素，适当调整，权衡各方案的优缺点
- ✧ 消除柱子等因素的负面影响，以柱子为中心，断开连续的货架，设置“+”形交叉，提高货物流动速度，尽量避免将柱子设计在通道上，以免留下安全隐患

图 1-8　货架的规划原则

 层板式货架：由立柱、横梁、层板、抽屉、橱柜、层格构成，是最常用的货架，适用于散装物资储存、展示	 高层货架：主要用于自动化立体仓库
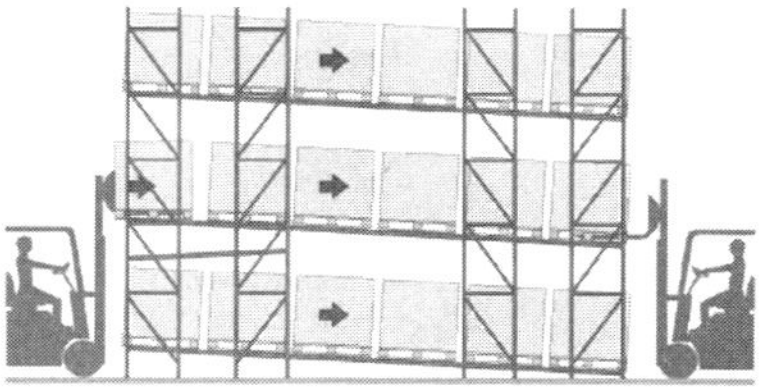 重力式货架：分为托盘式和箱式两种，采用“先进先出”的储存方式，每个滑道只能存放一种物资，用于存储品种少、批量大、周转快的货品，可节省近50%的仓储面积。 重力式货架的滑道越长，死角越多。其成本为托盘式货架的5~7倍。对制造加工、日常维护保养要求较高	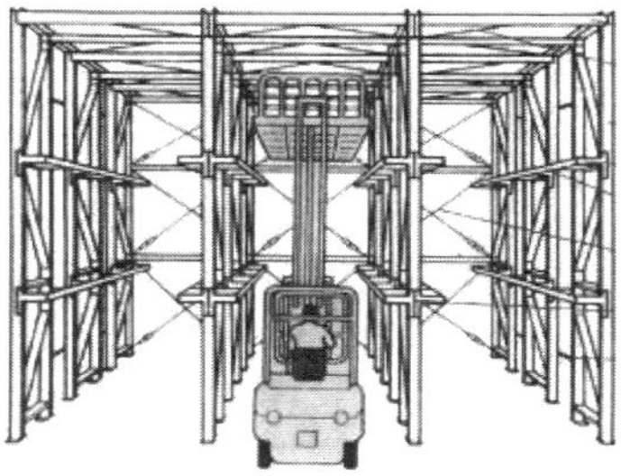 驶入（贯通）式货架：成本低、存储密度大，适用于品种少、批量大的物资存取，多用于冷库。 驶入（贯通）式货架不便于实施货物的“先进先出”，且对叉车操作人员有较高要求
 阁楼式货架：底层货架既可用于储存货物，又是上层建筑的承重支柱；各楼层间距通常为2.2 ~ 2.7米，顶层货架高度一般为2米。 阁楼式货架适用于老仓库改造、增加储存面积，上层适于存放轻物	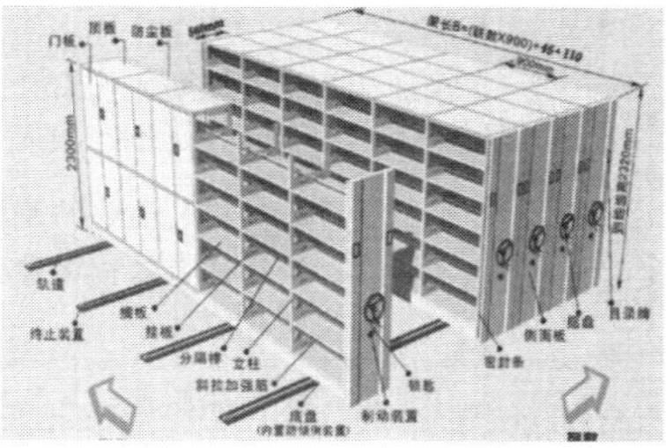 移动式货架：适用于出入库频率低的轻小型货物，以及档案等重要或贵重物资。 移动式货架轨道需埋在地下，不适用于后期仓库改造，建造成本较高

图 1-9　常用货架图例

悬壁式货架。由3~4个塔形悬臂和纵梁相连而成，适用于放置长、大、笨重商品，如钢材

抽屉式货架：适用于轻小商品，如电子零件

托盘式货架：与层架相似，按整托盘存入物资

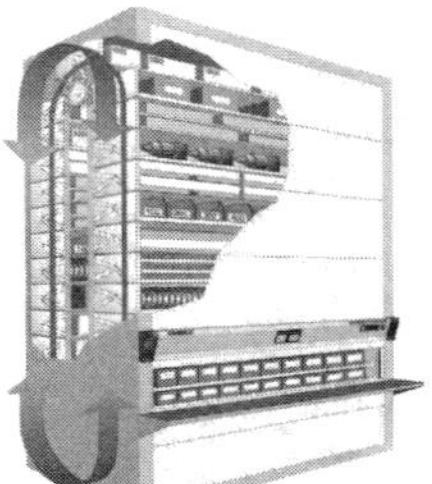

自动货柜：集声、光、电与计算机管理于一体的高度自动化全封闭储存设备

图 1-9 常用货架图例（续）

表 1-26 叉车选型常用参数

参数	内容
载荷中心距	在货叉上放置标准的货物时，其重心到货叉垂直段前壁的水平距离，以毫米表示。对于 1~4 吨的叉车规定载荷中心距为 0.5 米
额定起重量	当货物重心到货叉前壁的距离不大于载荷中心距时，允许起升货物的最大重量，以吨表示。当货叉上的货物重心超出了规定的载荷中心距时，由于叉车纵向稳定性限制，起重量相应减小
最大起升高度	在平坦坚实的地面上，叉车满载货物升至最高位置时，货叉水平段的上表面与地面间的垂直距离
门架倾角	无载的叉车在平坦坚实的地面上，门架相对其垂直位置向前或向后的最大倾角。前倾角的作用是方便叉取和卸放货物；后倾角的作用是当叉车带货运行时，预防货物从货叉上滑落。一般前倾角为 3 度至 6 度，后倾角为 10 度至 12 度
最大起升速度	叉车满载时货物起升的最大速度，以米/分表示。提高最大起升速度可以提高作业效率，但起升速度过快容易发生货损和机损事故。目前，国内叉车的最大起升速度已提高到 20 米/分

（续表）

参数	内容
最高行驶速度	对于起重量为1吨的内燃叉车，其满载时最高行驶速度不少于17米/分
最小转弯半径	叉车在无载低速行驶打满方向盘转弯时，车体最外侧和最内侧至转弯中心的最小距离分别称为“最小外侧转弯半径”和“最小内侧转弯半径”。最小外侧转弯半径越小，则叉车转弯时需要的地面面积越小，机动性越好
最小离地间隙	车轮以外，车体上固定的最低点至地面的距离，表示叉车无碰撞越过地面凸起障碍物的能力。最小离地间隙越大，则叉车的通过性越高
轴距及轮距	轴距是叉车前后桥中心线的水平距离。轮距是同一轴上左右轮中心的距离。增加轴距有利于叉车的纵向稳定性，但会使车身长度和最小转弯半径增加。增大轮距有利于叉车的横向稳定性，但会使车身总宽和最小转弯半径增加
直角通道最小宽度	供叉车往返行驶，呈直角相交的通道的最小宽度，宽度越小叉车性能越好
堆垛通道最小宽度	叉车正常作业时需要的最小通道宽度
满载最大爬坡度	叉车满载时，在干燥、坚实的路面上低速行驶所能爬越的最大坡度
外形尺寸	叉车外形尺寸影响通道宽度

内燃叉车	 普通内燃叉车：一般采用柴油、汽油、液化石油气或天然气发动机，载荷能力为1.2～8.0吨，作业通道宽度为3.5～5.0米，常用于室外、车间或其他对尾气排放和噪声没有特殊要求的场合	 重型叉车：采用柴油发动机，承载能力为10.0～52.0吨，用于货物较重的码头、钢铁等行业的户外作业
	 集装箱叉车：采用柴油发动机，承载能力为8.0～45.0吨，用于集装箱搬运	 侧面叉车：采用柴油发动机，承载能力为3.0～6.0吨，不转弯时具有直接从侧面叉取货物的能力，主要用来叉取长、大件货物，如木条、钢筋等

图1-10 常见叉车图例

电动叉车	 电动叉车：以蓄电池为能源，承载能力为1.0～4.8吨，作业通道宽度为3.5～5.0米，应用于室内操作和其他对环境要求较高的场合	 电动牵引车：采用电动机驱动，利用其牵引能力3.0～25.0吨，后面拉动几个装载货物的小车，用于车间内或车间之间大批货物的运输；没有取物装置和载货平台，不能装卸货物，也不能单独搬运货物
仓储叉车	 搬运车：承载能力为1.6～3.0吨，作业通道宽度为2.3～2.8米，货叉提升高度约2.1米，用于仓库内水平搬运及货物装卸，分步行式、站驾式和坐驾式3种	 插腿式叉车：前方有带小轮子的支腿，能与货叉一起伸入托盘叉货，稳定性好，不必再设平衡重；承载能力在2吨以下，车速低、结构简单、外形尺寸小，对地面要求较高，用于狭窄的通道和室内堆垛、搬运
	 堆垛车：分为全电动和半电动两种，承载能力为1.0～1.6吨，作业通道宽度为2.3～2.8米，货叉提升高度在4.8米以内，用于仓库内的货物堆垛及装卸	 前移式叉车：承载能力为1.0～2.5吨，门架可以整体前移或缩回，缩回时作业通道宽度为2.7～3.2米，提升高度最高为11米，用于仓库内中等高度的堆垛、取货作业；车身小、重量轻、转弯半径小、机动性好，可用于地域狭小处
	 电动拣选车：分为低位（2.5米内）和中高位拣选叉车（最高可达10米），承载能力为2.0～2.5吨（低位）、1.0～1.2吨（中高位）	 三向堆垛叉车：分为高位驾驶和低位驾驶两种，叉车不需要转向，旋转货叉即可实现两侧的货物堆垛和取货，作业通道宽度为1.5～2.0米，提升高度为12.0～14.5米

图 1-10　常见叉车图例（续）

1.4 自动化立体仓库

自动化立体仓库又称“自动储存取货系统”（Automatic Storage and Retrieval System，AS/RS），是随着物流与信息技术的发展而出现的一种新的现代化仓储系统。自动化立体仓库技术是现代物流的核心技术，它集高架仓库和规划、管理、机械、电气于一体，是一门综合性技术。

1.4.1 概述

自动化立体仓库的功能与分类、结构及优缺点分别如表 1-27、表 1-28 和图 1-11 所示。

表 1-27 自动化立体仓库的功能与分类

项目		内容
功能	实现大容量货物储存	货架高度一般在 15 米以上，最高可达 44 米，货位数可达数十万个
	实现仓储作业自动化	出入库及库内搬运工作全部实现计算机控制的自动化作业，工作人员只需进行货物存取系统的操作、监控和维护，系统自动调用巷道堆垛机、自动分拣机、自动导向车及其配套的周边搬运设备协同操作，自动完成各项作业
分类标准	按设备形式分类	可分为单位负载式自动化立体仓库、开放式钢架、封闭式钢架、推回式钢架、重力式钢架以及水平式钢架子母车系统等
	按储存物资的特性分类	（1）常温自动化立体仓库系统。 （2）低温自动化立体仓库系统，该系统包括恒温空调仓储系统、冷藏仓储系统和冷冻仓储系统等。 （3）防爆自动化立体仓库系统
	按建筑形式分类	（1）整体式：货架既是储存货物的构件，又是建筑承重构件，上部支撑屋盖，四面保温墙板形成仓库建筑物，特点是结构重量轻、整体性能好、抗震性能好。 （2）分离式：在仓库建筑物内独立建立货架，货架与建筑物分开，以原有建筑物为库房，当仓库高度在 12 米以下和地面荷载不大时采用
	按存取方式分类	（1）单元货架式仓库：货物先放在托盘或集装单元再装入货格，搬运机械对整个单元的货物进行搬运，完成入库、出库作业。 （2）拣选式仓库：货物虽以单元化方式入库和储存，但出库时并非整个单元一起出货，而是根据出库提货单的要求从货物单元中拣选一部分
	按高度分类	（1）低层：一般在 15 米以下，大多是在已有仓库的基础上进行改造。 （2）中层：高度为 5~25 米，对库房建筑及仓储机械设备的要求不高，造价较低，应用较广。 （3）高层：高度在 15 米以上，对库房建筑及仓储机械设备的要求较高，造价较高，安装难度大，应用较少

表 1-28　自动化立体仓库的结构

构件	内容
高层货架	高层货架一般为钢铁结构，由储存物资单元格构成，单元格内放置托盘装载物资
巷道堆垛起重机	由机架、运行机构、升降机构、货叉伸缩机构和电气控制设备组成
周边搬运系统	包括搬运机、自动导向车、叉车、台车和托盘等
控制系统	自动化立体仓库的控制形式有手动控制、随机自动控制、远距离自动控制和计算机自动控制 4 种

优点

（1）可以提高仓库空间利用率，节省劳动力，节约占地。
（2）出入库作业迅速、准确，缩短了作业时间。
（3）提高了仓库的管理水平。
（4）有利于物资的保管

缺点

（1）结构较为复杂、配套设备较多、建设费用和设备投资高。
（2）仓储作业流程要求严格、弹性较小、柔性较差、整体配套水平要求高。
（3）货架安装时精度要求很高、施工比较困难、施工周期长，且成本高。
（4）建成后各种设备的保管、保养要求非常高。
（5）储存货物的品种受到一定限制，对长、大、笨重货物以及要求特殊保管条件的货物必须单独设立储存系统

图 1-11　自动化立体仓库的优缺点

1.4.2　仓库设计

系统调研及需求分析内容、自动化立体仓库的总体规划分别如表 1-29、表 1-30 所示。

表 1-29　系统调研及需求分析内容

项目	内容
企业物流规划	自动化立体仓库是企业物流系统的子系统，必须了解企业整个物流系统对子系统的要求和企业物流系统总体设计的布置图，以便对仓储的子系统进行总体设计。要调查过去出入库房或料场物资的种类、数量及规律，以便预测未来，进行仓库容量的计算和分析
方案设计精度	立体仓库设计是机械、结构、电气、土建等多专业工程，这些专业在总体设计中互相交叉、互相制约，如机械的运动精度要根据结构制作精度和土建的沉降精度选定
企业投资规模	要了解企业对仓储系统的投资、人员配置等计划，以确定仓储系统的规模和机械化、自动化程度

（续表）

项目	内容
所储存的货物	调查库内所储存货物的品名、特征（易碎、怕光、怕潮等）、外形及尺寸、单件重量、平均库存量、最大库存量、每日出入库的数量、入库和出库的频率等
建库现场条件	包括气象、地形、地质条件、地面承载能力、风及雪载荷、地震情况及其他环境因素
其他条件	包括入库货物的来源、连接库场的交通情况、进出库门的数目、包装形式、搬运方法、出库货物的去向和运输工具等

表 1-30　自动化立体仓库的总体规划

项目	内容
库场的选择与规划	仓库和料场的选择与布置对仓储系统的基建投资、物流费用、生产管理、劳动条件、环境保护等有着重要意义，首先要确定库场各部分的相互几何位置关系，画出平面布置图
确定仓库形式	（1）品种单一或品种较少，采用单元货格式仓库。 （2）批量较大，采用重力式货架仓库或贯通式仓库。 （3）有特殊要求的货物，采用冷藏仓库、恒温仓库
确定作业方式	根据出库工艺要求决定是否采用拣选作业，即是以整单元出库为主，还是以零星货物出库为主，尽量考虑复合作业方式
确定货物单元的形式	自动化立体仓库多以单元化搬运为前提，货物单元形式、尺寸和重量的确定，不仅影响仓库的投资，而且对整个物流和仓储系统的配备、设施以及有关因素都有极大影响
设计货格尺寸	列出所有可能的货物单元形式和规格，选择经济合理的方案。 （1）对于少数形状和尺寸比较特殊以及很重的货物，可以单独处理。 （2）货物单元尽量采用推荐的标准尺寸，以便与其他物料搬运和运输机具相匹配。 （3）货格尺寸取决于货物单元四周需留出的净空尺寸和货架构件的尺寸
确定库存量	（1）库存量指同一时间内储存在仓库内的货物单元数，可根据历史进出仓库和货场的数量与规律，通过预测确定。 （2）仓库内储存和搬运机械的数量取决于仓库的最大出/入库频率
确定仓库总体尺寸	（1）仓库高度以10~20米为宜，长、宽、高之间没有确定的比例关系。 （2）设库存量为 N 个货物单元，巷道数为 A，货架高度为 B，则每一排货架在水平方向应具有的列数 D 为：$D=\frac{N}{2\times A\times B}$。 （3）根据每排货架的列数 D 及货格横向尺寸可确定货架总长度 L。 （4）已知货架总长度 L，结合仓库的宽度和高度，再根据实际需要，考虑办公室、操纵控制室、搬运机械的转弯以及其他辅助设施等，确定仓库总体尺寸。 （5）在确定仓库总体尺寸和货架结构尺寸的同时，参照国内外仓库和仓储机械设计标准
确定出入库搬运周期	出入库搬运周期主要取决于巷道堆垛起重机的作业循环时间

（续表）

项目	内容
确定高层货架区和作业区的衔接方式	（1）叉车——出入库台方式。 （2）自动导引车——出入库台方式。 （3）自动导引车——输送机方式。 （4）叉车（或升降机）——连续输送机方式
确定货物单元出入高层货架的形式	（1）贯通式：将出库作业区和入库作业区分别设置在巷道两端，布置简单，便于操作和维修保养；但每一种货物要完成入库和出库的全过程，堆垛机需穿过整条巷道，且要不同程度地将库内物流分开。 （2）同端出入式：将货物的出库作业区和入库作业区都设置在巷道的同一端，能够缩短出入库周期，便于出入库作业的集中管理。 （3）旁流式：将出库作业区和入库作业区分别设置在巷道的一端和仓库的侧面，一般不便于采用有轨巷道堆垛机，同时减少了货格数和库存量；但可以同时组织两条线路进行作业，方便不同方向的货物出入库

1.5 常用表单

表 1-31 仓库选址调查表

序号	地址	占地面积	电源情况	租赁费用	有无紧急搬迁可能	交通状态	周围环境评价	备注
1								
2								
3								
……								

表 1-32 仓库选址评估表

序号	项目	满分	权重	仓库 A	仓库 A 得分	仓库 B	仓库 B 得分	……
1	交通状态							
2	周围环境评价							
3	有无紧急搬迁可能							
4	租赁费用							
5	电源情况							
6	占地面积							
……	……							
合计								

表 1-33 仓库选址审批表

仓库项目			项目编号	
用地规模			投资规模	
候选地址	序号	地段	占地面积	相关环境说明
选址的约束条件				
可行性分析				
结果评价				
确定选址结果				
仓储部经理审核				
财务部经理审核				
总经理审批				

自动化立体仓库是仓储物流管理的重要内容，对于企业的生产自动化和长远发展具有至关重要的作用。自动化立体仓库需要配备高层立体货架、先进的搬运设备和计算机控制技术，以便高效利用储存空间、节约时间和人工，进而为企业带来巨大的经济效益。

第2章 岗位设计

见此图标 微信扫码
领取本书作者指导音频

本章着重介绍了仓储部门的职能与权限、组织结构、岗位职责等，为基础性知识点。

2.1 仓储部门职能与权限

仓储部门主要负责管理企业各类原材料、辅料、产成品、零部件、设备等物资的入库、保管、库存控制、出库、配送等活动，为企业的生产经营活动提供保障，为企业的发展提供服务。仓储部门的职能与权限分别如表2-1、图2-1所示。

表2-1　仓储部门职能

职能	内容
仓储规划管理	（1）对仓库网点进行规划设计，确定仓库的网络布局。 （2）对仓库建设及内部布局进行规划，完成仓储建设工作。 （3）对各类仓储业务流程进行规划，确定仓库业务运行流程。 （4）对仓储业务的发展目标等进行规划，指导仓储各项业务的发展方向
物资验收	（1）对企业所采购的各类物资进行入库前的数量清点、单据核对。 （2）检查企业所购物资的包装情况并做好记录。 （3）将入库前物资检验的结果及时反馈给采购部门，以便及时做出相应处理
物资出入库管理	（1）对出入库前的各类物资进行点数或过磅。 （2）办理各类物资的出入库手续，检查单据是否填制齐全，单据不全者拒绝出入库。 （3）严把出入库物资的质量关，具有质量检验合格报告的物资方可入库。对出库物资同样进行品质检验，杜绝不合格品投入使用或流入市场。 （4）优化出入库流程，保证出入库工作的准确性

（续表）

职能	内容
物资储存保管	（1）规划物资存放区域，设计物资摆放规则、位置，合理利用仓容及各类资源。 （2）各类物资的分类存放、整理和保管。 （3）各类库存物资，特别是设备、备件等的保养。 （4）库区的公共卫生管理（防止各类物资受潮、变质等）。 （5）仓库的安全、消防管理（做好防火、防盗工作）
物资定期盘点	（1）统计每日出入库物资数量，编制日报表，为采购部、生产部等提供准确的库存数据。 （2）定期对库存物资进行盘点，记录在库物资的各项数据，定期向财务部提交库存盘点报表。 （3）通过盘盈、盘亏，处理库存数据差异
库存控制	（1）核定和掌握各种物资的储备定额，并严格控制，保证库存合理。 （2）对各类物资进行动态管理，并及时提出采购需求报告。 （3）对仓库内的滞料、废料及时进行处理
物资装卸、搬运及配送管理	（1）做好各类物资的装卸、搬运、出入库及库内搬移作业。 （2）做好各类物资的分拣、拆包工作及产成品的包装、打包工作。 （3）做好库内物资的理货、配货工作，并及时将物资送达生产现场或指定地点。 （4）做好叉车、运输车辆的调度、养护及对驾驶员的管理等工作
物资运输管理	（1）合理调配货运资源，保证货物的及时交付。 （2）负责物流合作方的选择和管理工作

1 •有权参与公司相关制度、政策的制定，并提出相应建议

2 •有权对公司的库存管理、采购工作提出意见和建议

3 •有权拒绝办理手续不全、不合格物资的出入库作业

4 •对不合格品、变质品、废品具有处理建议权

5 •仓储部门内部组织机构建立，员工聘任、考核、解聘的建议权

6 •有权对仓储部门内部员工的违规行为、影响仓储管理工作的人员提请处罚

7 •有权提交改进仓储管理制度、工作流程的申请并获得答复

8 •其他与仓储管理工作相关的权限

图 2-1　仓储部门权限

2.2 仓储部门组织结构

仓储部门可依据岗位职能、储存对象、仓库规模等选择不同的组织结构，设置不同的管理层次、职能工作组，配备人员。

2.2.1 按岗位职能设计

根据岗位职能设计组织结构，可将仓储部门主导业务分解成多个环节，由相应的职能小组负责执行，如图 2-2 所示。

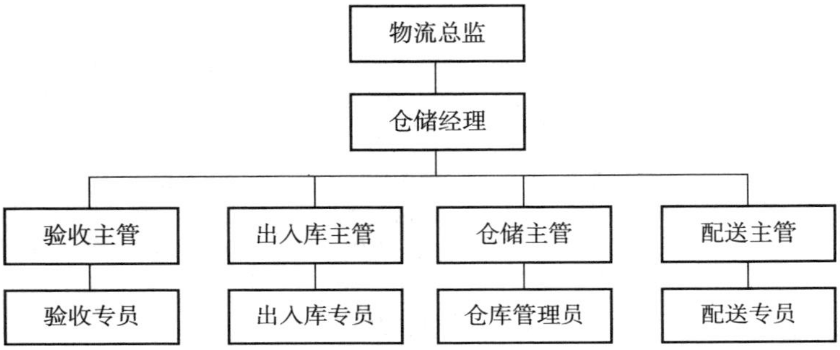

图 2-2　按岗位职能设计的组织结构

2.2.2 按储存对象设计

根据储存对象设计组织结构，即根据企业生产、经营的需要，将不同的物资分别存放在不同的仓库，设置相应的职能工作组并配备人员，如图 2-3 所示。

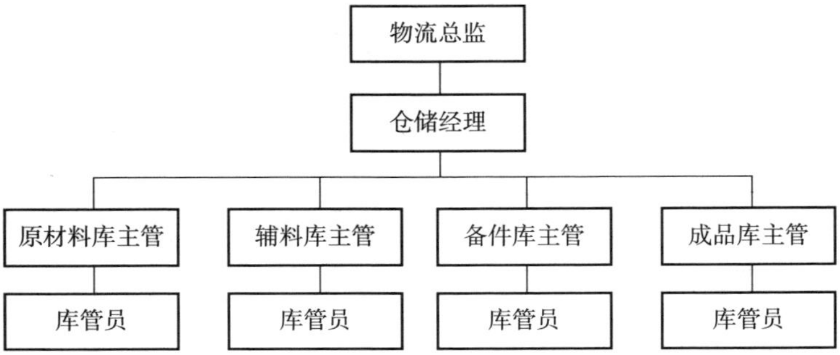

图 2-3　按储存对象设计的组织结构

2.2.3 按仓库规模设计

2.2.3.1 小型仓储部门组织结构（见图 2-4）

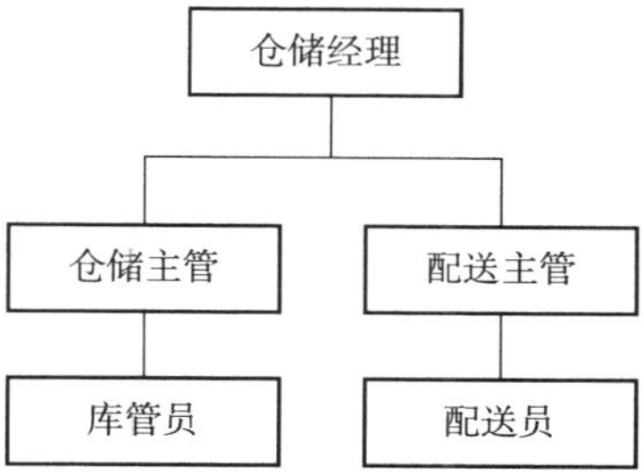

图 2-4 小型仓储部门组织结构

2.2.3.2 中型仓储部门组织结构（见图 2-5）

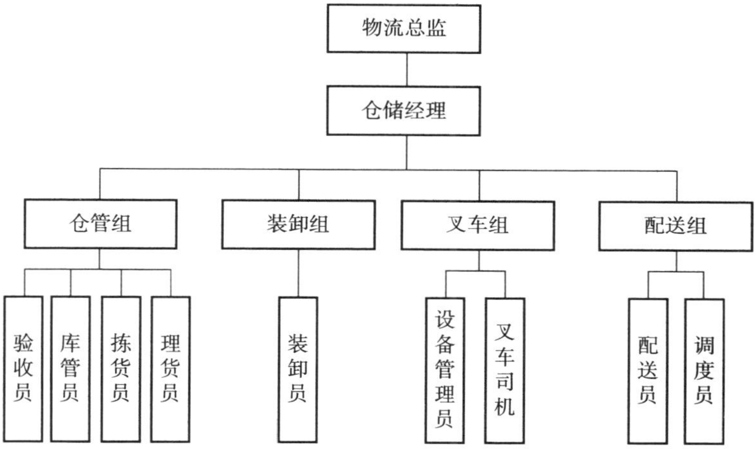

图 2-5 中型仓储部门组织结构

2.2.3.3 大型仓储部门组织结构

大型仓库可以根据储存对象设计仓储部门组织结构，如图 2-6 所示。

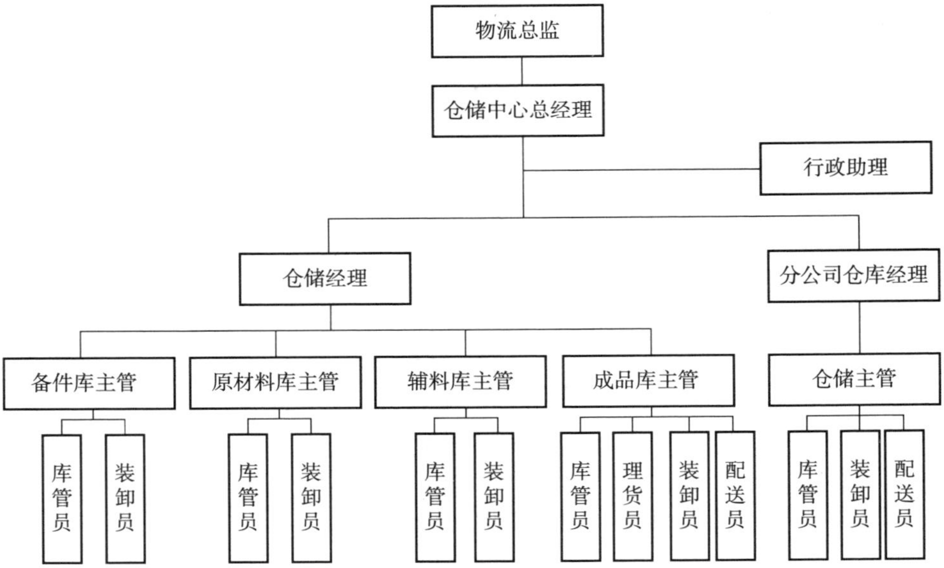

图 2-6　按储存对象设计的大型仓储部门组织结构

大型仓库还可以根据岗位职能设计组织结构，如图 2-7 所示。

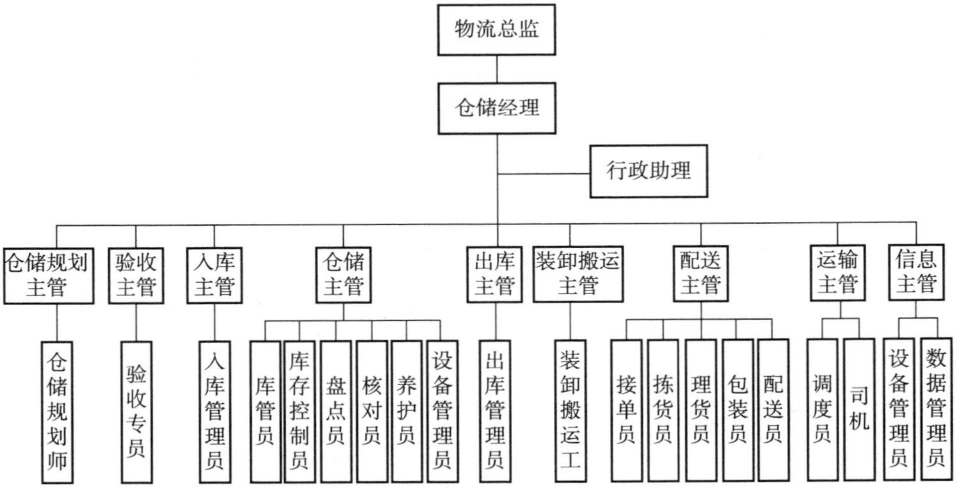

图 2-7　按岗位职能设计的大型仓储部门组织结构

2.3 仓储部门岗位职责

2.3.1 仓储管理岗位职责

仓储管理岗位职责如表2-2所示。

表2-2 仓储管理岗位职责

岗位名称	职责概述	职责说明
物流总监	制定仓储部门的发展战略、管理政策和工作流程，全面主持仓储、配送和信息等方面的管理工作，监督并指导各项业务的有序开展	（1）根据企业年度经营计划和战略发展规划，制订仓储部门工作计划和业务发展规划，制定并管理部门预算。 （2）根据企业经营管理的整体要求，制定库房管理、出入库管理等各项仓储制度，并贯彻实施。 （3）根据企业仓储工作的特点，编制各项仓储工作流程和操作标准，并监督执行。 （4）根据企业仓库的特点和业务特性，在仓储经理的协助下进行货位规划。 （5）指导仓储经理做好各类货物的出入库管理等日常管理工作。 （6）参与制定全面质量管理制度和服务标准体系，监督仓储质量标准体系的实施。 （7）监督检查货物配送和运输工作，保证货物配送和运输过程的安全、规范。 （8）组织人员开展仓储信息建设和管理工作，保证仓储信息实时、有效。 （9）做好仓储部门的团队建设工作，协助人力资源部门做好员工的选拔、配备、培训和绩效考核工作。 （10）负责仓储部门与其他职能部门的沟通和协调事宜
仓储经理	协助物流总监制定仓储管理的各项规范与制度，参与仓储规划，协调与管理各项业务工作，确保仓储业务的顺利进行	（1）执行企业的仓储工作任务并落实到责任人，指导并监督员工执行任务。 （2）参与制定并贯彻实施各类仓储管理制度、工作流程和操作标准。 （3）核定和掌握仓库各类物资的储备定额并严格控制，保证库存合理。 （4）对ERP数据进行监控，确保数据准确、清晰；掌握各类物资收发动态，审查统计报表，定期撰写仓储工作分析报告。 （5）组织人员配合其他部门及时做好货物的装卸、搬运等工作。 （6）督导仓库管理员建立货物的入库、出库台账，及时登记出入库货物。 （7）定期组织库存盘点工作，发现盘盈、盘亏、丢失与损坏等情况并查明原因和责任人，提出解决方案及处理意见。 （8）组织仓储物资的储存，改善物资储存条件，减少物资损失。 （9）管理仓储设施设备，降低设备损耗，延长设备使用寿命。 （10）定期对库存物资进行分析，包括账龄分析、产品分布分析等，提出对呆滞料、废料和不合格品等的处理意见。 （11）编制并落实仓库的消防安全与卫生管理规定，做好防火、防盗等安全防范工作。 （12）对产品交付进行监督，确保产品交付满足客户要求。 （13）负责对物流供应商的选择、谈判、管理与考核，与运输公司、保险公司等就服务与优先权等问题进行谈判

（续表）

岗位名称	职责概述	职责说明
运输经理	做好货物运输的各项管理工作，协调运输岗位与其他岗位的合作关系，确保货物运输工作的高效进行	（1）起草、完善运输工作的相关规章制度、工作流程及标准。 （2）指导运输主管做好货物运输方式、路线等的规划工作，并审查规划结果。 （3）监督企业运输车辆的组织、调度和日常管理工作，严格控制运输费用。 （4）做好本部门所属运输车辆的安全管理等工作，加强对员工的安全教育。 （5）协调企业与铁路部门、航空公司、船运公司的合作关系，保障各种运输路线的通畅。 （6）合理为员工分派运输任务，并对员工的工作进行监督与协调。 （7）与其他部门进行沟通，及时处理运输中遇到的各种问题
配送中心经理	负责货物配送的日常管理工作，指导配送人员进行备货、理货、分拣和配送等各项工作，确保货物配送各项工作顺利进行	（1）运用物流信息系统科学地估算进货作业量和送货作业量，安排部门员工制订配送作业计划并进行审批。 （2）根据发货单的要求，组织人员进行出库验货工作。 （3）根据货物的特性和配送要求，组织人员做好货物的运输包装工作。 （4）采用科学合理的方法，按照交货地点、商品形态和货物特点进行配载。 （5）根据配送中心所在的地理位置，组织相关人员选择并确定最佳配送路线。 （6）与其他部门进行联系与沟通，及时处理工作中遇到的各种问题
仓储信息经理	负责仓储信息的管理工作，组织并监督下属员工制订和完成各项工作计划，制定和完成各项信息管理任务	（1）制定并监督实施仓储信息管理规范、制度，不断提高信息化水平。 （2）参与、监督、指导仓储信息系统的设计、开发工作。 （3）做好网络维护、数据库维护和数据信息处理工作，保证仓储信息系统的正常运行。 （4）根据仓储业务的发展需要，适时调整信息资源配备方案，使资源利用更加优化。 （5）负责信息主管和信息管理人员的招聘、培训与考核等工作，提高部门员工的综合素质和工作能力

2.3.2 仓储规划岗位职责

仓储规划岗位职责如表 2-3 所示。

表 2-3 仓储规划岗位职责

岗位名称	职责概述	职责说明
仓储规划主管	从时间和空间上对仓储库房进行分配、使用，对仓储设备、设施进行全面规划	（1）根据仓储经理的要求，制定仓储规划的相关制度、标准和流程。 （2）在仓储规划师的协助下，制定仓储系统建设规划，改进仓储建设、物流网络规划方案。 （3）采取有效措施，提高仓库空间利用率和货物保管质量，方便进出库作业，降低货物的仓储成本。 （4）优化现有仓库的工作流程，提高仓储工作效率。 （5）动态监测仓储分配和使用情况，及时发现并解决问题

（续表）

岗位名称	职责概述	职责说明
仓储规划师	对仓储模式、仓储设施和储存空间等进行规划和设计，提高空间利用率，保证仓储工作科学、合理、高效开展	（1）制定仓储建设方案，进行仓储系统的业务规划和系统设计。 （2）结合企业实际和产品特点划分物资保管区，使仓库设施满足保管要求。 （3）合理选择库房、物料棚和货场，统一安排各布局要素，分配仓库空间。 （4）协助仓储规划主管建立管理模型，对现有仓储设施和布局进行分析、优化，提高物资存取效率。 （5）分析当前的仓储成本，进行优化设计

2.3.3 物资验收岗位职责

物资验收岗位职责如表2-4所示。

表2-4 物资验收岗位职责

岗位名称	职责概述	职责说明
物资验收主管	制定入库验收规范，并组织物资的入库验收工作，确保入库物资合格、合规	（1）制定并监督实施所有物资的入库验收作业规范，制定异常状态物资处理方法。 （2）组织所有物资的入库验收工作，并出具验收报告，遇到不合格物资，经审核后填写表单确认，并将物资交给质量检验部门检验。 （3）妥善处理因存在异常问题而不得入库的物资。 （4）协助采购部做好不合格材料、货物的退换工作。 （5）参与供应商、协作厂商的绩效评审工作
物资验收专员	执行物资的入库验收工作，并对物资的验收情况进行统计、分析和上报	（1）协助物资验收主管制定物资入库验收作业规范，并严格执行。 （2）根据入库通知准备搬运设备、设施，安排好物资入库前的堆放场地。 （3）核对入库凭证是否有效，是否与企业仓储系统信息一致；核对入库凭证与实际运达的物资是否一致，重点检查物资的数量、型号、名称、发票等，拒收仿冒货物及违禁品。 （4）识别和记录物资的质量问题，针对物资的包装、运输等内容向供应商提出改进建议。 （5）检查货物的标示日期是否即将过期或已过期，拒绝不合格物资入库

2.3.4 物资入库岗位职责

物资入库岗位职责如表2-5所示。

表 2-5　物资入库岗位职责

岗位名称	职责概述	职责说明
入库主管	负责物资入库的管理工作，并编制相关库房报表和台账	（1）组织开展货位规划工作，根据库存、物资情况对库房进行规划。 （2）根据入库物资的体积、重量及搬运要求确定适当的物资堆码方式。 （3）审核物资的入库手续，并组织办理相应的入库事宜。 （4）组织入库专员对物资外包装进行检查，并接收物资验收情况的相关表单。 （5）及时处理物资外包装破损、湿损等异常情况。 （6）定期编制入库物资的入库台账及相关库房报表
入库管理员	负责货物入库前的准备工作、手续办理，并合理调派装卸搬运工，做好组织、协调和与运输送货人员的沟通工作	（1）合理安排物资的接运工作，确保物资妥善到达仓库。 （2）根据入库通知，切实做好入库准备工作，并按照仓库货物码放规则合理安排货位。 （3）根据运输单对货物数量、种类进行核对，确保入库物资的各项凭证完整。 （4）验收货物外观、质量是否完好，并及时上报不合格情况。 （5）根据库房规划，合理安排货物的存放地点，将已通过验收的货物进行堆垛和码放，并做好防损准备。 （6）与相关人员办理入库交接手续。 （7）做好信息系统数据的录入、填写和传递，相关单证、报表的整理和归档

2.3.5　储存保管岗位职责

储存保管岗位职责如表 2-6 所示。

表 2-6　储存保管岗位职责

岗位名称	职责概述	职责说明
仓储主管	全面负责仓库的日常管理工作，做好库存物资的监督、管理和盘点等工作，确保仓储货物的完好和安全，保证出入库和保管工作的高效、有序	（1）监控、管理成品及物料收发，保证进出库货物在品种、数量上准确无误。 （2）负责物资出入库管理，贯彻“先进先出”原则，做到物、账、卡相符。 （3）制定质量异常货物的处理办法。 （4）做好货物入库前堆放场地、货位的安排工作。 （5）组织货物入库验收工作，确认验收结果无误后签字，并交质量管理部门检验。 （6）根据货物属性，审核相应的堆垛方案。 （7）做好危险品隔离工作，确保货物储存安全。 （8）组织仓库管理员对在库物资粘贴标签，并建立管理卡。 （9）对仓库环境进行安全检查，确保仓库环境干净、整齐，做好防火、防盗、防潮等工作。 （10）根据发货单的内容组织仓库管理员清点出库货物，并及时通知配送部门配货。 （11）组织仓库盘点，对盘盈、盘亏等盘点异常情况进行处理。 （12）组织管理仓库流通加工，包括产品包装、配货、理货、发货。 （13）督导作业人员做好仓储器械的日常保养及安全操作。 （14）组织监督仓库运作的数据统计工作，分析报表，提出改善建议

（续表）

岗位名称	职责概述	职责说明
仓库管理员	合理储存和保管货物，维护和清理仓库环境，确保货物质量合格、供应及时，并尽量减少损耗	（1）定时检查仓库的温度、湿度和安全情况，并做好相关记录，把防火、防盗、防蛀、防霉等安全措施和卫生措施落到实处，保证库存物资的完好无损。 （2）根据物资的数量、形态、特性以及仓库布局情况，选择合适的堆码方法对入库物资进行上架或堆码，登记货位编号，规范填写货物入库标签和保管卡。 （3）负责所辖库房的环境清洁和保护工作，定时巡查库区，确保仓库的环境条件适合存放相应的货物。 （4）定期、定时做好在库货物的清洁和整理工作，保证货物摆放整齐有序、合理规范。 （5）定期盘点清仓，做到账、物、卡相符，追查盘点异常原因，并提出解决方案
库存控制专员	按照库存控制要求，制订各时段、各类产品的仓库库存计划	（1）分析现有库存，制订各时段、各类产品的仓库库存计划。 （2）制订库存下单计划和在途产品到货调整计划，根据商品现有库存量、采购提前期等数据确定各类物资的经济订购批量和订购时点。 （3）与生产、采购等部门密切沟通，优化进货流程，提高按期交货比例。 （4）及时对正常仓、退货仓、试用品仓的产品进行调配和处理。 （5）制订促销产品、畅销产品的补单计划，努力杜绝缺货现象
仓库盘点员	主要负责仓库库存物资的盘点工作，确保库存物资盘点的及时、准确和无误	（1）根据盘点计划对库存物资进行现场盘点。 （2）在盘点中遇到库存物资与信息不符等情况时，应在盘点表中注明，寻找原因并报告给相关领导。 （3）核查物资的有效期限，预防呆滞品和废品的产生。 （4）遇到盘点结果和系统数据不符时，及时做盘盈、盘亏处理
核对员	确认盘点数量、金额，审核盘存表的填写与更正，确保物资盘点正确	（1）参与库存物资的现场盘点。 （2）检查盘点员的盘点数量是否正确，核对表格填写内容是否正确。 （3）根据盘点计划对盘点结果进行抽查，核对已盘点物资和盘存表，若发现异常，则立即通知原盘点人员更正；若正确无误，则做好标记并签字确认。 （4）抽检盘点完的物资是否与盘存表相符
物资养护员	负责库存物资的养护工作，采取各项措施保证仓库的卫生和清洁，使库存物资处于良好状态	（1）加强仓库的温湿度管理工作，确保库存物资储存在合理的环境中。 （2）对入库物资进行合理堆垛苫垫，做到堆垛合理、安全牢固。 （3）采取适当的措施，防止库存物资发生腐蚀和霉变。 （4）保持仓库的卫生和清洁，防止出现鼠害和病虫害。 （5）根据物资特性对特殊物资采取相应的措施，保证其在库期间质量良好。 （6）检查仓库养护设施、设备的运转情况，保证库区的储存条件良好
设备管理员	负责对仓库使用的各类设施、设备进行维护和保养，保证其处于完好状态	（1）负责仓库使用的各类仓储设施设备、装卸搬运设施设备、商品养护设施设备和运送车辆等的保养与维护，保证设备处于正常使用状态。 （2）制订合理的设备使用和维护保养计划，执行设备的预防保养制度。 （3）对仓储设施设备的使用进行监督和管理，确保设施设备的正确使用。 （4）定期检查各种在用的仓储设施设备，及时发现事故隐患。 （5）定期对设备操作人员进行技术培训

2.3.6　出库管理岗位职责

出库管理岗位职责如表 2-7 所示。

表 2-7　出库管理岗位职责

岗位名称	职责概述	职责说明
出库主管	负责各类物资的出库管理和流程优化，保证物资出库的及时和准确	（1）制定仓储物资出库管理制度，优化物资出库工作流程。 （2）检验待出库物资的数量、质量和包装等情况。 （3）审查出库物资的手续、凭证等是否齐全。 （4）负责物资搬运出库的现场指挥工作，避免物资在出库过程中意外损失。 （5）与生产、销售等部门就物资出库的相关事宜做好沟通、协调工作。 （6）指导、监督和考核下属工作，不断提高其绩效
出库管理员	负责出库的组织和准备工作，做好出库货物的拣选、检验和交接等工作，确保货物顺利出库	（1）合理选用机械设备和工具，及时调派装卸搬运人员，并做好时间、地点和班次等的各项安排。 （2）对出库货物进行检查，确保出库货物完好、准确。 （3）根据具体情况，对出库货物进行简单的包装和整理。 （4）严格核查出库凭证，确保出库货物与出库凭证相符；对出库物资进行质量检验，确保出库物资符合质量要求。 （5）为出库货物贴好标签或单据，确保收货地址准确。 （6）合理安排装货顺序，监督装车数量和质量，确保货物在装车过程中无毁损。 （7）根据发货需要，合理向运输部门提出车辆需求申请。 （8）负责登记物资出库台账，做好出库单据保存工作

2.3.7　装卸搬运岗位职责

装卸搬运岗位职责如表 2-8 所示。

表 2-8　装卸搬运岗位职责

岗位名称	职责概述	职责说明
装卸搬运主管	合理安排装卸搬运人员、调配车辆，指导和监督装卸搬运工作	（1）有效控制货物的装卸过程，合理安排和调配装卸搬运车辆，降低货物破损率，避免货物多装、少装、错装等情况。 （2）安排、指导和督促装卸人员现场作业。 （3）根据货物特性做好搬运作业设计，合理安排人员。 （4）在控制运营成本的前提下，不断改善工作流程，提高效率。 （5）加强装卸搬运作业过程中的安全管理

（续表）

岗位名称	职责概述	职责说明
装卸搬运工	及时完成货物装卸搬运任务，并保证货物、人员的安全	（1）做好与上一道工序的衔接和配合，减少物资在出入库移动和搬运过程中的各种不合理停顿。 （2）根据车辆装载量和车厢尺寸等合理码放待装车物资。 （3）根据物资的不同特性，选择经济的搬运路线，合理选择、使用作业设备和工具。 （4）对装卸搬运的物资进行包装检查，如遇破损或短缺，及时向上级反映。 （5）负责物资的堆码、封存、垫垛、苫盖及加固工作。 （6）加强对搬运作业的安全管理，杜绝各类安全事故

2.3.8 配送管理岗位职责

配送管理岗位职责如表2-9所示。

表2-9 配送管理岗位职责

岗位名称	职责概述	职责说明
物资配送主管	根据配送任务，及时组织备货、理货、送货等工作，确保配送任务顺利完成	（1）根据订单估算进货、送货作业量，制订配送计划，合理安排进货、送货作业。 （2）组织配送中心人员备好和整理好要配送的货物。 （3）与其他部门或客户进行协调，做好货物的交接、验收和出入库工作。 （4）根据仓库所在的地理位置，选择最佳的配送路线和配送方式，有效调配配送路线运送货物，并选择配送人员。 （5）对配送货物实施跟踪，保证在途货物的安全
接单员	及时、准确、有效地接收客户订单，并处理	（1）通过网络、电话、传真等方式接收业务部门或客户订单。 （2）及时确认客户订单，并对其进行处理。 （3）根据订单进行存货查询，并分配库存。 （4）计算分拣时间，并估算和确定出库时间。 （5）妥善安排出货和分拣顺序，优先满足紧急订单，并保证库存货物的“先进先出”。 （6）将处理结果打印输出为拣货单或出货单
拣货员	分拣出客户所需货物，以便配送人员进行配送	（1）根据拣货单对客户所需货物进行分拣，放于指定位置。 （2）熟练操作分拣设备，认真、按时完成每日分拣任务。 （3）做好分拣设备的定期检查和维护工作，当分拣设备出现不良状况时，及时向维修人员报告
理货员	根据物资的出库凭单做好提货、拼装和包装等出库准备工作	（1）核对拟出库物资的品种、数量、规格、等级和型号等是否与出库凭单相符，对存在瑕疵的进行修复。 （2）按照出库凭单提取物资，并进行复核，发现不足及时补全。 （3）对出库待运物资进行包装、拼装、改装或加固。 （4）填写装箱单，并在物资外包装上写好收货人。 （5）按物资的运输方式、流向和收货地点将出库物资分类集中，检查物资质量，确认物资完好。 （6）若发现物资有损坏，则采取补救措施，并协助查找原因、划归责任

（续表）

岗位名称	职责概述	职责说明
包装员	对货物进行包装，确保货物在转运、流通和储存过程中质量不受影响	（1）详细了解包装要求，明确包装类型，学习各种包装技能和包装设备使用方法。 （2）按照要求领取包装材料，节约使用。 （3）对进出货物实施包装作业。 （4）货物包装完毕，填写包装清单，并放入外包装容器中。 （5）封装完毕，在外包装容器上粘贴相应标签。 （6）包装工作完成后，清点货物数量
配送员	对分类拣选的货物进行配货检查，合理安排配送工作，确保客户及时收到货物	（1）协助装卸人员搬运、堆码和装载待配送货物。 （2）查验所配送货物的数量和包装情况，办理相关配送手续。 （3）核对出库货物明细与货运单是否一致，做好出库复核工作。 （4）根据客户要求和企业安排，合理安排配送路线和配送顺序，确保配送工作按时完成，在一次送货较多时选择经济的货物搭配方式。 （5）在运输途中，根据货物特性合理保管所配送货物，保证货物安全送达客户指定地点。 （6）协调配送过程中发生问题、遇到突发事件及时向企业相关领导汇报。 （7）按照客户要求将货物运送到指定地点，交货卸车，办理交付手续。 （8）请客户及时签单，并将签收单据带回。 （9）对日常配送进行记录，按时上报配送报表

2.3.9 货物运输岗位职责

货物运输岗位职责如表2-10所示。

表2-10　货物运输岗位职责

岗位名称	职责概述	职责说明
货物运输主管	负责运输车辆的调度、运作和维护等管理工作，确保运输工作顺利完成	（1）根据调度结果认真落实企业安排的运输任务，保证运输任务按时完成。 （2）在车辆调度员的协助下，根据运输任务和运输方式合理规划运输路线。 （3）根据运输需求选择合适的承运商，并对承运商进行管理和监控。 （4）解决运输过程中出现的各类问题，处理安全事故。 （5）对配送货物实施跟踪，保证在途货物的安全。 （6）审核运输、保险费用，在相关单证上签字。 （7）协助运输经理对驾驶员、押运员等进行培训、管理、监督和定期考核

（续表）

岗位名称	职责概述	职责说明
运输调度专员	协助运输主管做好运输调度和管理工作，确保运输时间和路线合理，保证运输过程安全	（1）审核发运要求，进行订单分类，选择最佳发运路线和方式，草拟运输配送计划，并监督实施。 （2）确定配送货物的规模，调派相应车辆，安排人员，协调配送中的车辆冲突，实时监控运输过程和运输车辆。 （3）组织做好运输配送设施、设备的日常管理工作。 （4）组织实施专项运输方案，负责项目的组织协调、跟踪工作。 （5）负责处理运输事故，并做好善后工作。 （6）管理运输过程中产生的单据和档案，运输任务完成后负责车辆出勤的统计

2.3.10 信息管理岗位职责

信息管理岗位职责如表2-11所示。

表2-11 信息管理岗位职责

岗位名称	职责概述	职责说明
仓储信息主管	协助部门经理对整个仓储信息系统进行管理和控制，保证仓储信息系统的正常运转	（1）协助部门经理对整个仓储信息系统的开发过程进行管理和控制。 （2）指导并监督下属员工对仓储系统运作过程中的各种原始数据进行收集、整理和汇总。 （3）组织相关人员将仓储信息数据录入并储存于数据库中，满足企业数据查询与分析的需要。 （4）定期组织仓储信息系统维护工作，及时排除故障，保证其正常运行。 （5）负责仓储信息系统使用人员的培训
信息设备管理员	定期维护信息系统设备、设施	（1）负责仓储信息系统的后台维护、网络管理。 （2）负责数据库后台的维护、优化，保证系统运行速度。 （3）负责计算机软硬件与复印机、打印机等办公设备的维修、保养和更新
数据管理员	负责仓库信息化和日常事务管理工作	（1）负责客户订单信息的接收与输出。 （2）负责物资入库验收信息的录入、整理。 （3）负责发货信息的传递、录入、输出。 （4）负责物资配送、调拨信息的传达、录入、输出。 （5）负责库存信息的账目管理。 （6）负责盘点信息的录入、更新。 （7）负责各部门物资需求信息的传达与共享。 （8）负责员工工作、考核等信息的管理

2.4 常用表单

表 2-12 员工工作分析调查表

序号	问题	记录
1	你的综合目标是什么	
2	详细描述工作的具体内容，如果可能，描述你是如何做的，对你认为最重要和最困难的职责进行说明。具体如下。 (1) 日常性职责：每天常规性工作。 (2) 定期性职责：每周、每月或其他常规性需要完成的工作。 (3) 不定期职责。 (4) 履行这些职责每天平均花多长时间？ (5) 你认为当前的工作中，哪些是不必要做的？ (6) 你认为当前在做的工作中，哪些不应该是自己的职责	
3	完成当前这些工作，需要什么样的教育程度（非本人的教育背景），从初中及以下、高中、中专、大专、大学中任选一个	
4	完成当前这些工作，需要什么样的工作经验，你是否有工作标准	
5	列举你现在从事工作所需要的所有技能	
6	简要描述定期使用的机器、工具、设备	

表 2-13 岗位职责说明书

岗位基本信息	岗位名称		职务等级		标准编制	
	行政上级		直属下级		同级替代人	
	业务上级		其他下级		其他替代人	
工作职责以及内容	职位概要					
	(1)					
	(2)					
	(3)					
	……					
工作权限	(1)					
	(2)					
	……					
考核标准	行为考核					
	业绩考核					

（续表）

协作关系	（1）	
	（2）	
	（3）	
	……	
入职最低条件	学历要求	
	经验要求	
	知识技能	
	素质能力	
	语言能力	
	计算机能力	
	年龄要求	
	性别要求	
	其他要求	

对仓储部门各岗位的职责进行明确界定，可以规范工作人员的日常工作行为，使其明确职责，从而完善企业的管理体制，助推企业更快、更好地发展。

第3章 验收管理

见此图标 微信扫码
领取本书作者指导音频

在物资储存过程中，检验是必不可少的环节。物资在入库、储存保养及出库时，需进行检验。仓库工作人员需要掌握相关检验知识，以确保物资检验的准确性。

3.1 验收管理

在正式入库前，须按照一定的程序和手续，对到库物资数量和外观进行检查，以验证其是否符合订货合同的规定以避免不必要的经济损失，监督供应商和承运人的服务质量。另外，验收记录可作为退货、换货和索赔的依据。

3.1.1 概述

物资验收涉及物资验收工作流程，物资质量检验内容，物资质量检验方式、说明及适用范围，物资验收所需的测量工具，物资验收准备及工作任务，入库商品应具备的凭证，物资验收方式，物资包装检验注意事项，物资验收的影响因素及抽样比例，物资验收方法，物资验收结果及具体情形和包装材料含水量等内容，具体情况分别如图 3-1、图 3-2、表 3-1 至表 3-8 所示。

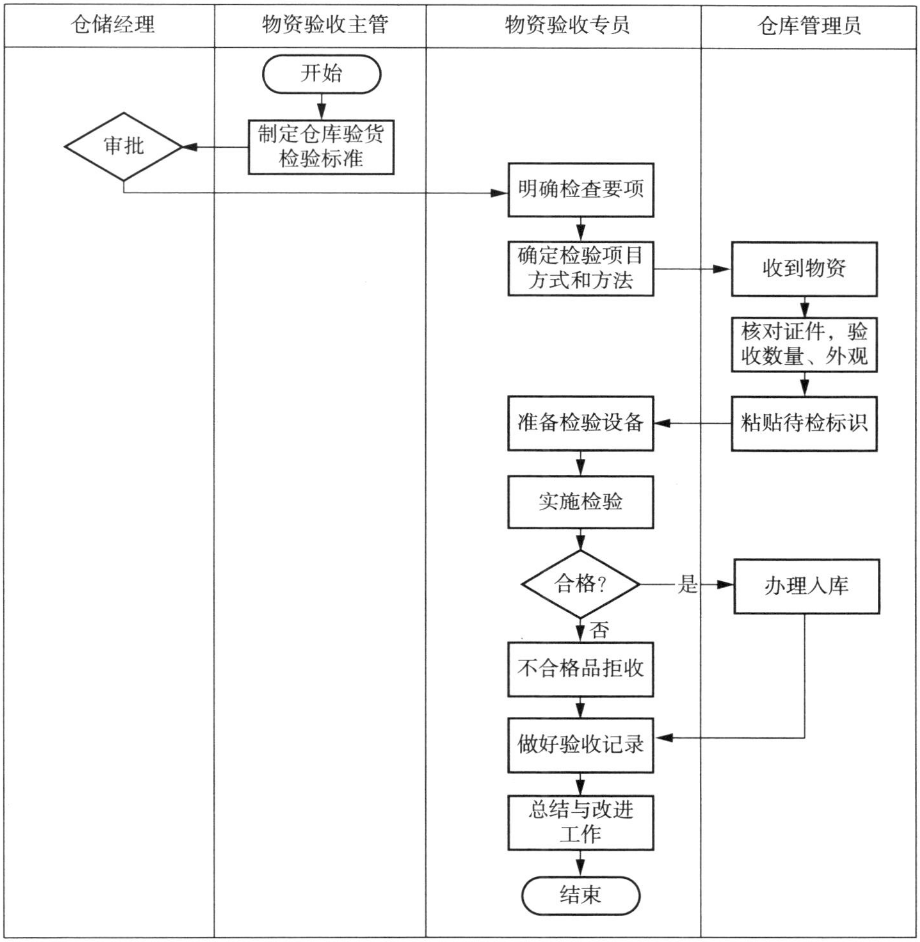

图 3-1　物资验收工作流程

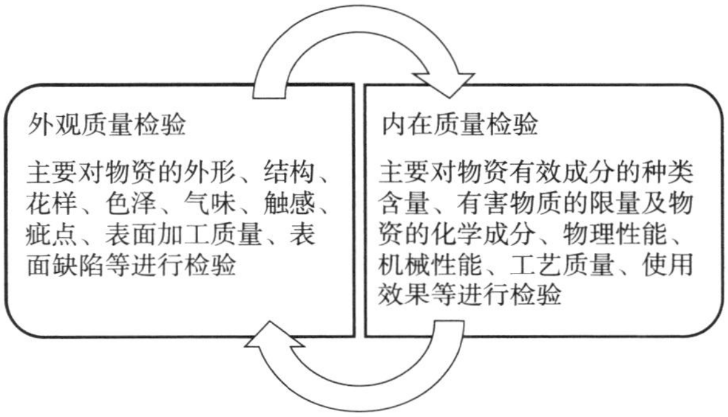

图 3-2　物资质量检验内容

表 3-1　物资质量检验方式、说明及适用范围

方式	说明	适用范围
免检	以供应方提供物资的合格证或有关单位检验后提供的数据为依据，从而确定物资是否合格	（1）生产过程稳定，对后续生产无影响的物资。 （2）经过长期检验证明品质优良，信誉很高的物资。 （3）国家批准的免检产品或通过产品品质认证的物资
全检	对物资逐一进行测定，从而判定物资合格与否	（1）价值高但检验费不高的物资。 （2）生产批量不大，品质不稳定且无严格措施保证质量的物资。 （3）对精度要求比较高或对下道工序加工影响比较大的物资。 （4）手工操作比重较大，品质不稳定的加工工序所生产的物资。 （5）客户退回的不合格物资
抽样检验	按预先确定的抽样方案，从物资中取一定数量的样品构成一个样本，通过对样本的检验推断物资是否合格	（1）生产过程稳定、生产批量大、品质比较稳定的物资。 （2）数量多、价值低且允许有不合格品混入的物资。 （3）需检验的物资较多，希望节省检验费用与时间的情况。 （4）不易划分单位的连续物资。 （5）生产效率高、检验时间长的物资。 （6）即使有少数不合格也不会造成重大损失的物资。 （7）通过检验对供应商改进品质起促进作用，强调生产风险的物资

表 3-2　物资验收所需的测量工具

工具名称	类型	特点	适用范围
衡器	案秤	具有稳定的平衡性，准确性较高，且能快速称量货物，但称量较小，仓库常用的案秤最大称量一般在10~20千克	适用于称量小件或轻质物资，经常在配发小件或轻质物资次数频繁的仓库中使用
	台秤	由复式杠杆组成的衡器，其最大称量比案秤大，有0.5~3.0吨多种等级，但测量精度不如案秤	适合储存小吨位物资的仓库使用，是仓库应用最广泛和必备的衡器设备
	汽车衡	小型的无轨地下磅秤，能够迅速称出汽车及其所载物资的总重，其最大称量为10~15吨	适合使用各种非轨行车辆搬运收发料的仓库

（续表）

工具名称	类型	特点	适用范围
量具	直尺	有木制、钢制、塑料制等多种规格，通常刻有公制和英制两种刻度，可以精确到毫米，但其测量的总体长度较短，一般为 1 米以下	一般用来测量体积较小的物资，当精度要求超过其精度范围时，不能用其度量
	钢制卷尺	尺身由较薄的钢片制成，其长度有 1 米、2 米、10 米、15 米、20 米、30 米、50 米、100 米等数种，测量精度可以精确到毫米，由于其伸缩性较小，因而测量较准确	平时应用煤油擦拭保养，使用时注意勿使其扭曲、折断，并注意防止割破手指
	皮尺	尺身由麻加铜丝并涂以涂料制成，其测量长度主要有 10 米、15 米、20 米、30 米、50 米、100 米等，由于其伸缩性较大，不及钢制卷尺准确	使用时，不得拖曳、弯折和拉张，收起时不宜过分绕紧或放松
	精密量具	主要有游标卡尺、千分尺等	用于精密小件的测量

表 3-3　物资验收准备及工作任务

项目	具体内容
物资验收准备	（1）全面了解验收物资的性能、特点和数量，根据其需求确定存放地点、垛形和保管方法。 （2）准备堆码、苫垫所需材料和装卸搬运机械、设备及人力；若是危险品，则需准备防护设施。 （3）准备相应的检验工具，并做好事前检查
工作任务	（1）认真检查货物及凭证，检查物资的包装是否牢固，包装标签是否符合要求。 （2）开包检查物资有无损坏，核对所收物资名称、规格、数量、质量等是否与相关单据一致。 （3）当证件完全符合后，按企业物资检验制度，提请品质部及有关技术部门进行质检，暂不入库，物资存放于待验区

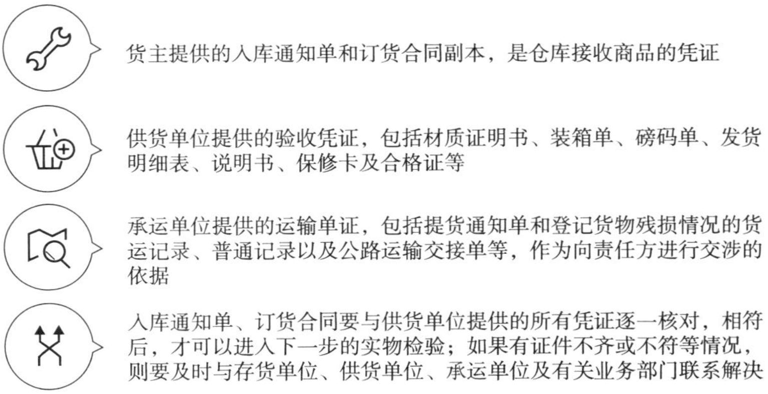

图 3-3　入库商品应具备的凭证

表 3-4 物资验收方式

验收方式		内容
数量验收	逐件清点	对于多品种、小批量的到货，多系列、分色、分码入库，需要逐件清点，在时间充裕的情况下甚至要打开成捆、成件的包装，逐件清点
	检斤丈量	（1）检斤物资一律按实际重量验收，凡供应商按检斤交货的，应该按检斤验收入库，不一定要实际计重，可直接换算成吨数入库，并按一定比例抽检。 （2）按理论换算检斤交货的，按规定的换算标准验收，并在入库单上标明换算的依据，实际袋数、件数、尺寸。 （3）检斤物资应全部点清件数，同时记录毛重、皮重和净重。 （4）对于小件的散货大量入库，如果体积、重量、规格相同，则可以用检斤清点的方法验收，通过比例秤和电子秤来检斤，把货物倒入容器中，检斤换算成数量入库。 （5）其他方法计量验收的物资，按有关规定验收。 （6）计量物资的秤差规定：①黑色金属允许的公差范围为±2‰、有色金属为±1‰、生铁锭块包括途耗为±5‰、稀有贵重金属不允许有误差；②进口物资按商品检验局的规定，黑色金属允许的公差范围为±3‰、有色金属为±2‰；③每 50 千克水泥重量允许的公差范围为±1 千克；④同一批玻璃允许的公差范围为 15%（按片计算）
	堆码后清点	（1）对于品种少、数量大、单件体积小、包装形状规范的到货，适合堆码后清点。 （2）在托盘、货架、容器上，按固定的规律码放，每行及每层数量一致、垛高一致、每垛数量一致，零头放在最外面的一垛上面，且处于明显位置
	抽检	（1）对于大包装要抽检，按一定比例（1%～10%）拆包验货，检查包装和商品是否一致。 （2）对于大批量、同规格、同包装、质量较高、值得信赖的商品可以采用抽查的方式，否则全查
质量验收		（1）核对物资的品名、规格、型号、材质、合格证或技术证件等。 （2）检查物资的外观质量状况，查看设备是否成套，配带的零件是否齐全。 （3）进行一般性的内部结构检查，如对机电设备做必要的电阻测试。 （4）在外观检查中发现问题，需做进一步理化性能检验时，应报质检部门处理。 （5）需要开箱和拆件时，应保证不损坏物资本身，检验后尽量恢复原包装
包装检验		（1）查看包装有无浸湿、油污、破损、变形等异常情况。 （2）查看包装是否符合相关标准要求，包括选用的材料、规格、制作工艺、标识、填充方式。 （3）检查内容物的干湿度

1	若包装上有人为的挖洞、开缝，则物资在运输过程中有被盗窃的可能，此时要仔细核对物资数量
2	若包装有水渍、潮湿，则可能是物资在运输过程中有被雨淋、水湿或其本身出现潮解、渗漏的情况，此时要对物资开箱检验
3	若包装有被污染的痕迹，则可能由于配装不当引起了物资的泄漏，并导致物资之间相互玷污，此时要将物资送交质量检验部门检验，以确定物资的质量是否发生了变化
4	若包装破损，则说明包装结构不良、材质不当或装卸过程中有被乱摔、乱扔、碰撞等情况，此时需开箱检验商品有无损坏

图 3-4 物资包装检验注意事项

表 3-5 物资验收的影响因素及抽样比例

项目		内容
影响因素	商品价值	商品价值高的，应全查或提高抽验比例；价值特别高的商品须全验
	商品性质	商品性质不稳定、质量易变化和易混杂不良品质的，应提高验收比例或全查
	气候条件	在雨季或梅雨季节，怕潮商品应提高抽验比例；在冬季，怕冻商品应提高抽验比例或全查
	运输方式	采用容易影响质量的运输方式和运输工具运送的商品，应提高抽验比例
	厂商信誉	信誉好的厂商的抽验比例小，反之则大
抽样比例	质量检验	（1）带包装的金属材料抽验 5%~10%，无包装的金属材料全部目测查验。 （2）10 台以内的机电设备验收率为 100%，100 台以内的验收率不低于 10%。 （3）运输、起重设备 100%查验。 （4）仪器仪表的外观质量缺陷查验率为 100%。 （5）易于发霉、变质、受潮、变色、污染、虫蛀、机械性损伤的货物，抽验率为 5%~10%。 （6）外包装有质量缺陷的货物检验率为 100%。 （7）对于供货稳定，质量、信誉较好的厂家产品，大批量货物可以进行抽检。 （8）进口货物原则上逐件检验
	数量检验	（1）不带包装的（散装）货物检验率为 100%，不清点件数；有包装的毛检率为 100%，回皮率为 5%~10%，件数清点率为 100%。 （2）定尺钢材检验率为 10%~20%，非定尺钢材检验率为 100%。 （3）贵重金属材料 100%过净重。 （4）有标量或者标准定量的化工产品按标量或标准定量计算，核定总重量。 （5）同一包装、大批量、规格整齐的货物以及包装严密、符合国家标准且有合格证的货物，可以采取抽查的方式验量，抽查率为 10%~20%

表 3-6　物资验收方法

方法	内容
视觉检验	在充足的光线下，观察货物的状态、颜色、结构等表面状况，检查有无变形、破损、脱落、变色、结块等情况以判定质量
听觉检验	摇动、搬运、轻度敲击、听声，以判定货物的质量
触觉检验	利用手感鉴定货物的细度、光滑度、黏度、柔软度等，判定质量
嗅觉、味觉检验	通过货物所特有的气味、味道测定，判定质量，避免串味
测试仪器检验	利用各种专用测试仪器对货物性质如含水量、密度、黏度、成分、光谱等进行测定
运行检验	对货物如电器、车辆等进行运行操作，检查其功能是否正常

表 3-7　物资验收结果及具体情形

验收结果	具体情形
合格物资	（1）在物资外包装上粘贴合格标签。 （2）每日工作结束，将当日所收物资的数量汇总填入验收日报表
不合格物资	（1）在物资外包装上粘贴不合格标签，并在物资验收报告表中注明不合格原因。 （2）向相关主管请示处理办法，并转采购部相关人员处理。 （3）办理不合格物资的退货手续时，应开具物资交运单并附物资验收报告表，由相关领导签字确认，作为异常物资出厂凭证
交货数量超额	（1）经过验收，若发现交货数量超过订购量部分，则原则上应予以退回。 （2）对以重量或长度计算的材料，其超交量在3%以下时，可在验收单备注栏内注明超交数量，经相关负责人同意后予以接收
交货数量短缺	（1）经过验收，若发现交货数量未达订购量，则原则上应暂时拒收物资，要求供应商补足后重新入库验收。 （2）经采购部门同意，可安排物资入库，财务部门按实际入库数量进行结算

表 3-8　包装材料含水量

包装材料名称	含水量	说明
木箱	18%～20%	内装易霉、易锈物质
	18%～23%	内装一般物质
纸箱	12%～14%	五层瓦楞纸的外包装及纸板衬垫
	10%～14%	三层瓦楞纸的外包装及纸板衬垫
胶合板箱	15%～16%	—
布包	9%～10%	—

3.1.2 验收规范

物资验收工作规范，物资破损等级、程度描述及处理对策，破损物资处理流程，验收问题的处理要求，物资验收注意事项分别如表3-9、表3-10、图3-5、表3-11、图3-6所示。

表3-9 物资验收工作规范

物资类别	验收工作规范
普通物资	逾期不收、超采购量不收、凭证手续不全不收、品牌和规格不符不收、品质不符合要求不收
电器	（1）对大件物资进行全检，包括检查外包装有无破损、受潮、变形，同时检查质量合格电器证明是否齐全、型号/规格是否正确、标识是否完好。 （2）对小件电器抽样检查，检查内容同大件物资。 （3）如有必要，应要求供应商进行现场安装调试，待一切正常后办理交接手续
包装食品	（1）对外包装进行检查，查看有无破损、变质、污染、异味。 （2）检查食品标签内容是否真实，包括名称、配料表、净含量、固形物含量、制造商/经销者的名称和地址、日期标注和储存指南、质量等级、产品标准号、其他特殊标注内容等
服装	（1）外观有无破损、污染、褶皱。 （2）检查标签内容是否正确，包括名称、厂名、厂址、执行标准、编号、尺寸、成分、洗涤和熨烫标识等
化妆品	（1）检查外观，确保无破损、无污染。 （2）检查标签内容，主要包括产品名称、制造者名称和地址、内装物量、净含量或净容量、日期标注（如生产日期、保质期、生产批号）等。 （3）检查生产许可证号、卫生许可证号、产品标准号。 （4）进口化妆品应注明卫生许可证批准文号，特殊用途化妆品应注明卫生批准文号。 （5）必要时检查安全警告和使用指南，以及满足保质期和安全性要求的储存条件
其他物资	（1）对小百货、文具等进行抽样检验，包括外观和标识检查，确保其符合相应的产品要求。 （2）对于国家规定进行强制认证和按照生产许可证生产的物资，必须按照国家规定对有关证件进行检查、核对，包括认证证书、认证标志、生产许可证、卫生许可证、质量证明书、企业合法性证明文件等

表3-10 物资破损等级、程度描述及处理对策

破损等级	破损程度描述	处理对策
A级	物资外包装破损程度高于40%，物资本身受到破坏，有关技术性能达不到质量标准	按实际情况填写验收单，通知采购负责人货损情况，采购负责人联系供应商办理退货或换货

（续表）

破损等级	破损程度描述	处理对策
B 级	物资外包装破损程度高于 40%，物资外观受到一定程度的损害，但不影响货物使用价值	按实际情况填写验收单，通知采购负责人货损情况，由采购负责人同供应商协商解决，或换货，或降价接收
C 级	物资外包装破损程度低于 40%，不影响物资性能及使用价值	按实际情况填写验收单，准予入库

01 收集破损证据并保存，包括原始运单和复印件、破损交接单据、破损货物照片（多角度）、仓库装卸或操作录像

02 确定破损等级，通知采购部门负责人，告知破损程度，并出具货物验收报告，为其拟定处理对策提供依据和凭证

03 采购部门根据货物验收报告，结合货物破损等级标准及相对应的建议，拟定处理对策，同供应商协商一致后予以处理

图 3-5　破损物资处理流程

表 3-11　验收问题的处理要求

验收问题	处理要求
件数不符	（1）接货件数与通知单不符，数量短少，经复点确认后，应随即在送货单各联上批注清楚，先按实数签收，由收货人与承运人共同签章。 （2）经验收核对确认，由保管人员将查明的短少物资品名、规格、数量通知运输承运人、发货人和存货人
数量不符	（1）当计重验收的物资在数量上出现误差时，凡其误差量在规定范围以内的，可按实际验收时的数量入库，并填写入库单（验收单）。 （2）当超过规定的误差范围时，经核对查实，按实际数量填写磅码单和验收记录，交发货人和存货人交涉处理。 （3）货物未做出处理前，应将其单独堆放，妥善保管，待处理后方可办理入库手续
包装异状或不符合要求	（1）当物资包装有异状或不符合要求时，特别是对不能保护物品安全的包装，收货人员应通知送货人，并会同送货人开箱、拆包检查，查明确有残损或内装细数短少情况，由送货人出具入库物资异状记录，或在送货单上注明，通知保管人员另行堆放。 （2）在送货单位开箱验明无短缺的情况下，待分清责任、整理加固或换装后，再行办理入库堆垛
物资异状	（1）在接货时发现入库物资外观质量有异状，要分情况区别处理。 （2）由铁路专用线或汽车运输送来的物资，在接收物资时，发现有水渍、玷污、损坏等情况，由收货人直接与承运人交涉，应由承运人编制商务记录或出具证明书；如该批物资在托运之时发货人另有附言，损坏责任不属承运人者，亦应由承运

（续表）

验收问题	处理要求
物资异状	人做出普通记录，并由承运人签章。 （3）如属异状轻微，不影响使用，而存货人又要求入库的，按异状情况连同存货人意见，一并在入库单上批注，方可办理入库手续；如属异状严重，但数量较少，送货人同意及时到库调换、整理的，可以先收货，待调换整理后，再签发单证；如属异状严重而数量又多的，应配合送货人、存货人做好退货或在库整理工作，暂不签发单证
质量问题	（1）开箱、拆包验收时，发现物资有残损、变质情况，保管员或验收人员应将残损物资另列，好坏分开。签收的单据则根据存货人的规定办理，可同时在一份物资入库单上分为完整物资、残损物资签收，也可另设残损物资入库单。残损物资签收后，应及时通知存货人和发货人，并分开堆放，保持原状，以便检查和处理。 （2）当发货人提供的质量证明书与存货人入库单的质量要求不符时，验收人应如实填写物资检验记录，暂不办理入库手续，及时通知存货人；由存货人与发货人交涉，待存货人提出处理方案后，再办理入库手续。 （3）若入库物资在开箱、拆包验收中发现品名、规格、牌号、产地等与入库单所列不符，则可根据实际品名、规格、牌号、产地，修改单据签收，但应与存货人联系，并在备注栏内说明情况，等待处理
单证不全或单货不符	（1）物资验收必须单证资料齐全、物资到齐，若出现有货无单、有单无货或货未到齐，应根据不同情况，区分处理。 （2）如果物资已经接运到库，而单证未到，则视为待验物资，可堆放在待验区加以妥善保管，并催促存货人，待单证资料齐全后再予以验收。 （3）若物资急需，可先进行预验，待单证到齐后，再正式办理入库手续。 （4）若入库单和其他有关凭证已到，而在规定的时间内物资未到库时，应尽快向存货人反映，以便存货人及时向发货人或承运人查询，如查明确无来货，可将单据送回存货人处注销。 （5）因运输中途甩货，或物资批次转动不畅等原因，同批物资未能一起到达时，收货人可在送货单上按实收数量签注，并接收已到物资入库，但对入库单则应分单签收

1 明确质量验收标准

对于即将入库的物资，在采购订货或产品生产时就按照样品明确质量标准，并将样品封存，作为物资验收时的依据

2 随时验收

物资到库后，仓库管理员要组织有关人员，及时、准确、迅速进行验收，做到随时到货、随时验收。验收完毕，填好验收单等应填单据，以备核查

3 逐层验收

从仓库上门提货或物资运送到仓库开始，直到物资入库上架，每个操作环节都要随着物资的装卸、搬运等进行逐层验收，明确责任

4 问题货物单独存放

验收中发现问题等待处理的物资，应单独存放，妥善保管，防止混杂、丢失、损坏，且在处理前不得动用

5 及时处理问题

如发现物资质量不符合标准，或与供应商协商退货、换货，或按质论价、降价接收；如物资数量不符，或通知送货人及时补足，或扣除差货款额；对于危及消费者利益的假冒伪劣物资，坚决清退，不予入库

图 3-6　物资验收注意事项

3.2 不合格品管理

不合格品也称“不良品”，是指不符合产品标准或订货合同相关要求的产品，按其不合格的程度可以分为废品、次品、回用品和返修品等。不合格物料退料流程、产生不合格物料的管理环节及原因、不合格品的标识及应用情况，不合格品的处置方式及具体要求分别如图 3-7、表 3-12、表 3-13 和表 3-14 所示。

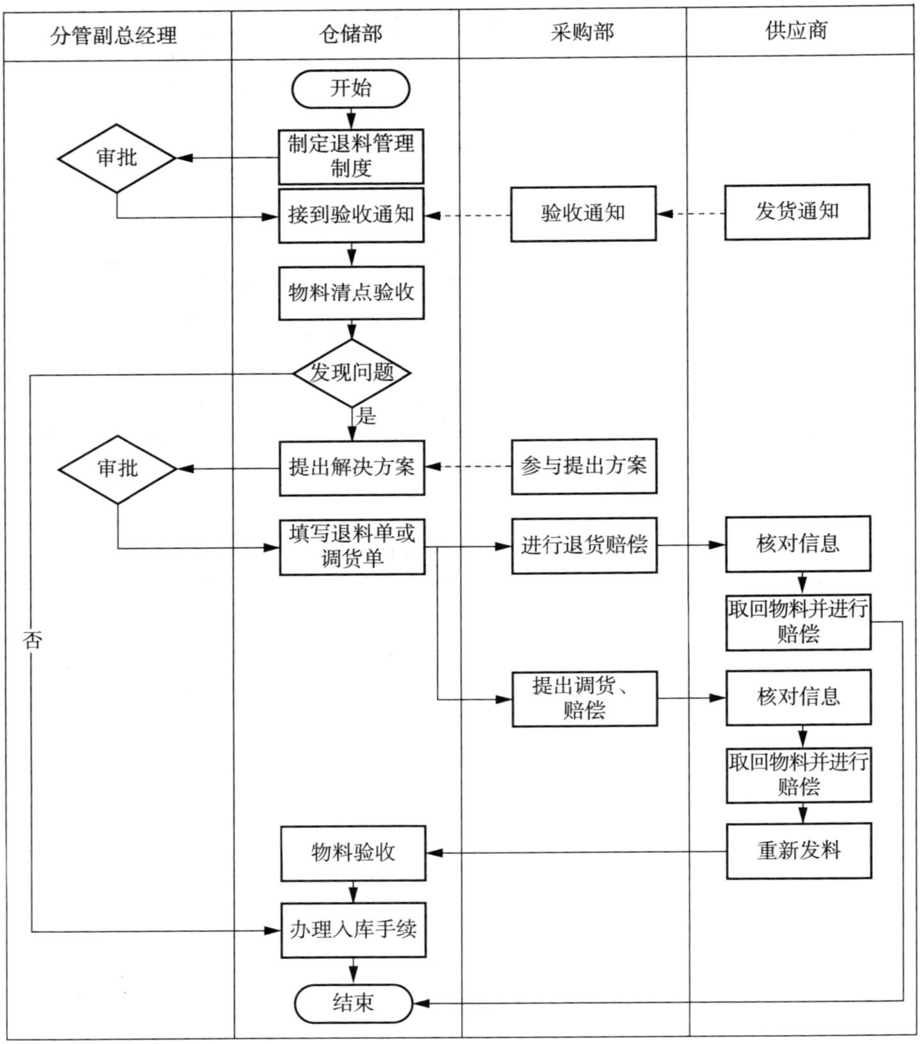

图 3-7　不合格物料退料流程

表 3-12　产生不合格物料的管理环节及原因

管理环节	原因
产品开发与设计	（1）产品设计、制作方法不明确。 （2）图样、图纸绘制不清晰，标码不准确。 （3）产品设计尺寸与生产用零件、装配公差不一致。 （4）废弃图样管制不力，造成生产中误用废弃图纸
机器与设备管理	（1）机器安装与设计不当，或长时间不校验。 （2）刀具、模具、工具品质不良。 （3）量具和检测设备精度不够。 （4）温度、湿度及其他环境条件对设备有影响。 （5）设备加工能力不够。 （6）设备、机器的维修保养不当
材料与配件控制	（1）使用未经过检验的材料或配件。 （2）错误地使用材料或配件。 （3）材料或配件的品质变异。 （4）使用勉强接受的材料或配件。 （5）使用替代材料前未经验证
生产作业控制	（1）片面追求产量忽视质量。 （2）操作员未经培训上岗。 （3）未制定生产作业指导书。 （4）对生产工序的控制不力。 （5）员工缺乏自检自查的能力和意识
品质检验与控制	（1）未制订产品品质计划。 （2）实验设备超过校准期限。 （3）品质规程、方法、应对措施不完善。 （4）没有形成有效的品质控制体系。 （5）高层管理者的品质意识不够

表 3-13　不合格品的标识及应用情况

标识	应用情况
标识牌	（1）由木板或金属片制作的小方牌，主要适用于大型货物或成批产品的标识。 （2）标识名称分为待验、暂收、合格、不合格、待处理、冻结、退货、重检、返工、返修、报废等
标签或卡片	（1）一种随货的清单，一般附属在包装容器规定位置。 （2）注明货物的品名、规格、颜色、材质、产地、工单编号、日期、数量等
色标	（1）一般为一张正方形的有色贴纸，直接粘贴在货物的表面或产品外包装规定的位置。 （2）绿色代表合格状态，一般贴在右下角；黄色代表待检状态，一般贴在右上角；红色代表不合格状态，一般贴在左上角

表 3-14　不合格品的处置方式及具体要求

处置方式	具体要求
待验	入库接收前等待检验品，一般为初次验收，或验收人员凭借经验怀疑产品品质有问题，需要进一步验证
暂收	由于证照不全或采购订单信息不准确，暂时存放在验收区，等待进一步指示
不合格	确定不合格后放置在不合格品货位上
待处理	库存的问题产品等待报废、翻修等处置
退货	退返供应商
重检	对争议产品委托内部或外部质检部门重新检验
返工	退回生产部门，重新加工
返修	退回维修生产部门修复
报废	对于没有价值的不合格品，作废品处理

3.3　常用表单

表 3-15　验收单

供货商		订购单号		验收员	
运单号				复核员	
发货日期		到货日期		验收日期	

序号	货位名称	品名	规格型号	编号	单位	应收数量	实收数量	备注

表 3-16　进货验收单

进货时间	货号	厂商名称	订购数	交货数
订单号码	发票号码	品名规格	点收数	实收数
检验项目	检验规格	检验状况	数量	判定

AQL 值	严重	一般	轻微

（续表）

检验数量		不良数		不良率
判定	允许□　　拒收□　　全检□			
备注：				
仓储主管：　　库管：　　收货人：　　质检主管：				

注：AQL——当一个连续系列批被提交验收时，可允许的最差过程平均质量水平，称为“合格质量水平”，也称为“可接收质量水平”，一般用每百单位产品不合格数表示。

合格质量水平的确定方法：根据过程平均确定；由供需双方协商确定；根据用户需求确定；根据损益平衡点确定；根据消费者希望得到的平均质量确定。

表 3-17　物资验收单

订单编号：　　编号：　　填写日期：　年　月　日

编号	品名	订购数量	规格符合		单位	实收数量	单价	总价
			是	否				
是否分批交货	□是　□否		会计科目		厂商供应		合计	
检查方式			检验结果		检验主管		检验员	

表 3-18　货物检验单

供货单位：　　验收日期：　年　月　日

货物类别		货物数量		货物金额	
承运单位		供货商		起运地点	
检验情况记录					
验收量	单价	总价	合格量	合格率	出厂合格证明
备注					

检验员：　　复检人：

表 3-19　入库检验表

编号：　　　　　　　　　　　　　　　　　　　　　　　　检验日期：　　年　月　日

物资名称		规格型号	
供方		进货日期	
进货数量		验证数量	
验证方式			
验证项目	标准要求	验证结果	是否合格
检验结论	□合格　□不合格		
复检记录			
不合格品处置方法	□拒收　□让步接收　□全检 批准人：　　年　月　日		
备注			

检验员：　　　　　　　　　　　　　　　　　　　　　　　　复检人：

表 3-20　物资入库检验记录表

编号：　　　　　　　　　　　　　　　　　　　　　　　　检验日期：　　年　月　日

物资名称		物资编号			规格型号			
交货数量		供应商						
项次	检验项目	检验日期	采购单号	抽样数	不良数	合格与否	检验员	备注
检验结果	□接受　□退货　□检验不良品以良品补足后验收　□减扣货款							

表 3-21　物资入库检验表

类别：　　　　　　　　　　　　　　　　　　　　　　　　日期：　　年　月　日

物资名称	物资标准	抽样方法	检验项目	检验方法	合格标准

表 3-22　物资验收日报表

编号：　　　　　　　　　　　　　　　　　　　　日期：　　年　月　日

序号	品名	规格	数量	供应商	检验方式		不良数	主要不良表现	处置方式		
					全检	抽检			允收	拒收	其他
备注											

检验主管：　　　　　　　　　　　　　　　　　　制表人：

表 3-23　入库物资检验日报表

日期：　　年　月　日

序号	验收单号	供应商	品名	规格	点收数量	抽验数量	不合格品数量	合格与否

主管：　　　　　　　　　　　　制表人：

表 3-24　物资验收单汇总表

编号：　　　　　　　　　　　　　　　　　　　　日期：　　年　月　日

序号	验收单名称	编号	物资类别				张数	其他相关单据名称	编号	张数
			原材料	辅料	零配件	设备				
总计								总计		
备注										

表 3-25　物资验收月统计表

编号：　　　　　　　　　　　　　　　　　　填表日期：　　年　月　日

进料验收报告汇总				
序号	供应商	检查批次	不合格批次	不良率（%）

（续表）

异常报表汇总							
物料异常报告编号	料号	品名/规格	批量	不良率	不良原因	供应商	处理结果

审核人：　　　　　　　　　　　　　　审批人：

表 3-26　产品质量标准表

产品编号		产品名称		规格		
产品尺寸	尺寸容差	说明	尺寸容差	说明	尺寸容差	说明
允许不良水准	不良因素	A 级品	B 级品	C 级品	产品图	
不良原因分析						

表 3-27　产品质量检验标准表（一）

产品名称：　　　　　　　　　　　　　　有效日期：　年　月　日

检验项目	检验方法	检验仪器	抽样数	合格标准			记录	备注
				A 级	B 级	C 级		

表 3-28 产品质量检验标准表（二）

产品编号						
产品名称						
类别	管理点	管理事项说明	管理标准	检验方法	抽样比	不合格品处置方法

表 3-29 产品质量检验标准表（三）

编号：

名称	物资编号	检验项目	检验方法	检验标准编号	抽样方法	合格标准	不合格品处置方法

表 3-30 质量检验分析标准表

抽样	全数检验	仪器检验	目视检验	寿命检验

表 3-31 物资质量检验报告表

品名		规格		商标	
数量		抽样数量			
批号		机型			
检验项目		检验标准与规格		检验结果	
评定		备注			

检验员：

表 3-32　物资验收报告单（一）

编号：　　　　　　　　　　　　　　　　　　　　　　　　日期：　　年　月　日

订单编号		物资编号		厂商编号		采购日期		
借方科目		贷方科目		入库单位		点收日期		
检验项目	检验标准	检验结果						
		物资科目			合格		不合格	
		件号	品名	规格	实收数	单价	拒收数	单价
发票号								
使用单位					用途说明			

采购主管：　　　　　　　　　　仓储主管：　　　　　　　　　　验收员：

表 3-33　物资验收报告单（二）

编号：　　　　　　　　　　　　　　　　　　　　　　　　日期：　　年　月　日

订单编号		供货商	
物资名称		规格型号	
数量		单价	
到库时间		抽检数量	
抽检方式			
检验项目			
检验标准			
检验结果			
不良品量			
是否合格			

检验员：

表 3-34　不合格品处理单

品名	规格	编号	不合格数量	单价	金额

（续表）

不合格品说明					
规格	型号	包装	标识	质量	其他
检验日期			检验人		
处理结果拟定					
调换	退货	修理	折价	报废	其他
审批人			处理日期		
不合格品总金额					
备注					

注："处理结果拟定"栏中，调换、修理的物资需先记入再检验结果。

表 3-35　物资拒收表

供货单位：　　　　　　　　　　　　　　　　　　　　　　　验收日期：　　年　月　日

送货单号		规格及品名	单位	数量		单价	金额
日期	编号			件数	明细数		
拒收原因							
以上物资（部分、全部）拒收，处理情况							

仓储经理：　　　　　　　　　　验收人员：　　　　　　　　　　供货单位：

表 3-36　物料拒收月统计表

编号：　　　　　　　　　　　　　　　　　　　　　　　　　填表日期：　　年　月　日

序号	交货单编号	料名	料号	数量	供应商	供应商编号	交货日	不良内容	处理方法
合计									

主管：　　　　　　　　　　　　　　　　　　　　　　　　　　制表人：

表 3-37　紧急放行申请表

进料名称		料号		批量	
规格		数量		生产批号	
供应商					
经办人		职务		联系方式	
放行原因		申请人		日期	
审批意见		批准人		日期	

表 3-38　验收工作考核表

绩效考核人员		考核时间	
被考核人员		考核地点	
考核项目	考核内容	分值	实际得分
验收前的准备工作	熟悉入库物资，文件单证准备齐全		
	仓库库场安排恰当		
	货位准备和安排合理、恰当		
	验收工具和苫垫材料准备齐全、到位		
验收工作	单据填写正确、规范		
	验收前准备充分，与各部门配合良好		
	检验内容全面		
	对发生的问题处理恰当、到位		
合计			

注：本项考核满分 100 分，60~80 分及格，81~90 分良好，91 分以上优秀。

物资验收是核对凭证和单据，并对物资实体数量和质量检验的技术活动总称。具体地说，它是企业借助某些手段和方法，按照合同、标准或国际、国家的有关法律法规、惯例，对物资的质量、规格、数量以及包装等进行检查，以确定物资是否满足需求，是否能够入库。

验收结果明确了物资的品质，以及责任的归属，稍有不慎，就有可能造成巨大损失。因此，绝不可掉以轻心。

第4章

入库管理

加强入库管理，对提高企业的经济效益有着重要意义。为此，仓储管理人员应了解入库作业的流程、入库前的准备工作，全面掌握物资接货、物资编码、货位规划的相关要求，并熟练运用入库常用的表单。

4.1 物资接货

物资接货，是指工作人员到托运人处提货的活动，可按如图4-1所示的流程办理。

物资接货主要有4种形式，即铁路专用线路到货接运、到车站/码头提货、仓库自行提货、托运单位送货到库。

4.1.1 铁路专用线到货接运

铁路专用线到货接运，是指仓库备有铁路专用线接运大批整车或零担到货的形式。一般铁路专线都与公路干线联合，在这种联合运输形式下，铁路承担主干线长距离的货物运输，汽车承担直接面向收货方的短距离运输任务。铁路专用线路接货步骤及任务如表4-1所示。

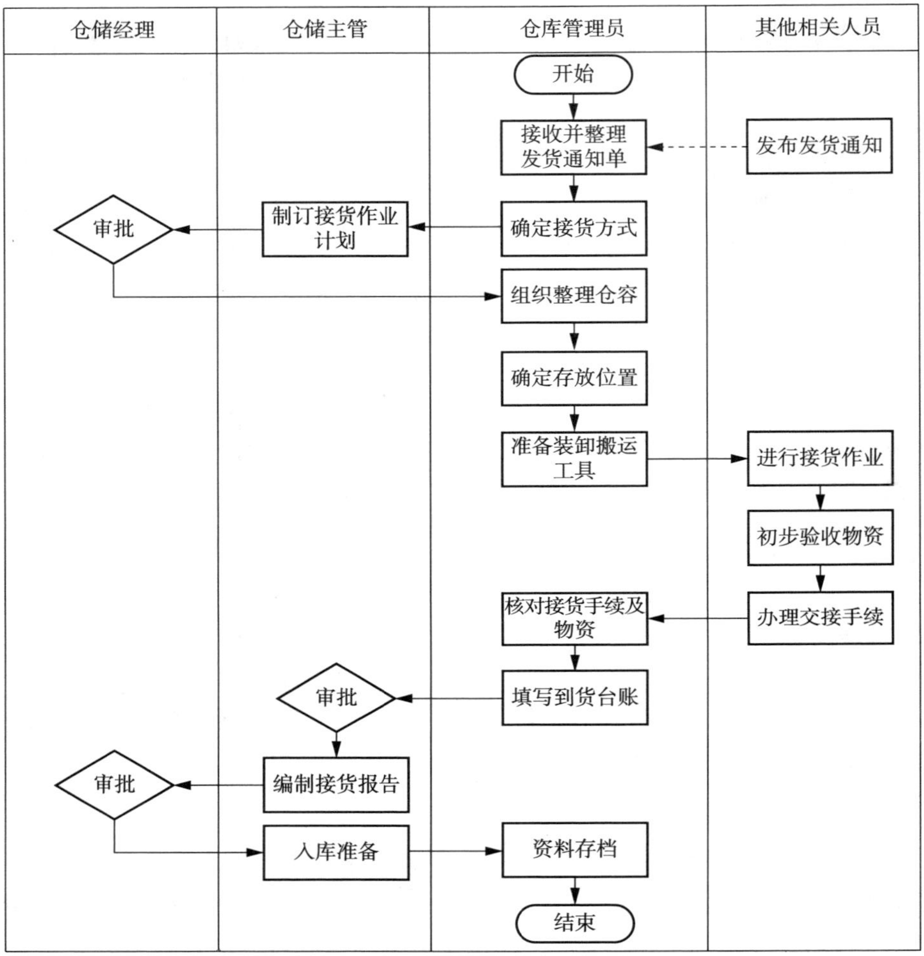

图 4-1 物资接货工作流程

表 4-1 铁路专用线路接货步骤及任务

接货步骤	任务
接车卸货准备	确定卸车位置，准备所需人力和机具
卸车前检查	（1）核对车号是否与接货通知相符。 （2）检查车门、车窗有无异状，货封是否完好。 （3）检查货物名称、规格、数量是否与货物运单上的内容相符。 （4）通过检查防止误卸，划清货物运输事故的责任

（续表）

接货步骤	任务
卸车作业	（1）入库主管协助相关人员完成卸车作业，卸货时要注意物资外包装上的指示性标识，做到正确钩铲、升起、下放，防止包装和物资损坏。 （2）按照车号、品名、规格分别堆码货物，以便于清点。 （3）品名不符、包装破损、受潮或损坏的货物应另行存放，并做标记，会同承运部门进行检查，做好文字记录
卸车后清理	检查货物是否完全卸完
填写到货台账	填写到货名称、规格、数量，到货日期，货物发送站，发货单位，送货车皮号，货物有无异常等基本信息
办理内部交接	将到货台账及其他相关资料与收到的物资一并交给仓库管理员，办理入库手续

4.1.2 到车站/码头提货

到车站/码头提货，是指由外地托运单位委托铁路、水运、民航等运输部门或邮局代运或邮递货物到达本埠车站、码头、民航站、邮局后，仓库依据货物通知单派车提运货物的作业活动。在接受货主的委托，代理完成提货、末端送货活动的情况下，也会发生到车站、码头提货的作业活动。这种到货提运形式大多为提取零担托运、到货批量较小的货物。车站/码头提货步骤及作业如表4-2所示。

表4-2 车站/码头提货步骤及作业

提货步骤	作业
安排接运工具	提货前与承运单位联系，了解货物特性、单位重量、外形尺寸等，据此安排接运工具
前往承运单位	与相关人员一同到达承运单位
出示领货凭证	（1）到达车站后，出示预先收到的领货凭证或单位证明。 （2）到达码头后，去港口货运处凭借盖有单位公章的提货单领取货物运单，提货
检查货物状况	（1）检查货物名称、规格、数量和收货单位与货物运单上的内容是否相符。 （2）对物资进行外观检查，注意其包装是否铅封完好，有无水渍、油渍、受潮、污损、锈蚀、短件、破损等情况。 （3）若发现问题或出现与运单不符的情况，应当与承运部门当场检查确认，并让其进行文字说明
监督装卸货物	监督货物装卸过程，防止发生货物损坏、丢失的情况
办理内部交接	办理相关手续，进行内部交接

4.1.3 仓库自行提货

仓库自行提货，是指当仓库接到托运通知单后，做好一切准备，并将提货与物资的初步验收工作结合在一起进行。最好在供货人员在场的情况下进行验收。仓库自行提货步骤及作业如表4-3所示。

表4-3　仓库自行提货步骤及作业

步骤	作业
接货准备	在收到提货通知后，根据货物性质、规格、数量，安排好提货所需的设备、工具和人员
前往供货单位	与相关人员一同到达承运单位
协助现场检查	协助相关单位人员进行验收，主要是清点数量、检查外观等
办理接货手续	验收合格后，与供货单位办理货物交接手续，填写收货单
监督装卸、运回货物	监督货物装卸过程，防止发生货物损坏、丢失的情况
协助质量复检	协助质量检验人员进行货物质量检验
办理入库手续	为验收合格的货物办理入库手续

4.4.4　托运单位送货到库

对于托运单位送货到库的，仓库当场办理接货验收手续，检查外包装，清点数量，做好验收记录。如有质量和数量问题，托运方应在验收记录上签字确认。接货差错处理步骤及处理方法、货物赔偿情况分别如表4-4、表4-5所示。

表4-4　接货差错处理步骤及处理方法

接货差错处理步骤	处理方法
确认差错原因	当发现货物存在丢失、短少、变质、污染、损坏等情况时，应首先核对承运单位提供的货运记录等文件，以确定差错发生的原因
差错分类处理	（1）当货物丢失、损坏时，应通知供应商，由供应商联系承运单位处理。 （2）当货物短少时，应通知供应商，由供应商查明原因并补齐货物。 （3）当货物变质时，应通知供应商，由供应商负责调换
申请赔偿	自领到货运记录的次日起180日内，收货单位可以向货物到达站、发货站提出赔偿申请

表4-5　货物赔偿情况

货物情况	损失情况	获得赔偿金额
办理过保价运输的货物	全部损失	赔偿金额=保价金额
	部分损失	赔偿金额=损失货物+全部货物×保价金额
未办理保价运输的货物		赔偿金额≤国家规定的赔偿金额
办理保险运输的货物		凭借承运单位出具的货运记录，按保险合同进行赔偿

4.2　物资编码

物资编码是将物资按其分类进行有序编排，并用简明文字、符号或数字代替物资的名称、类别。通过对物资的编码，一是可以唯一标识物资，便于区分；二是可以应用计算机进行高效管理，实现标准化作业。物资编码原则及要求，物资编码方法、说明及优缺点和物资编码工作流程分别如表4-6、表4-7、图4-2所示。

表4-6 物资编码原则及要求

编码原则	要求
简单性	编码应尽量简单明了，以减少错误发生的机会
完整性	确保所有物料都有编码可归
唯一性	一个物资编码只能代表一种物资，同一种物资只能用一个物资编码
规则性	编码分类要有规律，且编码规则要统一
可扩展性	要考虑未来新成品、新材料扩充的情况，为编码留下分类扩展空间；要考虑公司未来的发展，为编码留下长度扩展空间
可读性	物资编码应做到一看到就能够识别该物资属于哪一类
易记性	编码应当和物资之间存在某种联系，以便于记忆
可使用性	编码的长度应在6~20位，不宜过长
一贯通用性	物资编码要统一且具有一贯通用性，同一编码原则上能涵盖大多数物资，并能够适应新增加的品种
兼容性	物资编码应考虑与主要客户、重要供应商的编码兼容
效率性	编码要有助于提高日常操作的效率
综合性	编码应与成品、生产、采购、货仓运作、物料控制、财务、软件系统等配合使用
方便性	考虑录入、查询的方便性

表4-7 物资编码方法、说明及优缺点

编码方法	编码说明	优缺点
数字法	将某种物资用特定的一个或一组数字来表示的方法	（1）容易理解。 （2）需另外准备物资项目与数字的对照表，且需记忆对照项目
英文字母法	将某种物资用特定的一个或一组字母来表示的方法	（1）除I、O、Q、Z外的22个字母可用。 （2）需记忆字母代表的类别
暗示法	物资编码所代表的意义，可自编码本身联想出来	从字母、数字可得到提示，无须记忆且不被人知晓，适用于重要物资编码
混合法	英文字母和数字相结合使用的方法	（1）字母代表类别或名称，方便识记。 （2）仍需准备物资项目与数字对照表

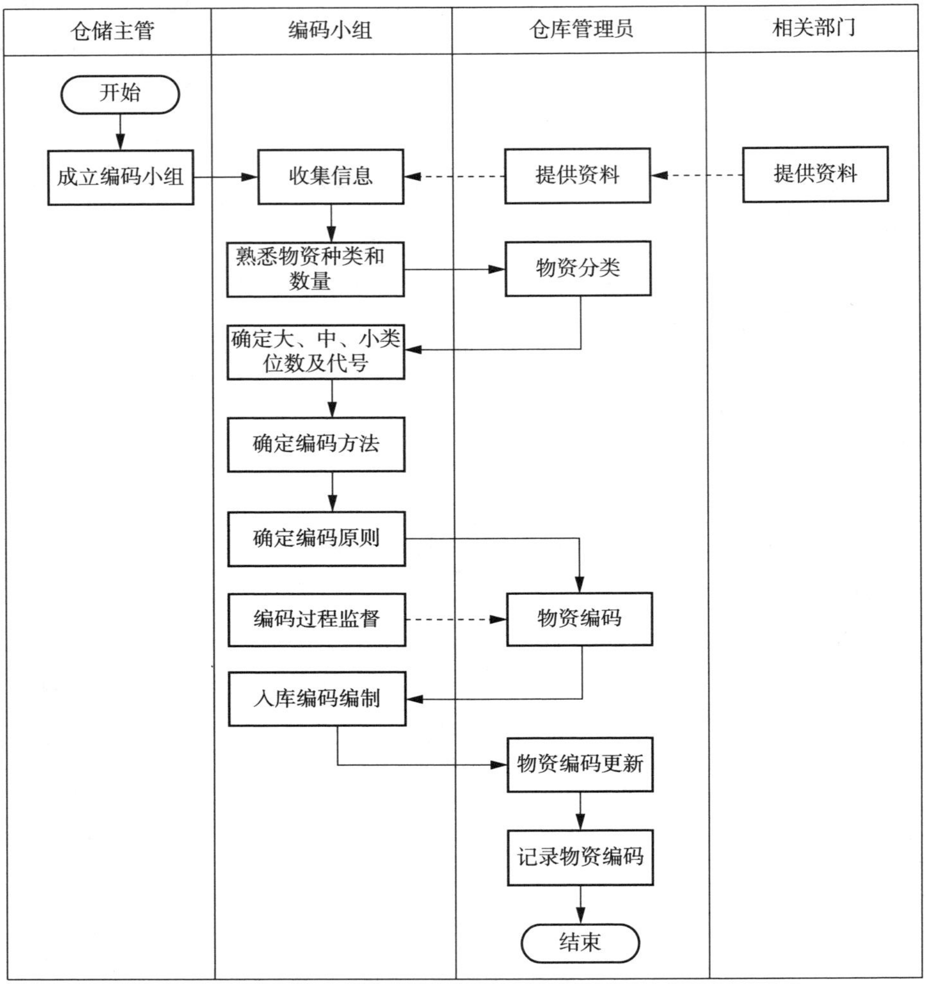

图 4–2　物资编码工作流程

4.3　货位规划

货位规划，是指将物资合理纳入仓库设施，以实现物料搬运最优化、提高空间利用率，货位规划与调整是保持仓储运作处于理想运行状态的有效手段。货位安排工作流程，货位规划原则及要求，货位编号方法，货位标识要求，货位安排方法、优缺点及说明，特殊物资货位安排要求分别如图 4–3、表 4–8、表 4–9、表 4–10、表 4–11、图 4–4 所示。

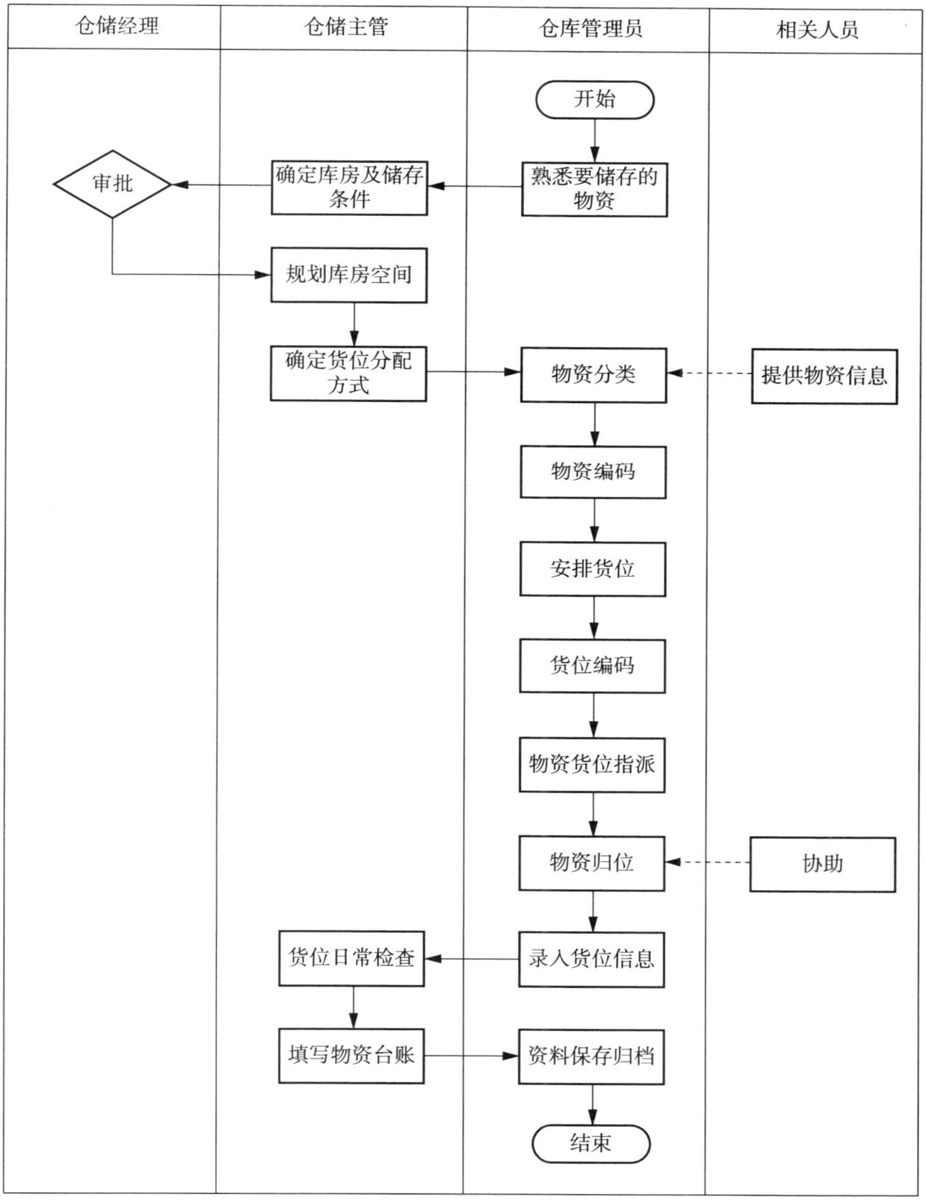

图 4-3　货位安排工作流程

表 4-8　货位规划原则及要求

原则	要求
货位安排明确化	每一种物资必须有明确的储存位置
货物存放合理化	（1）存取频率高的货物对应的储存位置与收货区、发货区或仓库出入口的距离要近，即要考虑横向距离。 （2）存取频率越低的货物储存的纵向位置越高，重量越大的货物储存的纵向位置越低。 （3）需要特定储存环境的货物要放在指定库区，如冷冻品应存于冷库、易燃易爆品应存于防火防爆库。 （4）必须考虑货物相关性，相关性强的货物一起出库的可能性大，最好置于相邻货位。 （5）必须考虑货物相容性，相容性低的货物不能放在一起。 （6）生命周期短的物资要遵循“先入先出”原则
货位上货物存放状况明了化	当货物放入货位后，要对货物的数量、品种、储存位置、拣货取出、淘汰更新和损耗损伤等情况进行登记，物、账需完全吻合
货位布置紧凑化	既要便于收货、发货、检查、包装及装卸车，又要充分利用仓容

表 4-9　货位编号方法

编号方法	内容
地址编号法	（1）利用储存区中的现成参考单位，如第几栋、区段、排、行、层、格等，按相关顺序编号。 （2）四号定位法是常见的地址编号法，即采用一串四个数字号码对货位进行编号，数字号码分别是库房（货场）、货架（货区）、层次（排次）、货位（垛位）
区段编号法	把储存区分成几个区段，对每个区段进行编码。划分区域时，可以根据物资平均流量的大小确定区域大小，对于平均流量比较大的物资，可以多划分几个区域；对于平均流量比较小的物资，则少划分几个区域
品类编号法	把相关性物资集合，区分成几个品类群，并对每个品类群进行编码，这种方法适用于容易按品类群保管的场合和品牌差距大的商品，如服饰群、五金群、食品群等

表 4-10　货位标识要求

标识要求	内容
规律标识	对货位的标识要有规律，要按照 1、2、3 或 A、B、C 等顺序依次进行，不要断号或跳号
规则统一	同一仓库中的所有货位标识符号要统一
标识明确	货位的标识要明确，便于寻找
内容清晰	货位标识字迹需书写工整（或打印），且内容清晰易辨认，尽可能增大字号

表 4-11　货位安排方法、优缺点及说明

方法	优点	缺点	说明
定位储存	易于管理、搬运时间较少	需较多的储存空间	每一项物资都有固定货位，适用于仓库空间大、库存物资数量少、品种多的情况
随机储存	最大限度地提高储存空间利用率	难以进行出入库管理和盘点，有时会增大搬运距离	每种物资的货位随机产生，适用于库房空间有限、种类少、体积大的物资储存
分类储存	易于存取、节省搬运时间	浪费货位	按照物资相关性、流动性、尺寸和重量以及物资特性来分类储存，适用于相关性大、经常被同时订购、周转率差别大的物资储存
分类随机储存	节省货位数量、仓库利用率高	物资出入库管理及盘点工作的难度较高	每种物资都有固定的存放区域，各储区中每个货位是随机的
共同储存	减少占用的空间、缩短搬运时间	管理较复杂，适用条件较苛刻	相容的物资可使用相同货位

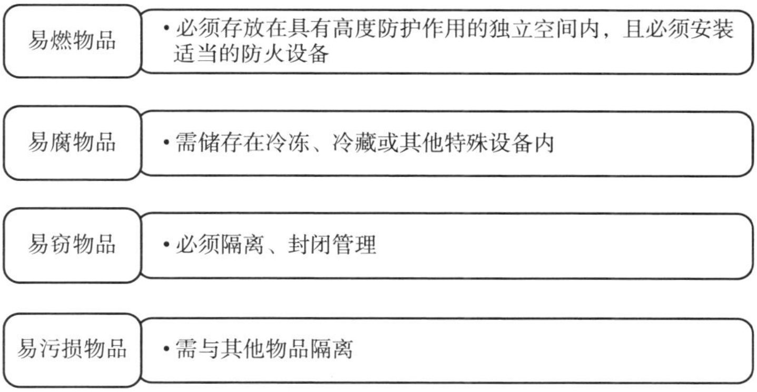

图 4-4　特殊物资货位安排要求

4.4　物资入库

4.4.1　入库

“入库”是物资进入仓库时所进行的卸货、清点、验收、办理入库手续等工作的总称，物资入库工作流程、入库前的准备事项和交接手续分别如图 4-5、表 4-12、表 4-13 所示。

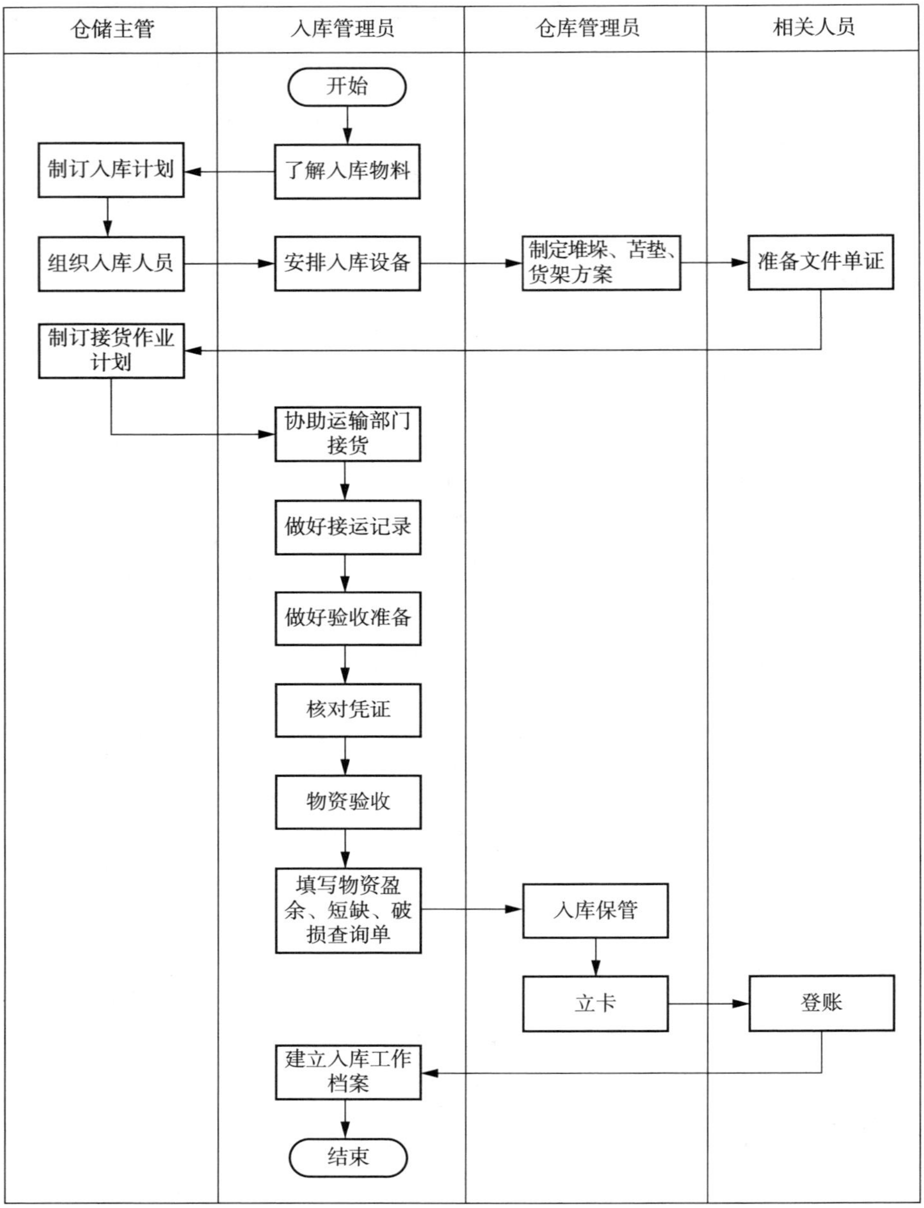

图 4-5　物资入库工作流程

表 4-12　入库前准备事项

准备事项	内容
熟悉入库货物	仓库业务人员、管理人员应认真查阅入库货物资料，必要时向存货人询问，掌握入库货物的品种、规格、数量、包装状态、单位体积、到库确切时间、货物存期、货物的理化特性、保管的要求等，据此精确和妥善地进行库场安排与准备
掌握仓库库场情况	了解货物入库期间、保管期间仓库的仓容、设备、人员变动情况，以便安排工作。必要时对仓库进行清查，清理归位，腾出仓容。对于必须使用重型设备操作的货物，一定要安排到确保可使用设备的货位
制订仓储计划	根据货物情况、仓库情况、设备情况，制订仓储计划，并将任务下达到各作业单位、管理部门
妥善安排货位	根据货物的性能、数量、类别，结合仓库分区分类保管的要求，核算货位大小；根据货位使用原则，妥善安排货位、验收场地，确定堆垛方法、苫垫方案等
做好货位准备	仓库保管员要及时进行货位准备，彻底清洁货位，清除残留物，清理排水管道，必要时安排消毒除虫、铺地；详细检查照明、通风等设备，发现损坏及时通知修理
准备苫垫材料、作业工具	货物入库前，根据所确定的苫垫方案准备相应的材料，并组织衬垫铺设作业，将作业所需的用具准备妥当
验收准备	根据货物情况和仓库管理制度，确定验收方法；准备验收所需的点数、称量、测试、开箱装箱、丈量、移动照明等工具
文件单证准备	仓库保管员对货物入库所需的各种报表、单证、记录簿，如入库记录、理货检验单、料卡、残损卡等预填妥善，以备使用

表 4-13　交接手续

交接手续	内容
接收物资	仓库通过理货、查验物资，将不良物资剔出、退回或者编制残损单证等明确责任，确定收到的物资数量、物资表面状态良好
接收文件	接收送货人送交的物资资料、货运记录、普通记录等，以及随货在运输单证上注明的相应文件，如图纸、准运证等
签署单证	仓库与送货人或承运人共同在送货人交来的送货单、交接清单上签字，各方签署后留存相应单证。提供的相应入库、查验、理货、残损单证、事故报告由送货人或承运人签署

4.4.2　登账

合格证又称“检查合格证”或“出厂合格证”，是跟随材料一起，证明材料身份的文件，包含品名、编号、生产日期、供应商、检查结果、规格、数量等信息。合格证的作用及管理细节、入库物资的登账内容与原则分别如表 4-14、表 4-15 所示。

表 4-14　合格证的作用及管理细节

作用	管理细节
（1）识别实物的凭证。 （2）对不良品进行追溯和反馈的凭证。 （3）核对数量的凭证	（1）合格证要满足质量管理的规定，要包含基本信息。 （2）合格证一般要贴在产品上或产品包装上，把合格证贴在整件货物的外包装上或散落在箱子里，会给管理工作带来很大的不便。 （3）对于没有合格证的货物，严禁投入使用，等待质量管理部门处理。 （4）合格证信息记录不规范、不清楚、不全面时，务必引起警惕，这是质量下降的明确信号。 （5）在供货合同中明确规定合格证的格式要求和数量要求。 （6）验收人员要将实物和合格证上的信息逐条确认，发现规格型号等异常或与前一批货不一致时，要及时报告和公示，使参与作业的每一个人都了解。 （7）合格证要保管在规定的容器内，定期整理，一般存档一年以上的合格证可以销毁，不要到处乱放

表 4-15　入库物资的登账内容与原则

登账内容	原则
物资名称、规格、数量、件数、累计数或结存数、存货人或提货人、批次、金额，注明货位号或运输工具以及接（发）货经办人	（1）登账必须以合法有效的凭证为依据，如商品入库单、出库单、领料单等。 （2）登账一律用蓝、黑色墨水笔记账，用红色墨水笔冲账

4.4.3　立卡

“卡”又称“料卡”、“料签”或“商品验收明细卡”，是直接反映商品品名、型号、规格、数量、单位及进出动态、积存数的保管卡，由商品保管人员填制，是保管人员的“耳目”。

货卡按其作用不同可分为货物状态卡、商品保管卡。货物状态卡用于标明货物所处业务状态或阶段；商品保管卡包括标识卡和储存卡，分别如表 4-16、表 4-17 所示。

表 4-16　标识卡

待检	待处理	合格
供货商名称____________	供货商名称____________	供货商名称____________
图号____________	图号____________	图号____________
名称____________	名称____________	名称____________
进货日期丨批号丨生产日期__	进货日期丨批号丨生产日期__	进货日期丨批号丨生产日期__
标记日期____年____月____日	标记日期____年____月____日	标记日期____年____月____日
标记人____________	标记人____________	标记人____________
备注____________	备注____________	备注____________

表 4-17 储存卡

<table>
<tr><td rowspan="5" colspan="2">存放位置</td><td colspan="2">库</td><td rowspan="5">物资名称：
型号规格：
生产厂家：</td><td>类别</td><td colspan="2"></td></tr>
<tr><td colspan="2">排</td><td>单位</td><td colspan="2"></td></tr>
<tr><td colspan="2">架</td><td>单价</td><td colspan="2"></td></tr>
<tr><td colspan="2">层</td><td>出厂日期</td><td colspan="2"></td></tr>
<tr><td colspan="2">位</td><td>入库日期</td><td colspan="2"></td></tr>
<tr><td colspan="2">年</td><td rowspan="2">凭证编号</td><td rowspan="2">摘要</td><td rowspan="2">收入数量</td><td rowspan="2">发出数量</td><td rowspan="2">结存数量</td><td rowspan="2">备注</td></tr>
<tr><td>月</td><td>日</td></tr>
<tr><td></td><td></td><td></td><td></td><td></td><td></td><td></td><td></td></tr>
<tr><td></td><td></td><td></td><td></td><td></td><td></td><td></td><td></td></tr>
</table>

4.4.4 物资入库原则、要求及建档、存档

物资入库原则及要求和建档作用及存档资料分别如表 4-18、表 4-19 所示。

表 4-18 物资入库原则及要求

原则	要求
票货同行	物资入库时必须票货同行，工作人员根据合法凭证收货，及时清点数量，将商品按指定地点入库
单货相符	单货相符，入库管理人员要在随货同行联上签字，加盖“货已收讫”专用章
实时记录	验收过程中，发现单货不符、差错损失或质量问题，入库管理人员应当立即与有关部门联系，并在随货同行联上加以注明，做好记录
同物同包装	当同种物资不同包装或使用代用品包装时，工作人员应问明情况，并在入库单上注明，方可办理入库手续

表 4-19 建档作用及存档资料

建档作用	存档资料
将商品入库作业全过程的有关资料进行整理、核对，建立资料档案，为商品的保管、出库业务提供依据	（1）商品出厂时的各种凭证和技术资料，如商品技术证明、合格证、装箱单、磅码单、发货明细表等。 （2）商品运输资料及其他凭证，如商品运输记录、货运记录或公路运输交接单等。 （3）验收的入库通知单、验收记录、技术检验报告等。 （4）商品储存保管期间的检查、维护保养、因故损坏、变动等情况的记录。 （5）内外温湿度记载及其对商品的影响情况。 （6）商品的出库凭证和其他有关资料

4.5 常用表单

表 4-20 提货信息表

序号	通知日期	货运公司	联系电话	收货人	发货人	物资名称	件数	运费	提货人	交接人	备注

注：接到货运公司到货电话时（提醒提货时）填制，并跟踪处理进度。

收货人：货运单据上标注的收货人姓名或公司名称（收货人是个人的，有时需要其身份证）。

发货人：货运单据上标注的发货人姓名或公司名称。

提货人：提货的配送人员，返回后签名。

交接人：货物接收人收货后签名。

表 4-21 接货交接单

收货人	发货站	发货人	品名	标记	单位	件数	重量	车号	运单号	货位	合同号
备注											

送货人：　　　　　　　　接收人：　　　　　　　　经办人：

表 4-22 物资接运记录单（一）

品名	货物基本信息			接运信息			接运责任人	
	单价	数量	规格	接运方式	接运时间	安排货位	姓名	备注

审核人：　　　　　　　　　　　　　　经办人：

表 4-23 物资接运记录单（二）

编号：

到站记录								
通知到达时间	运输方式	发货站	发货人	运单号	车号	物资名称	件数	重量

（续表）

接运记录				
日期	件数	重量	缺损情况	提货人

交接记录			
日期	提货通知单编号	附件	收货人

表 4–24　到货商品差异表

序号	商品名称	品牌	规格型号	计量单位	应入库数量	实际入库数量	数量差异	备注

表 4–25　收货单

类别	申请号码	厂商名称	约定日期	收货日期	发票号码
材料/半成品/成品					

项次	订单号码	品名规格	编号	申请数量	单位	实收		单价	金额	累计数量
						数量	件数			
备注						检验结果				

收货部门：　　　　　　　　　　　　　　　　经办人：

表 4–26　物资入库通知单

编号：　　　　　　　　　　　　　　　　通知日期：　年　月　日

日期	到货日期		供货单位		收货人	
	入库日期		合同号		货位	
	验收日期		运单号		入库单号	

（续表）

<table>
<tr><td colspan="13">物资入库详细信息</td></tr>
<tr><td rowspan="2">物资编号</td><td rowspan="2">物资名称</td><td rowspan="2">计量单位</td><td colspan="5">数量</td><td rowspan="2">质量</td><td colspan="2">价格</td><td rowspan="2">说明</td></tr>
<tr><td>交货</td><td>多交</td><td>短交</td><td>退货</td><td>实收</td><td>购入</td><td>基本</td></tr>
<tr><td></td><td></td><td></td><td></td><td></td><td></td><td></td><td></td><td></td><td></td><td></td><td rowspan="2"></td></tr>
<tr><td></td><td></td><td></td><td></td><td></td><td></td><td></td><td></td><td></td><td></td><td></td></tr>
<tr><td></td><td></td><td></td><td></td><td></td><td></td><td></td><td></td><td></td><td></td><td></td><td></td></tr>
</table>

表 4-27　物资入库交接单

进仓编号：

交货方：　　　　　　　　　　　　　　　　　　　　　　　　收货方：

<table>
<tr><td>货名</td><td>件数</td><td>重量</td><td>外包装类型</td><td>备注</td></tr>
<tr><td></td><td></td><td></td><td></td><td></td></tr>
<tr><td></td><td></td><td></td><td></td><td></td></tr>
<tr><td></td><td></td><td></td><td></td><td></td></tr>
<tr><td>交货方或收货方盖章</td><td colspan="4">进门确认盖章</td></tr>
</table>

送货人：　　　　　　　　　　　　　　　　　　　　　　　　日期：

表 4-28　物资入库表

<table>
<tr><td>品名</td><td></td><td colspan="2">规格</td><td colspan="3"></td><td colspan="2">最高存量</td><td colspan="2"></td><td colspan="2">最低存量</td><td></td></tr>
<tr><td>编号</td><td></td><td colspan="2">存放位置</td><td colspan="7"></td><td colspan="2">订购量</td><td></td></tr>
<tr><td rowspan="2">日期</td><td rowspan="2">收发领退凭单</td><td colspan="3">收货记录</td><td rowspan="2">生产批次号码</td><td rowspan="2">领货单位</td><td colspan="3">出货记录</td><td colspan="3">结存记录</td><td rowspan="2">核对</td></tr>
<tr><td>数量</td><td>单价</td><td>金额</td><td>数量</td><td>单价</td><td>金额</td><td>数量</td><td>单价</td><td>金额</td></tr>
<tr><td></td><td></td><td></td><td></td><td></td><td></td><td></td><td></td><td></td><td></td><td></td><td></td><td></td><td></td></tr>
<tr><td></td><td></td><td></td><td></td><td></td><td></td><td></td><td></td><td></td><td></td><td></td><td></td><td></td><td></td></tr>
<tr><td></td><td></td><td></td><td></td><td></td><td></td><td></td><td></td><td></td><td></td><td></td><td></td><td></td><td></td></tr>
</table>

表 4-29 入库单

合同号： 件数： 入库日期： 年 月 日

序号	物资名称	规格型号	编号	单位	数量			单价	金额	付款方式		备注
					进货量	实点量	量差			转账	现付	

注：此单一式三联，一联自留，做仓库登记实物账；一联交采购部作为办理付款依据；一联交财务部记账。

审核人： 送货人： 仓储工作人员：

表 4-30 半成品/成品入库单

编号： 入库时间： 年 月 日 类别：□半成品 □成品

物资名称	规格型号	编号	数量	生产日期	批号	检验单号	备注

注：此单一式三联，一联自留，用于存根记账；一联送交生产部门；一联送交财务部门核算。

入库员： 复核人： 库管员：

表 4-31 入库日报表

编号： 日期： 年 月 日

品名	单位	数量	原库存量	现库存量	供应厂商	备注

填表人： 审核人： 制表人：

表 4-32 进货日报表

编号： 填写日期： 年 月 日

编号	物资编号	品名规格	厂商	数量	运输单号	备注

表 4-33　物资入库日报表

编号：　　　　　　　　　　　　　　　　　　　　　　　　入库日期：　　年　月　日

物资检验人						物资入库记录人					
物资名称	规格	物资编码	请购单编号	生产厂家	检验单编号	入库单编号	入库数量	单价	总金额	货位	备注

填写人：　　　　　　　　　　　　　　　　　　　　　　　　审核人：

表 4-34　物资收发日报表（一）

日期：　　年　月　日

品名	编号	单位	数量	上日库存量	本日收入	本日发出	结存	供应厂商

表 4-35　物资收发日报表（二）

日期：　　年　月　日

供应商	品名	规格	数量	验收合格	验收不合格	单价	金额	用途	交货单号

表 4-36　物资收发日报表（三）

日期：　　年　月　日

品名	合约数量	上日进货累计	本日进货	进货累计	未进货量	上日出货累计	本日出货	出货累计	库存	退货		备注
										本日	累计	

发包加工品	品名	进货		出货		不良品			存货数	发包加工情况	加工厂商	发包数量	本日送件	送件累计	应送余额	本日交件	交件累计	应收余额
		本日	累计	本日	累计	加工	材质	修改										

表 4-37 物资资料卡

物资名称	
物资编号	
数量	
入库时间	
包装情况	
备注	

表 4-38 物资编码登记表

页次： 编号： 编写日期： 年 月 日

页号	物资编号	品名	类别	规格	用途	供应商	物资码	代用件编号	说明

表 4-39 新增物资编码申请表

申报单位： 填写日期： 年 月 日

序号	分类码	返回的物资编码		需申请的物资名称	规格	单位	申报部门	申报日期	编码返回增加日期
		流水码	标准单位						

填报人： 审核人：

表 4-40 货位卡

品名： 规格： 单位：

<table>
<tr><td colspan="2">物资编号</td><td></td><td rowspan="2">货位号</td><td rowspan="2"></td><td rowspan="2">检验单号</td><td rowspan="2"></td><td rowspan="2">有效期</td><td rowspan="2"></td><td rowspan="2">复验期</td><td rowspan="2"></td></tr>
<tr><td colspan="2">厂家批号</td><td></td></tr>
<tr><td colspan="2">年</td><td colspan="2" rowspan="2">来源去向</td><td rowspan="2">入库件数</td><td rowspan="2">入库量</td><td rowspan="2">出库件数</td><td rowspan="2">出库量</td><td rowspan="2">结存件数</td><td rowspan="2">结存量</td><td rowspan="2">签名</td></tr>
<tr><td>月</td><td>日</td></tr>
<tr><td></td><td></td><td colspan="2"></td><td></td><td></td><td></td><td></td><td></td><td></td><td></td></tr>
<tr><td></td><td></td><td colspan="2"></td><td></td><td></td><td></td><td></td><td></td><td></td><td></td></tr>
</table>

表 4-41 货位安排记录表

编号： 日期： 年 月 日

物资编号	物资基本信息			货位信息	
	品名	数量	规格	货位编码	货位位置

审核人：

表 4-42　物资货位查询表

品名		型号	
物资编码		规格	
大类		种类	
小类		—	
物资货位		—	
货位编号		—	

表 4-43　物资货位统计表

物资品名	编号	库区号	货架号	货架层号	货架列号

表 4-44　入库工作考核表

绩效考核人员		考核时间	
被考核人员		考核地点	
考核项目	考核内容	分值	实际得分
入库作业	凭证审核认真		
	登账规范、正确		
	立卡标识填写、码放正确		
	建档内容全面、整洁，编号有序，装订完好		
	签单准确、无误		
堆码作业	能根据不同的物资选择合适的堆码方式		
	能说出每种堆码方式的优缺点及适用范围		
	正确堆码		
合计			

注：本项考核满分为 100 分，60~80 分及格，81~90 分良好，91 分以上优秀。

只有建立高效的入库管理体系，明确入库管理职能，制定科学的业务流程，完善相关制度保证其良好运行，企业才能实现内部的成本质量控制，提高市场竞争力。

第5章 存储管理

存储运作成本和管理水平的高低，直接影响企业的经济效益。企业仓储管理人员应了解与仓库存储管理相关的基础性知识，全面掌握物资养护保管的各种措施。

5.1 存储管理

5.1.1 概述

存储管理是对仓库内物资进行的管理，是仓储机构为了更好地利用其所具有的仓储资源，提高仓储服务效率所进行的计划、组织、协调、控制、考核过程，是物流管理的核心环节和重点。仓储管理的任务及原则，物资日常管理流程，存储管理的特点、目标及作用分别如表 5-1、图 5-1、表 5-2 所示。

表 5-1 仓储管理的任务及原则

任务	原则
(1) 合理组织收发，保证作业准确、迅速、及时。 (2) 采取科学的存储方法，创造适宜的保管环境，提供良好的保管条件，确保在库物资数量准确、质量完好。 (3) 合理规划并有效利用仓储设施，搞好革新、改造，不断提高存储能力，提升作业效率。 (4) 积极采取有效措施，保证仓储设施、库存物资和仓库员工的安全	(1) 保证质量。 (2) 注重效率。 (3) 确保安全。 (4) 讲求效益

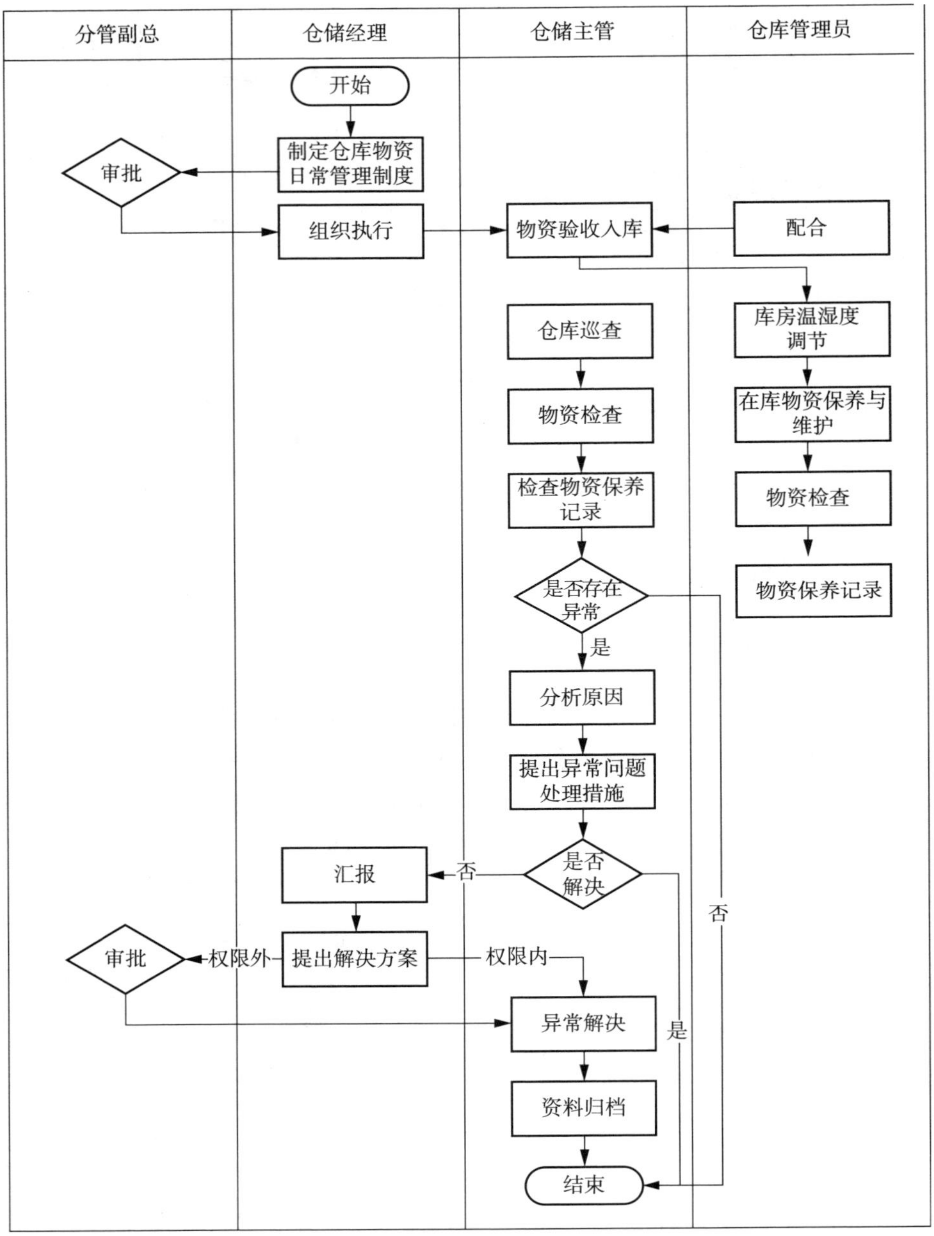

图 5-1　物资日常管理流程

表 5-2　存储管理的特点、目标及作用

特点	目标	作用
(1) 存储管理活动所消耗的物化劳动和活劳动不改变劳动对象的功能、性质和使用价值，而是保持和延续其使用价值。 (2) 存储管理活动的产品虽然没有实物形态，但是有实际内容，即仓储劳务，也就是以劳动的形式为他人提供特殊的使用价值。 (3) 存储管理活动虽然不改变在库物资的使用价值，但是会增加在库物资的价值，也就是仓储生产中的一切劳动消耗都要追加到在库物资价值中，价值由社会必要劳动时间决定。 (4) 仓储劳务的质量通过在库物资的数量和质量完好程度、保证供应的及时程度体现	(1) 库存资金周转率是衡量单位库存资金用于供应的效率，库存资金周转率（次）= 全部供应金额÷平均供应金额。 (2) 供应服务水平是供应量占需求量的百分比，其中需求量=供应量+缺货量。 (3) 缺货率，供应企业的缺货率=缺货企业数/应该供应的企业总数，供应数量的缺货率=订单缺货数量÷订单总数。 (4) 平均供应费用是供应每单位库存物资所消耗的活劳动和物化劳动的价值总和，平均供应费用=库存系统年总费用÷年全部供应额	(1) 大规模运输可以降低运输成本，提高运输效率。 (2) 通过流通加工和分拣，可以对不同产品进行整合。 (3) 最大限度地支持客户服务，存储管理的最终目的是使客户满意。 (4) 平衡供需间的时间、空间上的差异。 (5) 考核供应商与生产企业的产品质量和服务能力。 (6) 在追求零库存的同时，最大限度地控制脱销率

为确保物资品质，提高工作人员效率，物资应分区分类存储，分区分类标准及存储管理方式和物资储存保管流程及要求分别如表 5-3、表 5-4 所示。

表 5-3　分区分类标准及存储管理方式

分区分类标准	存储管理方式
按物资的种类和自然属性划分	按照物资的理化性质，将物资分成若干大类分别储存，同类物资安排在同一库区，进行集中统一管理，如床单、被罩等床上用品可存放在同一库区
按物资的流向划分	适用于短期中转、吞吐量较大的物资，如在各种交通场站和码头的中转库
按不同货主划分	适用于仓库为几个大货主服务时，方便货主物资的存取，避免和减少物资混淆
按物资的危险性划分	易燃、易爆、放射性、腐蚀性等化学品、危险品决不能混杂存放在同一库房或同一库区，必须严格分区分类存放
混合分区	将上述几种方法结合起来运用，除特别情况一般不采用

表 5-4　物资储存保管流程及要求

流程	要求
储存区标示与规划	所有入库的物资均需标示清楚，并根据物资、产品的特性（大小、规格、体积）统一规划存放区域
储存区环境管理	为确保物资不变质，储存区应保持通风良好、地面干净、料架清洁，定期打扫环境卫生，及时清理垃圾
储存期限管理	为确保物资“先进先出”，各仓库根据物资的特性制定储存期限，过期材料需利用时，必须预先检验是否合格，方可利用
储存区安全管理	（1）加强消防器材的保养、清洁及维护，消防设备区域不得堵塞。 （2）物资堆放不得靠近电源插座，通道保持畅通。 （3）物资包装完整且做好防尘工作，库管员下班前必须关闭电源、锁好门窗，物资不得直接置放于地面。 （4）库房内严禁烟火，应保持整洁、干净、通风，易燃物、易爆物储存时须单独隔离仓库。 （5）物品堆放高度应适当，以免塌落伤人。 （6）物品储存不得阻碍通道通行及妨碍机械设备操作，不得阻碍灭火器的使用、安全出入、电器开关等。 （7）堆积的物品不得从下部抽出移动。 （8）对有使用期限的物品应标示其使用期限，注意“先进先出”，并于期限内使用完毕。 （9）物品若无法储存于室内，则应于物品上加盖苫布等防雨设施，防止淋雨造成物品损坏或污染环境
正常生产领料	（1）生产部门在领料前一天将配置单及批号领料汇总表下达给仓储主管，仓储主管根据上述资料安排库管员进行物资确认及备料工作。 （2）各车间领料人员按生产计划至仓库进行领料作业，如属易混淆的物品，应携带技术部门所确认的样品进行核对，可能产生色差的物品应按厂家生产或其他标识进行区分，确认数量无误后，将结果记入批号领料汇总表。 （3）发料时如遇非整包装的领料，应先将零星物资发掉，同一种物品在仓库最多只有一个尾数包装
非正常生产领料	工发用料、品管实验、样品制作、生产消耗等非正常领料按领料单进行作业，因生产消耗的领料应结合物资不良申报表一起使用
退料	各部门分发的物资因错领或损耗估计过高而出现结余，在保证物资使用性能的前提下，应及时开具退料单将材料退回仓库
领用物资不良处理	针对生产车间领用不良物资，应分析具体原因，并填制物资不良申报表，经品管部门确认原因后，转生产管理部门签署处理意见。对于需退回供应商部分，仓库应予接收并区别放置、明显标示，不得重复领用
做账	（1）资材库管员应及时传递各种出入库单据，并于当日下班前依进出库单据做好实物保管账，仓储主管依据每日生产进度及物资状况，有欠料时于每日上午 10 时前分发资材欠料状况表结采购主管和生产主管各一份。 （2）仓储主管应对资材欠料状况表的处理结果进行跟踪督促，以免延误生产供料计划的执行。 （3）当产品无法按生产计划供料时，仓储主管应立即向部门经理报告并跟踪处理意见，部门经理应立即联系相关部门并制订应急计划，必要时报告总经理，以便及时处理

（续表）

流程	要求
异常处理	如客户取消订单或材质更改成呆料，仓储主管须在接到通知后 6 小时内做出客户订单取消，入库材料申报表交采购、财务部门计算赔偿金额，请营业经理或总经理向客户索赔
原材料盘点	（1）仓储主管应不定期对库管员的账物情况进行抽检，以督促库管员按规范操作。 （2）财务人员应在每月底组织仓库对部分物品进行盘点，仓库须全力配合，将结果计入“××月盘点表”，并对差异原因进行检讨。 （3）财务部门每年应选择生产淡季进行年度物资盘点，对所有物资库存进行彻底清查

目视管理是利用形象直观色彩适宜的各种视觉感知信息组织现场的生产活动，以提高劳动生产率的一种管理手段。仓储目视管理的类别、目标及方法如表 5-5 所示。

表 5-5　仓储目视管理的类别、目标及方法

类别	目标	方法
货物管理	明确货物品牌与品类	挂品类（品牌）标识牌，如食品区、日化品区等。铝塑板，蓝底白字
	决定货物放置位置	使用彩色区域线进行标识（定置管理）
	货物分区（仓库内）	挂分区指示牌，如一区、五区等。KT 板，蓝底白字
	区域划分（仓库外）	挂分区指示牌，如各发运线路指示（东向、西向等）。铁支架+亚克力板
作业管理	明确作业计划并监督进展	如使用发货登记黑板，可随时更新完成情况（在已发货的客户名称后画钩）
	作业按照要求实施	运作问题即时记录在黑板（看板）上
	描述库内各功能区域	即仓库定置图，各区域用不同颜色标识；库内实地用油漆进行分界
设备管理	叉车等设备放置区	用油漆分界
	尽早发现异常	点检黑板（看板）
	叉车状态标识挂牌	分待维修、正常、故障等
安全管理	防止人为失误导致事故	制作操作环节注意事项宣传板；机械设备开关旁张贴安全操作规程
	注意现场环境的高低凸起、转弯、上下坡	使用油漆或荧光色标识
	区分人行、车行专用道	使用油漆进行分界标识，特别是疏散通道，用油漆画线提示逃生方向
	消防器材随时可用	在显眼位置张贴消防器材位置图、安全警示图（多张），KT 板，蓝底白字
	提醒员工作业安全	安全管理制度展板。KT 板，蓝底白字

（续表）

类别	目标	方法
人员管理	人员身份明确	工装、工卡、来宾卡
	分工明细	组织架构图、每日值班人员看板、卫生责任区看板等
	员工工作状态	绩效考评看板、员工工作差错看板、员工优秀事迹表扬看板、“员工之星”看板、培训考核结果看板，黑板（白板）+打印件
	仓库业务流程、员工职责	仓库出入库流程、员工职责看板等，悬挂时下边缘离地面 1.6 米，上下对齐。KT 板，蓝底白字

5.1.2 堆码管理

堆码是将物资整齐、规则地摆放成货垛的作业，物资堆码作业流程，物资堆码方法、适用场合及优缺点，堆码数据计算公式，物资堆码标准及要求，货垛的指标和内容，“五距”示意分别如图 5-2、表 5-6、表 5-7、表 5-8、表 5-9 和图 5-3 所示。

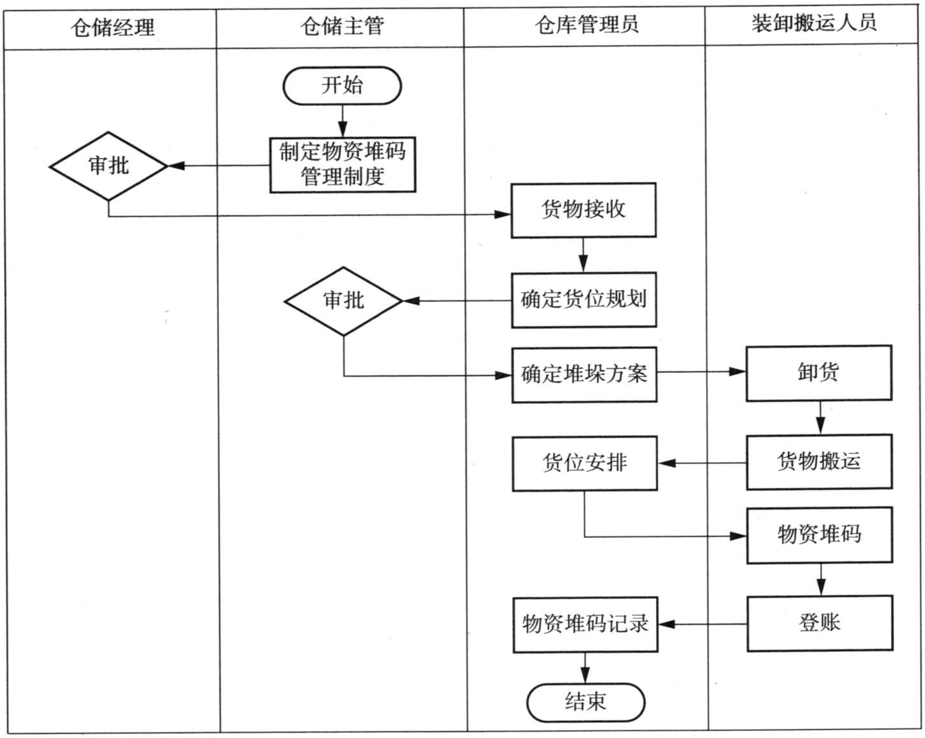

图 5-2 物资堆码作业流程

表 5-6　物资堆码方法、适用场合及优缺点

方法		适用场合及优缺点
散堆式堆码		（1）直接用堆场机或铲车将物资堆高，在达到预定的货垛高度时，逐步后推堆货，使后端先形成立体梯形，最后成垛。 （2）适用于没有包装的大宗散货，如煤炭、矿石等，也适用于库内少量存放的谷物、碎料等散装物资。 （3）操作简便，便于采用现代化的大型机械设备，节省包装费用，提高仓容的利用率
货垛式堆码	重叠式堆码	（1）也称“直堆法”，是逐件、逐层向上重叠堆码，一件压一件的堆码方式。 （2）方便作业、计数，但稳定性较差，适用于袋装、箱装、箩筐装物资以及平板、片式物资等
货垛式堆码	纵横交错式堆码	（1）每层物品的排列方向都与前一层相垂直，逐渐向上堆放的堆码方式。 （2）适用于管材、捆装、长箱装等物品的堆码，特点是稳定性较强，但操作不便
货垛式堆码	仰伏相间式堆码	（1）对上、下两面有大小差别或凹凸的物品，如槽钢、钢轨等，可以将物品仰放一层再伏放一层，采用仰伏相扣的方式堆垛。 （2）垛形稳定，但操作不便
货垛式堆码	压缝式堆码	将底层物品并排摆放，上层物品放在下层两件物品之间
货垛式堆码	通风式堆码	（1）物品堆码时，任意两件相邻的物品之间都留有空隙，以便通风。 （2）层与层之间采用压缝式堆码或者纵横交错式堆码。 （3）可用于所有箱装、桶装以及裸装物品的堆码，起到通风防潮、散湿散热的作用
货垛式堆码	栽柱式堆码	（1）码放物品前先在堆垛两侧栽上木桩或者铁棒，然后将物品平码在柱之间，码放几层后用铁丝将两边相对的桩柱拴连，再往上摆放物品。 （2）适用于棒材、管材等长条状物品
货垛式堆码	衬垫式堆码	（1）在码垛时，隔层或隔几层铺放衬垫物，衬垫物平整牢靠后再往上码放货物。 （2）适用于形状不规则且较重的物品，如无包装电机、水泵等
货垛式堆码	宝塔式堆码	（1）在码垛时，每堆一层相应地减少货物，直到减至不能继续堆放。 （2）货垛牢固，稳定性较高
货架式堆码		（1）把物资堆放在货架上的方法。 （2）适用于标准化的物资、带包装密度较小的物资以及不带外包装的各种零星小物资
成组式堆码		（1）采用成组工具使物料的堆存单元扩大，常用的有货板、托盘等。 （2）一般每垛 3~4 层，可以提高仓库利用率，实现物料的安全搬运和堆存，提高劳动效率，加快物资流转速度

表 5-7　堆码数据计算公式

计算目标	计算公式
占地面积	占地面积=（总件数÷可堆层数）×物资的底面积 占地面积=总重量÷（层数×单位面积重量）
可堆层数	可堆层数=（地坪）单位面积最大负荷量÷单位面积重量
单位面积重量	单位面积重量=每件物资毛重÷物资的底面积

表 5-8　物资堆码标准及要求

标准	要求
合理	（1）垛形必须适合物资的性能特点，不同品种、型号、规格、牌号、等级、批次、产地、单价的物资，均应分开堆垛。 （2）合理确定堆垛之间的距离和走道宽度，便于装卸、搬运和检查。 （3）垛与垛之间的距离一般为 0.5~0.8 米，主要通道的宽度为 2.5~4.0 米
牢固	（1）货垛必须不偏不斜、不歪不倒、不压坏底层的物资和地坪。 （2）与屋顶、梁柱、墙壁保持一定距离，确保堆垛牢固安全
定量	每行、每层的物资数量力求为整数，过秤的物资不成整数时每层应明显分隔，标明重量，便于清点发货
整齐	垛形有一定的规格，各垛排列整齐有序，包装标志一律朝外
节约	（1）应节省货位，提高仓库的利用率。 （2）应节省人力，提高搬运人员的工作效率

表 5-9　货垛的指标和内容

指标	内容
垛高	$H=\min\{H_{地坪}, H_{货高}, H_{库高}\}$ 其中，$H_{地坪}$——货垛高度； $H_{货高}$——地坪载荷允许货垛高度； $H_{库高}$——仓库空间允许货垛高度
垛距	货垛与货垛之间的必要距离。常以支道作为垛距。设置适当的垛距可方便存取作业，起通风、散热的作用，方便消防工作。库房垛距一般为 0.3~0.5 米，货场垛距一般不少于 0.5 米
墙距	可分为库房墙距和货场墙距。其中，库房墙距又分为内墙距和外墙距。内墙距是指货物离没有窗户墙体的距离，此处潮气相对较少，一般距离为 0.1~0.3 米；外墙距是指货物离有窗户墙体的距离，这里湿度相对较大，一般距离为 0.1~0.5 米
柱距	为防止库房柱子的潮气影响货物，也为了保护仓库建筑物的安全，必须留有柱距。柱距一般为 0.1~0.3 米
顶距	货垛堆放的最大高度与库房、货棚屋顶横梁间的距离。顶距便于装卸搬运作业，通风散热，利于消防工作，方便收发、查点。顶距一般为 0.5~0.9 米
灯距	货垛与照明灯之间的必要距离。为了确保储存商品的安全，防止照明灯发出的热量引起靠近的商品燃烧而发生火灾，货垛必须留有足够的安全灯距，灯距应不少于 0.5 米

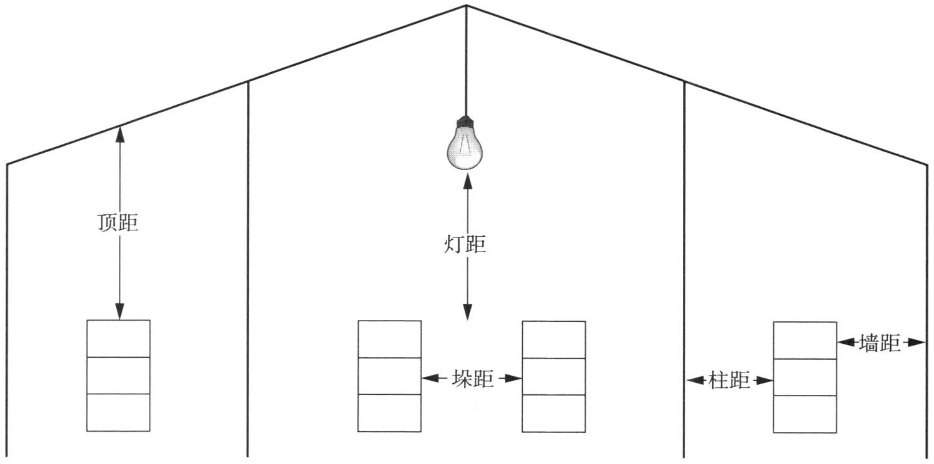

图 5-3 “五距”示意

除了关键的“五距”外，仓储管理中还有仓库其他安全距离指标及要求和堆垛的设计项目分别如表 5-10、表 5-11 所示。

表 5-10 仓库其他安全距离指标及要求

指标	要求
疏散安全距离	（1）主要疏散通道的净宽度应不小于 3 米，其他疏散通道的净宽度应不小于 2 米。 （2）在疏散通道转弯和交叉部位两侧的墙面、柱面距地面高度 1 米以下，设置灯光疏散指示标志；确有困难时，可设置在疏散通道上方 2. 2~3. 0 米处。 （3）疏散指示标志的间距不应大于 20 米
消防器材安全距离	（1）消防器材周围严禁堆放物品，应留出相应的消防通道。 （2）灭火器的摆放应稳固，铭牌向外。手提式灭火器应该设置在灭火器箱内或挂钩、托架上，其顶部离地面高度应不大于 1. 5 米；底部离地面高度不宜小于 0. 08 米。 （3）防火卷帘门两侧各 0. 5 米范围内不得堆放物品，并用黄色标识线划定范围。 （4）室外消火栓不应埋压、圈占；室外消火栓、水泵接合器 2 米范围内不得设置影响其正常使用的障碍物
电路安全距离	（1）临时架空线路必须采用绝缘良好的导线，其截面应能满足用电负荷和机械强度的需要。应用电杆或沿墙用合格瓷瓶固定架设，导线距地面的高度：室内不低于 2. 5 米，室外不低于 4. 5 米，与道路交叉跨越时不低于 6 米。 （2）进入配电（控制）柜、台、箱盘内的导管管口，当箱底无封板时，管口应高出柜、台、箱、盘的基础面 0. 05~0. 08 米，挂墙式配电箱的箱前操作通道宽度不宜小于 1 米。 （3）安装吊扇时，扇叶距地高度应不小于 2. 5 米；除采用安全电压外，敞开式灯具的灯头与地面距离应大于 2. 5 米。电源开关安装位置应便于操作，开关边缘距门框边缘的距离宜为 0. 15~0. 20 米；在潮湿场所，应采用具有防溅电器附件的插座，安装高度距地应不低于 1. 5 米

（续表）

指标	要求
室内道路宽度	（1）室内道路路面宽度：主干道宽度不宜小于 4.5 米，次干道宽度不宜小于 3.5 米，支道宽度为 3.0~4.5 米。 （2）专供电瓶车行驶的道路宽度：单车道路宽度不宜小于 2 米，双车道路宽度不宜小于 3.5 米。 （3）专供内燃叉车行驶的道路宽度：3 吨及以下叉车单车道路宽度不宜小于 2.5 米，双车道路宽度不宜小于 4 米；5 吨叉车单车道路宽度不宜小于 3.5 米，双车道路宽度不宜小于 6 米。 （4）沿主干道设置的人行道宽度为 1.5 米；其他人行道宽度不宜小于 0.75 米。当人行道宽度超过 1.5 米时，宜按 0.5 米的倍数递增。人行道同时通行手推车、三轮车时，宽度不小于 1.5 米
易燃易爆商品储存	（1）各种商品不应直接落地储存，一般应垫高 0.15 米以上；无货架堆高应不超过 3 米。 （2）液化石油气钢瓶与燃具的净距离应不小于 0.5 米。软管与家用燃具连接时，长度不应超过 2 米，并不得有接口（主要用于食堂）

表 5-11 堆垛的设计项目

项目	内容
垛基	整垛货物的重量均匀地传递给地坪，保证良好的防潮和通风，保证垛基上存放的物资不变形
垛形	（1）矩形、正方形垛易于堆码，便于盘点计数，库容整齐，但随着堆码高度增加，货垛稳定性下降。 （2）梯形、三角形和半圆形垛稳定性好，便于苫盖，但不便于盘点计数，也不利于仓库空间的利用。 （3）矩形-三角形等复合货垛可以整合各自的优势，尤其是在露天存放的情况下
货垛参数	（1）货垛的长度。如长形材料的尺寸长度就是其货垛的长度，包装成件物品的垛长应为包装长度或宽度的整数倍。 （2）货垛的宽度应根据库存物资的性质、要求的保管条件、搬运方式、数量多少以及收发制度等确定，一般以 2 个或 5 个单位包装为货垛宽度。 （3）货垛高度主要根据库房高度、地坪承载能力、物品本身和包装物的耐压能力、装卸搬运设备的类型和技术性能，以及物资的理化性质等来确定

5.1.3 苫垫管理

苫垫指采用专用苫盖材料对货垛进行遮盖，以减少自然环境中的阳光、雨雪、风沙、尘土等对物资的侵蚀、损害，使物资的自然损耗尽可能减少，保护物资存储期内的质量。常用的苫盖材料有帆布、芦席、竹席、塑料膜、铁皮铁瓦、塑料瓦等，苫垫基本要求和苫垫方法、要求及优缺点分别如图 5-4、表 5-12 所示。

- 选择合适的苫盖材料
- 苫盖牢固
- 苫盖的接口有一定深度的叠盖，不能迎风叠口或留空隙
- 苫盖的底部与垫垛齐平，不腾空或拖地，并牢固地绑扎在垫垛外侧或地面的绳桩上，衬垫材料不露出垛外，以防雨水顺延渗入垛内
- 使用旧的苫盖物或在雨水丰沛季节，垛顶或者风口需要加层苫盖，确保雨淋不透

图 5-4　苫垫基本要求

表 5-12　苫垫方法、要求及优缺点

方法	要求及优缺点
就垛苫盖	（1）直接将大面积苫盖材料覆盖在货垛上遮盖的方法。 （2）适用于起脊垛或大件包装的物品，一般采用大面积帆布、油布、塑料膜等。 （3）操作便利，但基本不具备通风条件，常用于对通风要求不高的物品，且要注意保持地面干燥
鱼鳞式苫盖	（1）从货垛的底部开始，苫盖材料自下而上呈鱼鳞式逐层交叠围盖的苫盖方法。 （2）一般采用面积较小的席、瓦等材料苫盖。 （3）具有较好的通风条件，但每件苫盖材料都需要固定，操作比较烦琐
固定棚架苫盖	（1）用预制的苫盖骨架与苫叶合装成简易棚架的苫盖方法。 （2）不需要基础工程，可随时拆卸和移动
活动棚架苫盖	（1）在四周及顶部铺围苫盖物，在棚柱底部装上滚轮，整个棚架可沿固定转道移动。 （2）活动棚本身需要占用仓库位置，固定轨道要占用一定使用面积，需要较高的购置成本
隔离苫盖	（1）用隔离物使苫盖物与货垛间留有一定的空隙。 （2）隔离物可用竹竿、木条、钢筋和隔离板等。 （3）利于排水和通风

垫垛是在物资码垛前，在预定的货位地面位置，根据物资保管的要求和堆放场所条件，使用适合的衬垫材料进行铺垫。常见的衬垫材料有枕木、废钢轨、货板、货板架、木板、水泥板、垫石、防潮纸等，垫垛基本要求如图 5-5 所示。

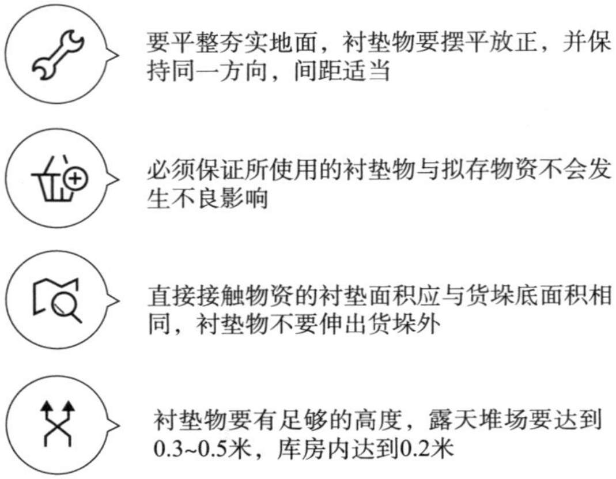

图 5-5　垫垛基本要求

$$n=\frac{Q_m}{l\times w\times q-Q_{自}}$$

其中，n 为衬垫物数量，Q_m 为物资重量，l 为衬垫物长度，w 为衬垫物宽度，q 为仓库地坪承载能力，$Q_{自}$ 为衬垫物自重。

5.1.4　设备管理

设备保养类别和设备检查类别分别如表 5-13、表 5-14 所示。

表 5-13　设备保养类别

类别	说明	要求
日常保养	日常保养是全部维护工作的基础，必须做到制度化和规范化	（1）搞好清洁卫生。 （2）检查设备的润滑情况，定时、定点加油。 （3）紧固易松动的螺钉和零部件。 （4）检查设备是否有漏油、漏气、漏电等情况。 （5）检查各防护、保险装置及操纵、变速装置是否灵敏可靠，零部件是否完整
定期保养	设备运行一段时间后，由操作人员和保养人员按规范有计划地强制性保养，是对设备的全面性维护工作，使设备能经常保持良好技术状态的预防性措施	（1）对机械进行清洁和擦洗。 （2）检查、调整和紧固各操纵、传动、连接机构的零部件。 （3）对各润滑点进行检查、注油或清洗换油。 （4）调整和检查安全保护装置，保证其灵敏可靠。 （5）更换已磨损的零部件。 （6）使用相应的检测仪器和工具，按规范对主要测试点进行检测，并做好检测记录

表 5-14　设备检查类别

类别		内容
按检查方式分类	人工检查	通过目视、耳听、嗅味、触摸等感官或简单工具进行检查
	状态检查	在设备的特定部位安装仪器仪表，对运转情况进行自动监测或诊断，以便全面、准确地把握设备的磨损、老化、劣化程度和其他情况，对于大型、复杂、精密、贵重设备尤为重要
按检查时间间隔分类	日常检查	由操作人员或维修人员每天进行的例行维护工作，检查中发现简单问题，随时解决；发现疑难复杂问题，及时报告并做维修处理
	定期检查	由专业维修人员负责操作人员参与的检查。要按规定的时间间隔，对设备性能及磨损程度进行全面检查，以合理确定修理时间和修理种类
	修前检查	设备在临修理前进行的检查
按检查内容分类	功能检查	对设备各项功能进行检查与测定，以确定设备的各种功能是否符合要求
	精度检查	对设备的加工精度进行检查和测定，以确定设备精度低劣化情况，为设备的验收、修理和更新提供较为科学的依据

5.2　养护保管

物资养护是对储运物资实施维护和保养的技术管理，可以通过安排合理的储存场所、堆垛和苫垫合理化、加强仓库温湿度管理、检查仓库、开展科学实验等方法对物资进行养护。

5.2.1　温湿度控制

仓库内的温湿度对物资质量有较大影响，控制温湿度对于保证物资储存过程中的品质尤为重要。因此，应采取措施，适当控制仓库内温湿度的变化，以适应物资对温湿度的要求。仓库温湿度控制工作流程，常用温度测量工具类别、适用范围及使用要求，仓库温度控制方法，常用湿度测量工具类别、构造、原理及特点，干湿球温度表的原理及使用方法，仓库湿度控制指标、方法及说明分别如图 5-6、表 5-15、表 5-16、表 5-17、表 5-18和表 5-19所示。

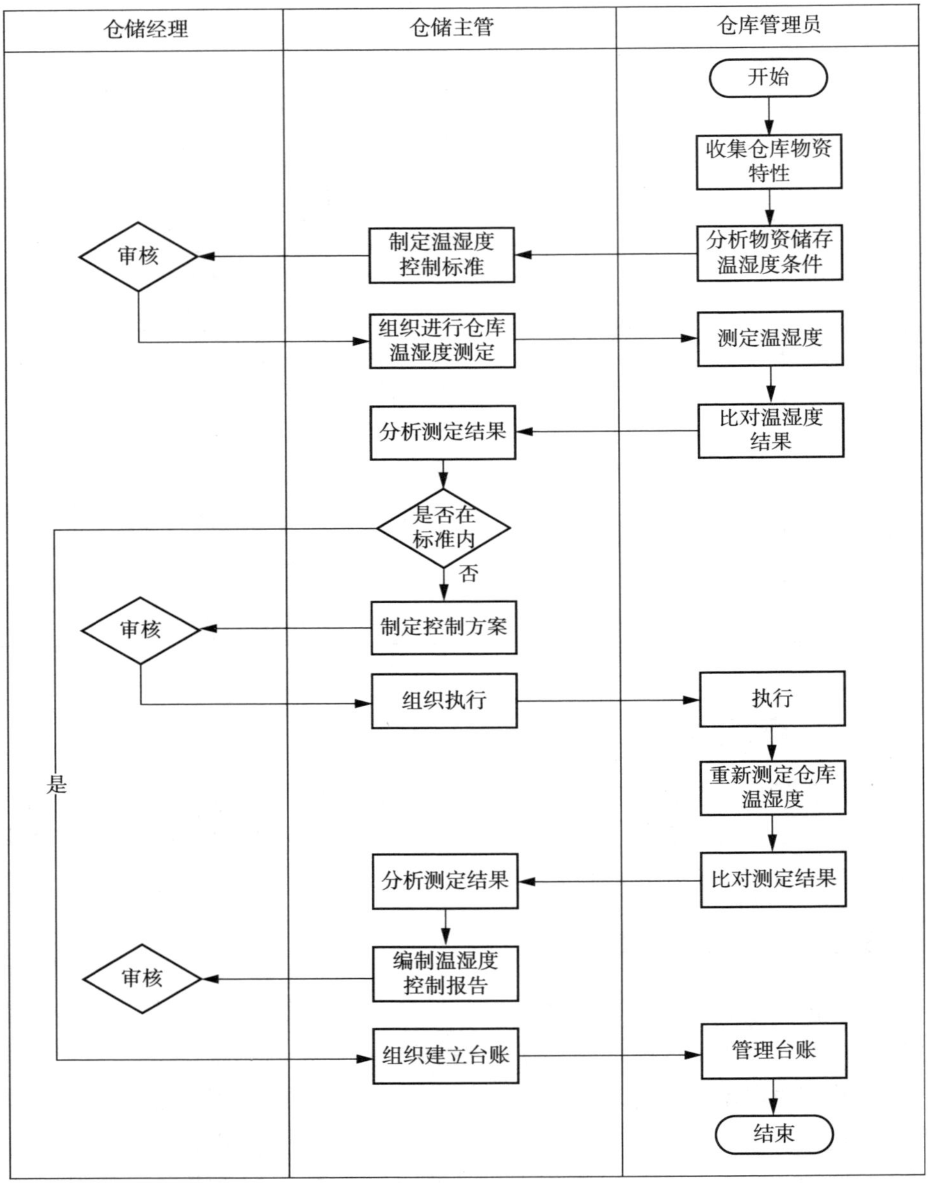

图 5-6　仓库温湿度控制工作流程

表 5-15 常用温度测量工具类别、适用范围及使用要求

类别	适用范围	使用要求
水银温度计	-30~600℃	(1) 应放置在不受阳光直射、通风的地方，悬挂高度为 1.5 米上下，以能平视观测为宜。 (2) 读取温度计指数时，要敏捷、准确，先看小数，后看整数，且视线要与水银柱顶端齐平，手和头不要接近温度计球部，也不要对着球部呼吸
酒精温度计	-100~70℃	(1) 在 1 个标准大气压下，酒精温度计所能测量的最高温度一般为 78℃。但是，温度内压强一般高于 1 个标准大气压，准确度相对较低，因此酒精温度计不宜用来测量室内高温。 (2) 温度计指数读取与水银温度计相同
自记温度计	-80~500℃	(1) 应该每日上好发条，保证自记钟正常旋转。 (2) 及时更换记录纸，且更换时需将记录纸紧贴在记纹鼓上，确保接头上的横线对准，并将左边压在右边上方，以确保不影响自记笔的正常运转。 (3) 及时添加墨水，且需及时调整笔尖与记纹鼓的距离，确保所画曲线的连续性
半导体点温计	-200~500℃	将测温头接触被测物体，即可直接从显示屏上读得被测物体温度

表 5-16 仓库温度控制方法

阳光不可直接照射的商品	对温度较敏感的商品	容易自燃的商品
(1) 避免阳光直接照射商品。 (2) 采用仓库建筑遮阳和苫盖遮阳方式。 (3) 混凝土结构遮阳效果最佳	(1) 气温高时可洒水降温。 (2) 怕水的商品可对苫盖、仓库屋顶洒水降温	(1) 应经常检查其温度，当发现升温时，可以通过加大通风、洒水、翻动物品等方式散热降温。必要时可在货垛内存放冰块、释放干冰等。 (2) 仓库内的热源会导致温度升高，应避开或在高温天气避免使用仓库内的热源。 (3) 在严寒季节，可用加温设备对物品加温防冻。寒潮突然到来前对货物进行苫盖保暖

表 5-17 常用湿度测量工具类别、构造、原理及特点

工具类别	构造	原理	特点
干湿球温度计	由两支温度表组成，一支温度表的球部用湿润的纱布包裹，为湿球；另一支为干球	湿球纱布上的水分蒸发吸热，因而湿球上的温度比干球上的温度低，相差度数与空气中的相对湿度成一定比例	可以同时测量空气湿度及温度，但测量范围有限，不得低于 0℃，且最终湿度要经过换算求得
通风湿度计	在干湿球温度计的基础上，通过头部的风扇使温度计球部附近有一定速度的气流通过		能有效防止外界对湿度计的影响，从而可测得较准确的湿度值，温度低于-10℃时不适用

（续表）

工具类别	构造	原理	特点
毛发湿度计	由脱脂毛发、指针、刻度盘三部分构成	毛发长短可随湿度的变化而变化，湿度大时伸长，湿度小时缩短	可以直接读出相对湿度，但使用寿命较短，且当空气过于干燥或过于潮湿时不准确
自记湿度计	由毛发湿度计及自动记录设备组成		可连续记录仓库中湿度的变化

表 5-18　干湿球温度表的原理及使用方法

原理	使用方法	
湿球纱布上的水分蒸发时需要吸收热量，所以湿球比干球的温度低。空气越干燥，水分蒸发越快，吸收的热量越多，湿球的温度就越低；反之，空气越潮湿，湿球纱布上的水分蒸发越慢，吸收热量越少，湿球温度下降就越慢。根据干湿球温度表上的读数，利用库房内外温湿度查对表，可直接查出相对湿度和绝对湿度	润湿湿球	（1）将湿球的下端球部用吸水性良好、薄而细的纱布包裹，包裹时需将纱布浸湿，绕球部一周半，将纱布的另一端浸入水盂中。 （2）水盂内水要用蒸馏水或冷开水，水量不得少于容量的2/3。 （3）湿球上所裹纱布应每周洗涤或更换一次，勿使其发黏、泛黄
	放置湿度计	（1）库房外，为避免阳光、雨水、灰尘等的侵袭，应将干湿表放在百叶箱内。百叶箱中温度表的球部离地面高度为 2 米，百叶箱的门应朝北安放，箱体内外刷涂成白色。百叶箱内保持清洁，勿放置杂物，以免妨碍空气流通。 （2）库房内，干湿表应放置在库房中央、空气流通、不受阳光照射的地方，不要挂在墙角和门窗附近，挂置高度约为 1.5 米
	读取数值	温度计放置 15~30 分钟后可进行读数；计数时，应先读干球温度，后读湿球温度
	计算湿度	根据干球温度及湿球温度，对照温度对照表，确定空气湿度

表 5-19　仓库湿度控制指标、方法及说明

指标方法		说明
指标	绝对湿度	绝对湿度（e）指单位体积空气中所含水蒸气的质量，一般用 1 立方米空气中所含水蒸气克数（g/m^3）表示。实际工作中通常用空气中水汽压力（P）表示，即毫米汞柱（mmHg）。气象工作中则统一用毫巴（mb）表示
	饱和湿度	饱和湿度（E）指在一定温度下，与液态水相平衡时空气中水蒸气的含量，单位为 g/m^3，或 mmHg，或 mb

（续表）

指标方法		说明
指标	相对湿度	相对湿度（r）指绝对湿度（e）与其同温度下饱和湿度（E）的百分比。通常用干湿球温度计测量，以百分数计算，即 $r=e/E\times100\%$ 式中：r——相对湿度（%）； e——绝对湿度（水汽压力）； E——饱和湿度（饱和水汽压力）
	露点温度	露点温度指水蒸气开始液化成水的温度
	临界湿度	临界湿度指使物资发生变化的相对湿度范围。一般情况下，铁的临界湿度为65%~70%，钢的临界湿度为70%~80%
湿度控制方法	湿度监测	仓库应经常进行湿度监测，包括空气湿度和仓库内湿度监测。一般每天早、晚各监测一次，并做好记录
	空气湿度太低时的处理措施	空气湿度太低意味着空气太干燥，应减少仓库内空气流通，采取洒水、喷水雾等方式增加仓库内空气湿度，或者对货物采取加湿处理，直接在货物表面洒水
	空气湿度太高时的处理措施	封闭仓库或者密封货垛，避免空气流入仓库或者货垛；有条件的仓库采用干燥式通风、制冷除湿；在仓库或货垛内摆放吸湿材料，如生石灰、氯化钙、木炭、硅胶等；及时擦干、排除出现的汗水；特殊货仓可采取升温措施

库房内不同的位置温湿度不同，要求也不尽相同。库房内不同位置的温湿度差异、库房温湿度的调节方法和说明、吸湿剂吸湿能力对照、吸湿剂投放标准及部分物品对温湿度的要求分别如图5-7、表5-20、表5-21、表5-22和表5-23如示。

- ✧ 库房内四角空气淤积不流通，温湿度偏高
- ✧ 库房内阳面气温高，相对湿度偏低；阴面则相反
- ✧ 库房内上下部位的湿度有明显差别，尤其是夏季气温高时，上部因气温较高，湿度相对偏低；下部因靠近地面气温较低，湿度相对偏高
- ✧ 靠近门窗的物资容易受潮，门窗附近与库外温湿度接近
- ✧ 水泥地面和沥青地面，在温湿度条件变化或通风不当时，常会结露，产生水膜，增加仓库内底层的湿度
- ✧ 垛顶部、四周与内部，通风情况不同，温湿度也不同

图5-7 库房内不同位置的温湿度差异

表 5-20　库房温湿度的调节方法和说明

方法		说明
通风	通风原理	根据大气自然流动的规律，有计划、有目的地组织库房内外空气的对流与交换，是调节库房内温湿度、净化库房内空气的有效措施
	通风方式	（1）利用库房内外温度差使库房内热空气上升排出。 （2）利用通风机将库房内空气排出。 （3）利用通风机搅动库房内空气。 （4）将库房内空气抽出制冷、除湿后再排入库房
	注意事项	（1）怕热物品：选择库房外比库房内温度低的时间，早晨日出前为通风降温的最佳时间。 （2）怕冻物品：冬季选择 12 时至 14 时。 （3）怕潮物品：当库房外绝对湿度低于库房内绝对湿度时才能通风。 （4）尽量在晴天进行，风力小于 5 级为宜，防止灰尘杂物随着气流进入仓库。 （5）注意保管物品本身的温湿度特点。 （6）风沙、雨、雪、雾天气不宜通风
密封	单件密封	用塑料袋套封，用蜡纸、防潮纸、硬纸盒封装
	容器密封	适宜精密仪器仪表，封严包装箱或容器的缝隙，也可用塑料袋套封后放入包装箱内
	货架密封	适用于数量少、品种多、不经常收发、保管条件高的小件物资
	货垛密封	适用于数量少、品种单一、形状规则、长期储存的物资，及放在露天货场的易锈物资，用油毡纸密封
	独立小屋密封	适用于储量不大、保管周期长的特定贵重物资
	整库密封	适用于储量大、整进整出或出入不频繁的物资
吸湿	吸湿机械	将空气中的水蒸气凝结成水集中排出。一般适用于储存棉布、针棉织品、贵重百货、医药、仪器、电工器材和烟糖类的仓间吸湿散潮
	吸潮剂	仓库常用物资，主要有四种。 （1）生石灰：学名氧化钙，吸湿性较强，吸湿速度较快。具体做法：将小碎块放在小木箱和竹篓里（不要装满，以免膨胀溢出），均匀地放在墙边或垛底，不要直接接触货物，在生石灰未变成粉状前换掉。 （2）氯化钙：白色多孔的颗粒固体，与空气接触面积大，吸湿效果显著，分为无水（含水 3%）和含水（含结晶水 23%）两种。 （3）硅胶：又名矽胶、硅酸凝胶，为白色多孔状颗粒体，吸湿性能与氯化钙相似，只是颗粒较小，不溶化、无腐蚀性，不会污染库房，用过的硅胶经烘烤后可以循环使用。 （4）木炭：吸湿能力不如上述几种，可以精制成活性炭，提高吸湿能力。性能稳定，吸湿后不粉化、不液化、不放热、无污染、无腐蚀性；干燥后可以循环使用，价格便宜，具有较高的使用价值

表 5-21 吸湿剂吸湿能力对照

吸湿剂	投放量（千克/立方米）	吸湿率（%）	
		47 小时	70 小时
生石灰	0. 20~0. 25	13	25
无水氯化钙	1. 20	49	54
含水氯化钙	0. 80	14	40
硅胶	0. 40~0. 70	87	93

表 5-22 吸湿剂投放标准

库内绝对湿度	库内单位容积最小投放量（千克/立方米）			
	生石灰	无水氯化钙	含水氯化钙	硅胶
4%~6%	15	4	5	5
6%~8%	20	5	8	8
8%~10%	30	7	10	12
10%~12%	40	8. 5	12	14
12%~14%	50	10	13	16
14%~16%	60	11	16	18
16%~18%	65	12	20	20
18%~20%	70	14	22	22
20%~22%	80	15	23	26
22%~24%	90	17	25	29
24%~26%	95	20	28	32
26%~28%	100	21	30	35
28%~30%	105	22	33	38
30%~32%	115	24	35	40
32%~34%	120	25	38	43
34%~36%	130	27	40	46
36%~38%	135	29	43	49
38%~40%	140	30	45	50
40%~42%	150	31	48	55
42%~44%	160	33	50	58
44%~46%	170	35	53	60
46%~48%	175	37	55	63
48%~50%	180	39	58	66

表 5-23 部分物品对温湿度的要求

物品名称	对温度的要求	对湿度的要求
金属及其制品	5~30℃	相对湿度≤75%
碎末合金	0~30℃	相对湿度≤75%
塑料制品	5~30℃	相对湿度为 50%~70%
压层纤维材料	0~35℃	相对湿度为 45%~75%
树脂、油漆	0~30℃	相对湿度≤75%
汽油、煤油、轻油	≤30℃	相对湿度≤75%
重质油、润滑油	5~35℃	相对湿度≤75%
轮胎	5~35℃	相对湿度为 45%~65%
布电线	0~30℃	相对湿度为 45%~60%
工具	10~25℃	相对湿度为 50%~60%
仪表	10~30℃	相对湿度≤70%
轴承、钢珠、滚针	5~35℃	相对湿度≤60%
巧克力	18~22℃	相对湿度为 50%~60%

5.2.2 金属防蚀防锈

金属锈蚀，是指金属受到周围介质的化学作用或电化学作用而被损坏，金属防蚀防锈是仓储物资养护的重要方面。金属防蚀防锈措施及要求，金属防蚀防锈工作流程，金属的清洗与除锈方法及说明分别如表 5-24、图 5-8、表 5-25 所示。

表 5-24 金属防蚀防锈措施及要求

措施	要求
控制和改善储存条件	（1）选择适宜的场所、良好的储存环境，是金属制品养护的基本措施。 （2）仓库要门窗严密、通风干燥，相对湿度应不超过 70%。 （3）金属商品严禁与化工商品或含水量较高的商品共同储存，以免相互影响引起锈蚀。 （4）保持仓库及周围环境的清洁，妥善存放码垛和苫盖，保证物资防腐层及包装完整
涂保护层	（1）涂油：在金属物资的表面涂一层防锈油脂薄膜。 （2）涂漆：在金属表面涂油漆，将金属制品与周围腐蚀性介质隔离，从而防止锈蚀
气体防锈	利用挥发性的化学药品，使其在常温下迅速挥发并吸附或沉积到金属制品的表面，从而阻碍金属的锈蚀
电化学保护法	利用原电池原理进行金属保护，设法消除引起电化学腐蚀的原电池反应；电化学保护法分为阳极保护法和阴极保护法两大类，应用较多的是阴极保护法
外加电流保护法	将活泼金属（锌或锌的合金）连接到被保护的金属，当发生电化学腐蚀时，这种活泼金属作为负极发生氧化反应，从而防止被保护金属发生锈蚀
可剥性塑料封存	以高分子合成树脂为基础原料，加入矿物油、增塑剂、缓蚀剂、稳定剂以及防腐剂等，加热溶解后制成塑料液体，将塑料液体喷涂于金属制品表面，形成一层特殊的可以剥脱的塑料薄膜，有效阻隔腐蚀性介质对金属制品的腐蚀，达到防锈的目的
改变金属内部结构	制造各种耐腐蚀的合金，如在普通钢铁中加入铬、镍等制成不锈钢

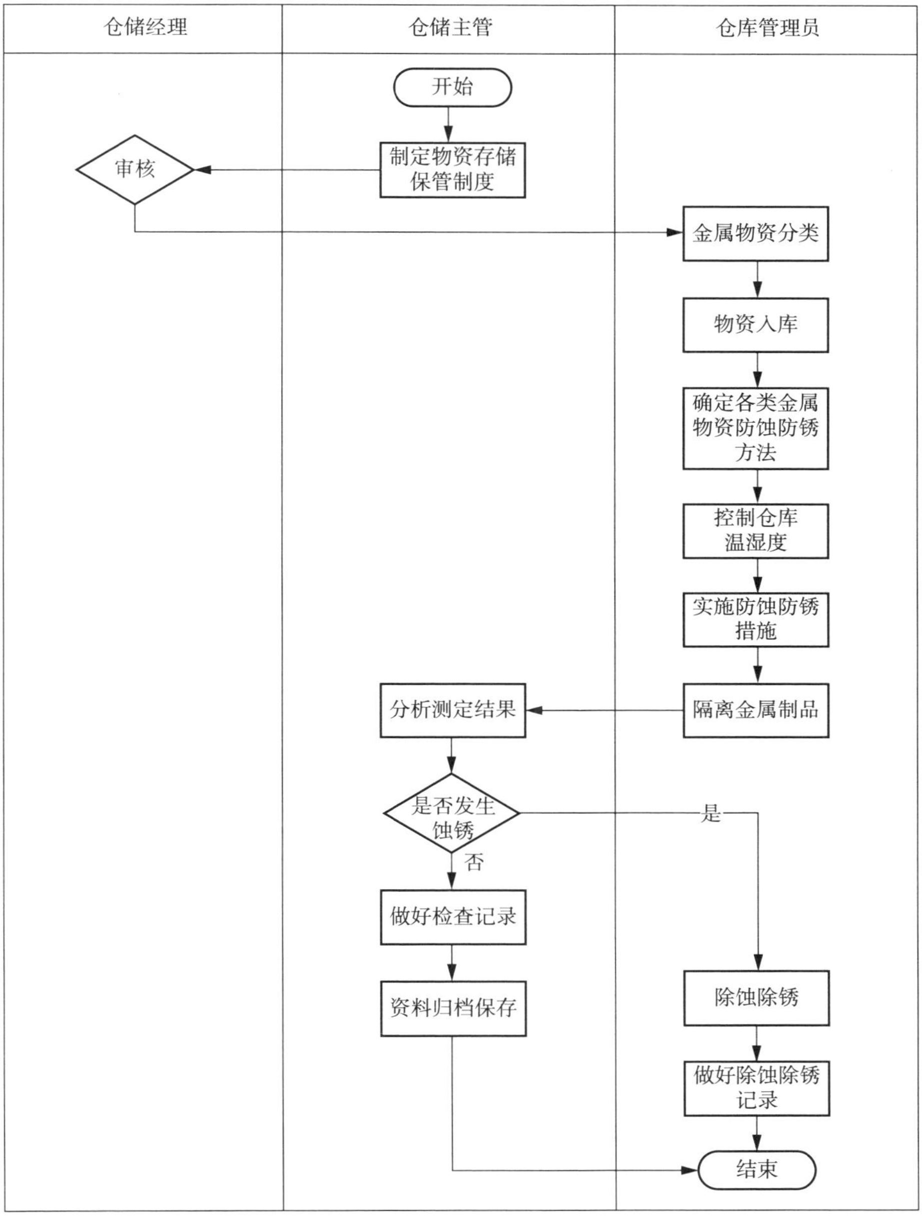

图 5-8 金属防蚀防锈工作流程

表 5-25 金属的清洗与除锈方法及说明

方法		说明
清洗	浸洗法	在加热的碱液中洗净油脂，用加热装置的铁罐或槽，加热至 60～100℃，将金属浸入，振荡 5～30 分钟，取出水洗，迅速烘干
	电解法	将金属浸在电解液中，通过电流电解产生大量气体，破坏油膜
除锈	人工除锈	（1）用麻布、棕刷除锈：将破布、麻布扎成拖把状，棕刷适宜除中锈。擦净后，用干净的抹布将锈末擦掉。 （2）用木屑除锈：把清洁干燥的木屑撒在钢板上，用旧布盖住进行擦拭，再将木屑扫净，用干净的抹布擦净。 （3）钢丝刷除锈：先用钢丝刷或铜丝刷打锈，再用废布将物资擦拭干净，适用于各种钢管、水暖器材、铁板等除锈
	机械除锈	（1）抛光法：用软质的棉布、帆布等制成抛光轮，利用电机带动，在高速旋转下把锈除去，在抛光轮上涂抹光膏效果更好。 （2）钢丝轮除锈：用金属制成轮刷，在电机带动下，高速旋转除锈。 （3）喷射法：将沙粒强力喷射到金属表面，借其冲击与摩擦的作用除锈
	化学除锈	酸溶液与金属氧化物发生反应，使其溶解在酸溶液中，达到将锈蚀物从金属表面除去的目的。常用酸溶液有硫酸、盐酸、磷酸，适用于齿轮、轴承、量具、刃具及中小型部件的除锈
	电化学除锈	将需要除锈的金属制品浸入电解液中，接上电源，通过电化作用除去锈蚀物，具体方法有两种。 （1）阴极法：以金属为阴极，通电后在阴极上产生氢气还原氧化铁，并以氢气的机械作用剥离锈层。 （2）阳极法：以金属为阳极，通电后，借金属溶液及在阳极上产生的氧气的机械力剥离锈层

5.2.3 物资防腐防霉

做好易腐物资的防腐防霉工作非常关键，物资防腐防霉措施及具体方法、物资防腐防霉工作流程、典型商品保管措施示例分别如表 5-26、图 5-9、表 5-27 所示。

表 5-26 物资防腐防霉措施及具体方法

措施	具体方法
化学防霉防腐	主要方法是使用防霉防腐剂，使微生物菌体蛋白凝固、沉淀、变性，或破坏酶系统使酶失去活性，从而影响细胞的呼吸和代谢，或改变细胞膜的通透性，使细胞破裂
气相防霉防腐	使用具有挥发性的防霉防腐剂，利用其挥发生成的气体直接与霉腐微生物接触，杀死或抑制霉腐微生物，以达到防霉防腐的目的
气调防霉防腐	在密封条件下，通过改变空气成分来降低氧的浓度，形成低氧环境，抑制霉腐微生物的生命活动与生物性商品的呼吸强度，从而达到防霉防腐的效果
低温防霉防腐	低温防霉防腐所需的温度与时间应视具体商品而定，一般温度越低、持续时间越长，霉腐微生物的死亡率越高
干燥防霉防腐	通过减少仓库环境中的水分和商品本身的水分，使霉腐微生物得不到生长繁殖所需水分而达到防霉防腐的目的
辐射防霉防腐	仓储管理人员可以采用钴 60 同位素射线辐照杀菌，以达到防霉防腐的效果。钴 60 同位素射线能够灭菌、防霉、防虫蛀，并且具有不破坏营养成分、不污染环境、不影响商品质量的优点，不过费用高昂，难以普及

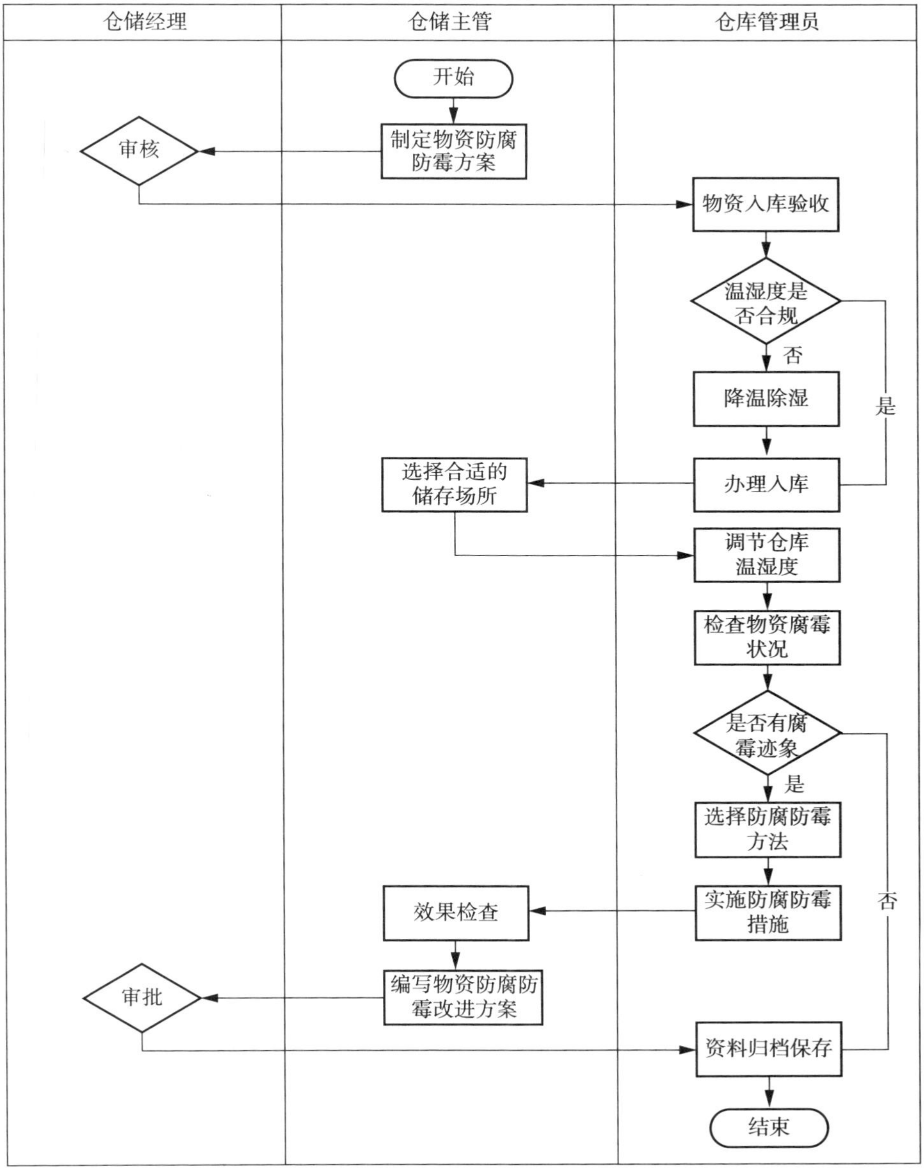

图 5-9　物资防腐防霉工作流程

表 5-27　典型商品保管措施示例

商品名称	措施
茶叶	（1）茶叶必须在干燥、阴凉、通风良好、无日光照射，并具备防潮、避光、隔热、防尘、防污染等防护设施齐全的库房内储存，同时进行密封。 （2）茶叶应专库储存，不得与其他物资混放，尤其严禁与药品、化妆品等有异味、有毒、有粉尘和含水量大的物资混放，库房周围也要求无异味。 （3）库房温度 15℃以下，相对湿度小于 65%
啤酒	（1）入库验收时，要求包装完好无损、封口严密、商标清晰；啤酒的色泽清亮，不能有沉淀物；瓶内无异物；抽样检查酒花香气，应无酸、霉等异味。 （2）鲜啤酒适宜储存温度为 0~15℃，熟啤酒适宜储存温度为 5~25℃，高级啤酒适宜储存温度为 10~25℃，相对湿度为 80%以下。 （3）严禁日光暴晒，冬季还应采取相应的防冻措施
巧克力	（1）入库验收时，要求包装完好无损、封口严密、商标清晰，无水湿、油污等异状。 （2）专库储存，严禁与有腥味或粉尘的物资混放。 （3）库房干燥、卫生、凉爽、通风；封闭条件好，有温湿度控制设备，温度保持在 18~22℃，相对湿度在 50%最佳，最高不超过 65%。 （4）堆垛时留出“五距”，垛底下垫高 4 厘米以上。 （5）经常检查包装、虫蛀、霉变、融化等情况，防虫灭鼠

5.2.4　危险品储存

危险品指易燃、易爆、有毒、有腐蚀性等物品。这些物资伤害性强，运输、储存过程中存在一定的风险，务必加强管理。危险品分类及说明，仓库危险品储存工作流程，危险品储存的注意事项，危险品储存量及储存要求，危险品事故应急处理要求，危险品事故应急处理流程，危险品事故处理常用的防护装备及器材分别如表 5-28、图 5-10、图 5-11、表 5-29、图 5-12、图 5-13、表 5-30 所示。

表 5-28　危险品分类及说明

分类	说明
易爆品	在外界作用下（受热、撞击等）能发生剧烈的化学反应，瞬时产生大量的气体和热量，使周围压力急剧上升，发生爆炸
压缩气体和液化气体	（1）压缩、液化或加压溶解的气体。 （2）易燃气体、不燃气体和有毒气体
易燃液体	（1）易燃的液体、液体混合物或含有固体物质的液体。 （2）低闪点液体、中闪点液体和高闪点液体
易燃固体、易燃物资和遇湿易燃物资	（1）易燃固体指燃点低，对热、撞击、摩擦敏感，易被外部火源点燃，燃烧迅速，并可能散发出有毒烟雾或有毒气体的固体，但不包括已列入爆炸品的物质。 （2）易燃物资指自燃点低，在空气中易发生氧化反应，释放热量而自行燃烧的物资。 （3）遇湿易燃物资指遇水或受潮会发生剧烈化学反应，释放大量的易燃气体和热量的物资

（续表）

分类	说明
氧化剂和有机过氧化物	（1）氧化剂指处于高氧化态，具有强氧化性、易分解并释放氧气和热量的物质。 （2）有机过氧化物指分子组成中含有过氧基的有机物，易燃易爆、极易分解，对热、震动或摩擦极为敏感
毒害品和感染性物资	（1）毒害品指能与体液和组织发生生物化学作用或生物物理学变化，扰乱或破坏肌体的正常生理功能，导致生物出现暂时性或持久性的病理状态甚至危及生命的物资。 （2）感染性物资指含有致病微生物，能导致生物出现病态甚至死亡的物资
放射性物质	有放射性的物资
腐蚀品	（1）能灼伤人体组织并对金属等物资造成损坏的固体或液体。 （2）包括酸性腐蚀品、碱性腐蚀品和其他腐蚀品

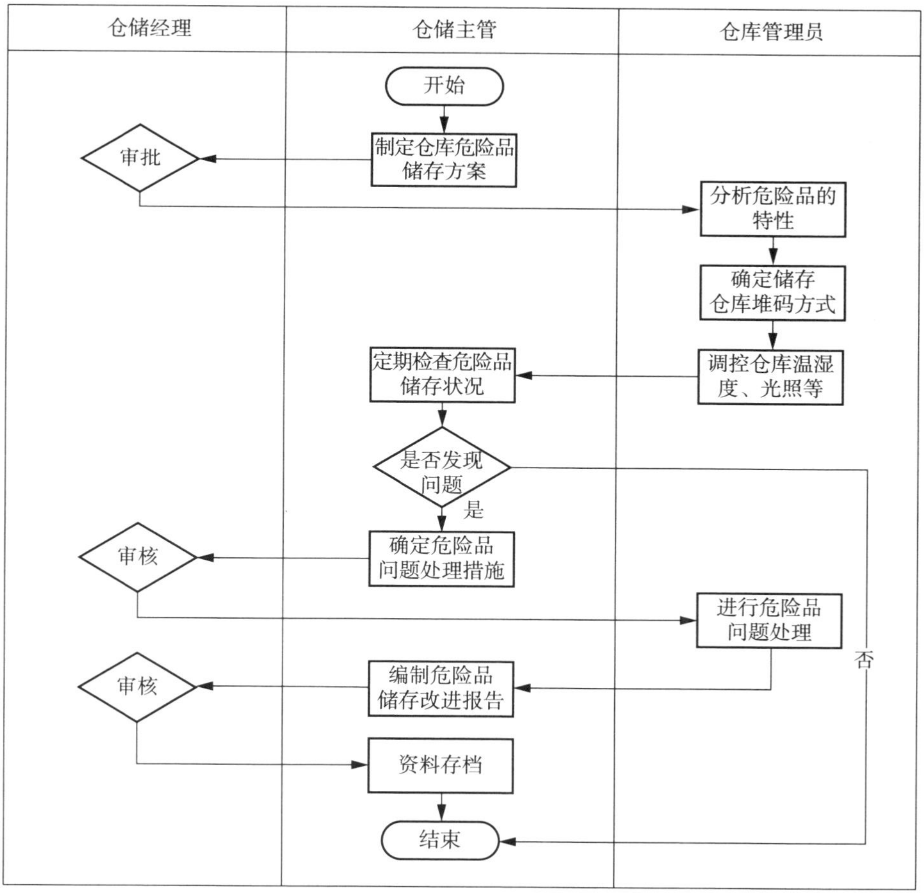

图 5-10 仓库危险品储存工作流程

- ✧ 遇火、遇热、遇潮易引起燃烧、爆炸或发生化学反应，产生有毒气体的危险品不得在露天或在潮湿、积水的建筑物中储存
- ✧ 受日光照射易发生化学反应引起燃烧、爆炸、分解、化合或产生有毒气体的危险品应储存在一级建筑物中，包装应采取避光措施
- ✧ 爆炸物品仓库不得设在城镇内，应与周围建筑、交通干道、输电线路等保持一定安全距离
- ✧ 压缩气体和液化气体宜专库专存，仓库中应安装避雷装置
- ✧ 盛装液化气体的容器属于压力容器的，必须设有压力表、安全阀、紧急切断装置，并定期检查，不得超装
- ✧ 有毒物品应储存在阴凉、通风、干燥的场所，不得露天存放
- ✧ 腐蚀性物品，包装必须严密，不得泄漏
- ✧ 易爆品禁止与氧化物、酸类、盐类以及易燃物、金属粉末等共同存放在一个区域
- ✧ 严禁将氧化剂、易燃液体、易燃固体、自燃固体等混放
- ✧ 毒害品严禁与食品、食用色素、香精、氧化剂、酸类等共同储存

图 5-11　危险品储存的注意事项

表 5-29　危险品储存量及储存要求

指标	单位	露天储存	隔离储存	隔开储存	分离储存
平均单位面积储存量	吨/平方米	1.0~1.5	0.5	0.7	0.7
单一储存区最大储存量	吨	2000~2400	200~300	200~300	400~600
垛距限制	米	2.0	0.3~0.5	0.3~0.5	0.3~0.5
通道宽度	米	4~6	1~2	1~2	5
墙距宽度	米	2.0	0.3~0.5	0.3~0.5	0.3~0.5
与禁忌品距离	米	10	不得同库储存	不得同库储存	7~10

坚持“救人第一”的原则，坚持统一指挥

在整个行动过程中，后勤保障必须健全，须有足够的氧气供应

抢险人员须精干，消防队员须在自我防护的情况下进入警戒区

对不明的危化品必须取样进行化验，不能凭经验想当然确定

图 5-12　危险品事故应急处理要求

1 企业预警中心接到报警后，快速受理、移交有关负责人，并报告上级领导

2 有关负责人迅速启动应急联动机制，成立现场指挥机构，调集足够力量准备应急处理

3 做好个人防护进行侦查检测，检测事故原因和危害程度；借助有关辅助决策系统，计算事故区域的范围并设立警戒线；根据侦查情况明确任务，确定处置方案

4 设立警戒线，现场指挥机构一边加强防护，一边指挥救生并采取必要的措施进行事故处置，如关阀断源、倒罐转移、应急堵漏、冷却防爆、注水排险、喷雾稀释、引火点燃、回收等

图 5-13 危险品事故应急处理流程

表 5-30 危险品事故处理常用的防护装备及器材

类别	主要防护装备及器材
防护装备	内置式重型防化服、TLD 型封闭式防化服、PROFAC 型防火防化服、SPACEL PLUS 4000 型简易防化服、防静电内衣、MT 型防化安全靴、正压式空气呼吸器、氧气呼吸器
侦检器材	AG-4438 型热成像仪、可燃气体检测仪、MCB-1 型核放射探测仪、测爆仪、电子酸碱测试仪、红外线测温仪、生命探测仪
堵漏器材	金属堵漏套管、堵漏枪、木制堵漏楔、下水道阻流截袋、气动吸盘式堵漏器、堵漏袋、VT-15402100 型堵漏密封胶、BG-CY 磁压堵漏器、注入式堵漏器材、粘贴式堵漏器材、堵漏棒、强磁堵漏工具
输转器材	ANISA 型有毒物质密封桶、有害液体抽吸泵、AF-M20E 型多功能毒液抽吸泵、防爆水轮驱动输转泵、FLUXLNOS JOLLY 300 型手动隔膜抽吸泵、AFW141 型污水袋、围油栏
洗消器材	强酸强碱洗消器、高压洗消泵、洗消粉

5.3 5S 管理

5S 管理是提高仓储管理效率的关键因素，是对生产现场各生产要素（人、机、料、法、环等）不断进行整理（sort）、整顿（straighten）、清扫（scrub）、规范制度化（standardize）、素养自律（systematize）的活动。仓库 5S 管理工作流程，仓库 5S 管理要点、说明及要求，5S 管理的作用与主要工作，5S 管理的实施步骤分别如图 5-14、表 5-31、表 5-32、表 5-33 所示。

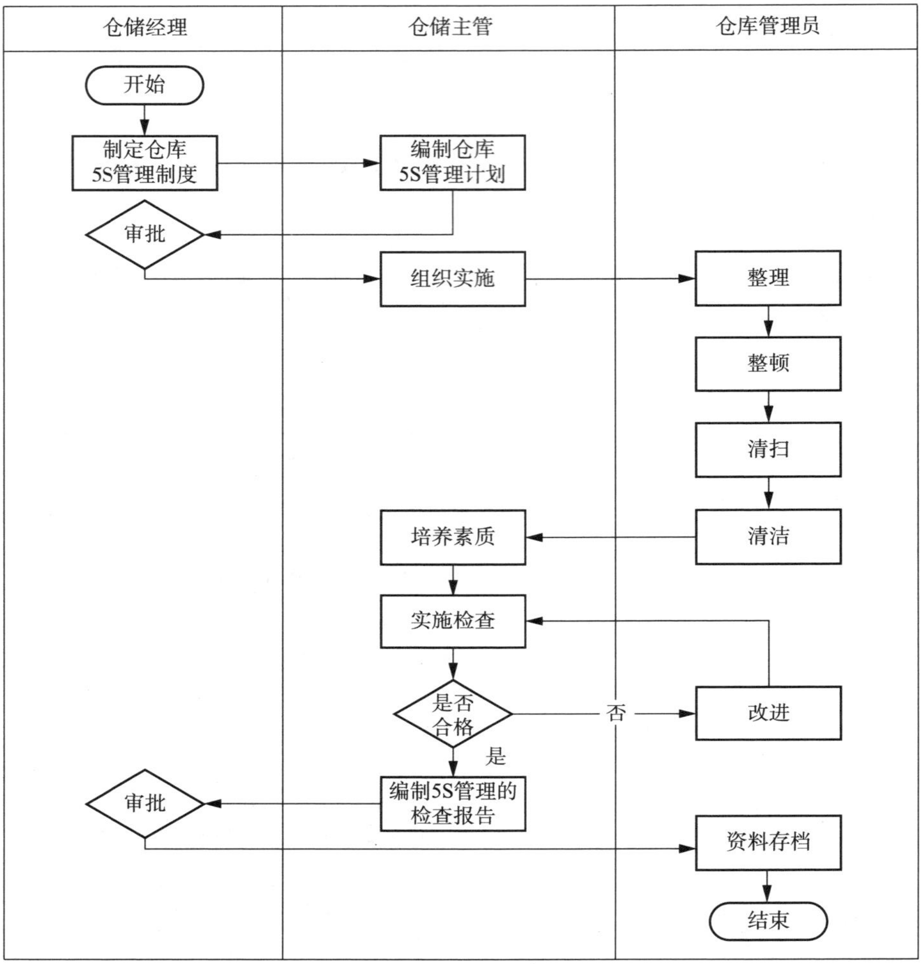

图 5-14　仓库 5S 管理工作流程

表 5-31　仓库 5S 管理要点、说明及要求

要点	说明	要求
整理	区别仓库现场必需品与非必需品，只保留有用的，撤除不需要的	（1）不能使用、不再使用的做废弃处理。 （2）可能会再使用、很少使用的放于储存室。 （3）经常使用的放置于工作场所
整顿	把要使用的按规定位置摆放整齐，并做好标识	（1）确定放置场所，并进行标识。 （2）规定摆放方法

（续表）

要点	说明	要求
清扫	将不需要的清除，保持工作现场无垃圾、无污秽	（1）调查污染源，予以杜绝或隔离。 （2）建立清扫基准，作为规范，看得见与看不见的都要清扫。 （3）责任到人
规范制度化	维持整理、整顿、清扫后的局面，使仓库整洁、卫生	（1）连续不断地进行整理、整顿、清扫活动。 （2）对长时间养成的坏习惯，要花时间改正。 （3）改正“眼不见为净”的错误观念
素养自律	让每个员工自觉遵守各项规章制度，养成良好的工作习惯	（1）制定相应的规章制度。 （2）加强教育培训，强化5S管理意识。 （3）优化环境、营造氛围

表5-32　5S管理的作用与主要工作

作用	主要工作
（1）减少人力、场所、时间、效率等方面的浪费，降低事故发生概率。 （2）通过标准化、规范化作业，使产品和服务保持高品质，提升企业形象和知名度	（1）将5S管理纳入岗位责任制，与工资相挂钩。 （2）实行区域责任制，事事有人管，人人自觉参与，发扬群众智慧和热情。 （3）明确考评标准，严格执行检查、评比和考核；杜绝开大会、喊口号、贴标语的形式主义。 （4）持之以恒，坚持PDCA循环原则，不断改善现场，通过检查发现问题、解决问题

表5-33　5S管理的实施步骤

准备阶段（P）	实施评价阶段（DC）	巩固阶段（A）
（1）高层承诺，做好准备。 （2）成立5S管理实施领导小组。 （3）实施方案。 （4）宣传造势，教育培训	（1）局部推进：现场诊断、树立样板、实施改善。 （2）全面启动：实施区域责任制、制定评价标准、评价诊断、检查监督、考核、评比竞赛	（1）维持5S管理成果，标准化、制度化。 （2）持续改进，不断挑战新目标

5.4　常用表单

表5-34　物资保管卡

编号：　　　　　　　　　　　　　　　　　　　　日期：　　年　月　日

品名		用途			
编号		供应商			
预估用量		订货期		经济定量	

（续表）

安全用量		替代品			
月	实际用量	需求计划			平均单价

表 5-35　物资库存卡

物资名称	物资编号	供应厂商	交货时间	每日预计出库量	最低库存量	收发记录				说明
						收货单号码	收货量	发货量	结存量	

表 5-36　仓库物资保管台账

日期	物资名称	物资编码	规格	单位	入库数量	出库数量	结存数量	单价	金额总计	储存位置

表 5-37　物资保管清单

日期：　　年　月　日

编号	品名及规格	包装形式	件数	新旧程度	体积（长×宽×高）	质量（千克）	保险/保价
备注：							

表 5-38　物资库存日报表

日期：　　年　月　日

品名	规格	编号	单位	批号	昨日结存	缴库		发送		退回		本日结存
						本日	本月累计	本日	本月累计	本日	本月累计	

审核人：　　　　制表人：

表 5-39　库存管理明细表

订购							进货				出货				抵押		摘要
日期	订单号码	订购数量	交货日期	交货数量	验收日期	合格数量	不合格数量	日期	订单号码	进货数量	未交货余额	日期	订单号码	出货数量	库存数量	日期	余额	

表 5-40　物资库存记录表

日期	品名	规格	存放仓库类别	编号	最低存量	凭证号码	订单号码	本期收料	本期发出	结存量	滞存量说明

表 5-41　物资库存明细表

日期：　　年　月　日

物资名称	规格	单位	上期结存数量	本月进库数量	本月出库数量	结存数量

主管：　　　　会计：　　　　经办人：

表 5-42 成品库存明细表

日期： 年 月 日

编号	名称	规格	单位	库存数量	账存数量	盈亏情形		盘存日期	备注
						数量	百分比		

表 5-43 各类物资统计报告表

日期： 年 月 日

仓库名称	物资编号	本日数量	本日金额	上日数量累计	上日金额累计	本日数量累计	本日金额累计	平均单价	进货单价

表 5-44 库存物资月周转速度统计表

库别： 制表日期： 年 月 日

统计日期： 年 月 日至 年 月 日 单位： 次/期间（月）

品名	单位	周转量	日均库存量	周转速度	周转天数	月周转量

复核人： 制表人：

表 5-45 物资移库申请表

编号： 日期： 年 月 日

日期	品种代码	调整数量	原仓库位置	现仓库位置	移仓原因

申请人： 审核人：

表 5-46 物资保养记录表

日期	品名	编号	仓位	保养项目及内容	保养人	确认	审核	备注

表 5-47 仓库温湿度记录表

序号： 主要物资： 仓号： 日期： 年 月

检查时间			检查情况				调节措施	检查人
日	时	分	干表温度	湿表温度	绝对湿度	相对湿度		
1								
31								

注：月温度最高 ℃，月温度最低 ℃，月平均温度 ℃。
相对湿度最高 %，相对湿度最低 %。
气候：晴天“○”，雨天“川”，阴天“●”，风天“≈”，雪天“△”。

表 5-48 仓库巡查记录表

检查项目	月 日	月 日	月 日	月 日	月 日	月 日	月 日
库房清洁							
作业通道							
设备							
工具							
用具归位							
货物状态							
库存温度							
相对湿度							
照明设备							
消防设备							
消防通道							
防盗设施							
托盘维护							
货架维护							
检查人							

表 5-49　查库记录

仓库名称：

序号	时间	品号	查库情况	数量	保管员	处理意见	检查员

表 5-50　仓库 5S 管理考核表

责任区域		检查日期		检查人			
项目	检查内容	评分					问题点描述
		1 分	2 分	3 分	4 分	5 分	
整理	（1）仓库无不用的材料或工具						
	（2）仓库无废弃的材料或物资						
	（3）仓库无物资凌乱、混装现象						
	（4）周转架、运输工具无破坏或不良						
	（5）仓库内无零件及物资散落在地面						
	（6）无不要物、杂物和卫生死角						
整顿	（1）物资、货位有明确标识						
	（2）仓库内各区域划分明确、标识清楚						
	（3）物资、工具定置摆放，无压线						
	（4）物资箱码放高度不超过摆放高度基准						
	（5）道路畅通，无阻塞现象						
	（6）无乱拉电线等现象						
清扫	（1）货架、办公桌摆放整齐						
	（2）货架和物资无积尘、杂物、脏污，物资封装防尘						
	（3）容器、货架、包装箱无破损及严重变形						
	（4）产生污垢时能及时、彻底进行清扫						
规范制度化	（1）办公桌、货架、地板干净亮丽						
	（2）入库物资有明确季节标识，并严格进行“先进先出”管理						
	（3）逾期物资能及时进行再检，并更新季节标识贴						
	（4）防尘、防静电设施正常，作业有效执行						
	（5）有值日表，并有员工值日						
	（6）各种记录明确、清晰并有相关人员确认						
	（7）正确悬挂和张贴物资卡及标志						

（续表）

责任区域		检查日期		检查人			
素养自律	（1）员工明白物资卡或物资标识内容						
	（2）员工工装、工牌整齐端正						
	（3）员工无聊天、打瞌睡现象						
	（4）库房无私人物资						
	（5）仓库内无人吸烟						
	（6）下班关闭办公照明，并断开电源						
	（7）员工举止及用语文明，行走靠右						
总分							
总分合计：	平均分：	区域责任人：					

注：（1）5分优秀、4分良好、3分一般、2分差、1分无实施；
（2）总分为150分。

表5-51　仓库5S检查表

检查仓库名称		检查员	
检查项目	检查标准	判定	备注
地面、通道、墙壁	通道顺畅无物品		
	通道标识规范，划分清楚		
	地面无纸屑、产品、油污、积尘		
	物品摆放不超出定位线		
	墙壁无手印、脚印，无乱涂乱画及蜘蛛网		
仓储作业现场	现场标识规范，区域划分清楚		
	机器清扫干净，配备工具摆放整齐		
	物品置放于指定标识区域		
	及时收集整理现场剩余物品并放于指定位置		
	仓储作业过程中物品有明确状态标示		
货物储存	货物储存区有平面标识图及物品存放区域位置标示		
	摆放的货物与标识牌一致		
	货物摆放/堆码整齐、安全，领取方便		
	物品储存区按原料、辅料、待检品、合格品、不合格品等分类摆放		
机器、设备、工具	常用的配备工具集放于工具箱内		
	机器设备零件擦拭干净，按时点检与保养		
	现场不常用的配备工具固定存放并做好标识		

（续表）

检查仓库名称		检查员	
检查项目	检查标准	判定	备注
机器、设备、工具	机器设备标明保养责任人		
	叉车等设备工具完好		
安全与消防设施	消防器材随时保持可用状态，并标识明显		
	定期检验维护，专人负责管理		
	灭火器材前方无障碍物		
	危险场所有警告标识		
	易燃、有毒物品放置在特定场所，由专人负责管理		
目视管理	标签、标识牌与被标示物品、区域一致		
	标识清楚、完整、无破损		
员工	穿着规定工装，保持仪容清爽		
	按规定作业程序、标准作业		
	仓库管理人员谈吐礼貌		
	工作认真，上班时间不闲谈、不打瞌睡、认真专心		
	生产时佩戴手套或防护安全工具		
清洁状况	清洁工具放于规定位置		
	屋角、楼梯间、货架底部等处无杂物		
	打扫工具摆放整齐		
	磅秤、叉车放于规定位置		

表 5-52　仓库保管工作考核表

绩效考核人员		考核时间	
被考核人员		考核地点	
考核项目	考核内容	分值	实际得分
温湿度管理	正确读出干球和湿球的温度		
	正确读出相对湿度，查出绝对湿度		
	正确填写温湿度记录表		
物资防锈、除锈处理	熟悉各种防锈方法		
	选择合适的气相纸，正确包装物资		
	正确涂防锈油		
	正确用手工除锈		
	正确涂防锈材料		
	正确用防锈材料包装物资		

（续表）

绩效考核人员		考核时间	
被考核人员		考核地点	
考核项目	考核内容	分值	实际得分
物资防霉、除霉处理	正确涂刷防霉剂		
	正确喷洒防霉剂		
	正确放置防霉剂		
	找出仓库内长霉物资		
	正确晾晒		
	正确除去霉迹		
合计			

5S 管理是一种管理方法，更是一种管理理念。5S 管理没有复杂的原理和技术，是一种实用的管理方法。企业应定期公开 5S 管理的相关内容，以便员工随时了解存在的问题，并及时改正。为了有效推行 5S 管理，可开展 5S 评比与考核，督促 5S 管理工作的持续推进和提升。

第6章 盘点管理

盘点是定期或临时对库存物资实际数量进行清查、清点作业。仓储管理人员应了解盘点的目的、范围和时间，熟悉盘点组织机构和盘点计划，掌握物资盘点的具体方法和程序，理解并熟悉盘点常用的表单。

6.1 盘点概述

盘点是企业对储存物资的实际状况进行清点，并依此对物资库存数量与实存数之间的差异做出详细分析，以便有效控制和掌握物资的数量与质量。物资盘点结果通常为盘亏，即实际货物值小于账面值，只要盘亏在合理范围内就应视为正常。一般仓库每月的损耗要求控制在1.5‰（标准盘亏率）以内。盘点的目的，盘点的内容，盘点的范围，盘点的周期、时间及内容，盘点阶段及具体组织安排，盘点前的准备工作，物资盘点工作流程，盘点前的清理工作，盘点培训项目及内容分别如图6-1、图6-2、图6-3、表6-1、表6-2、图6-4、图6-5、图6-6、表6-3所示。

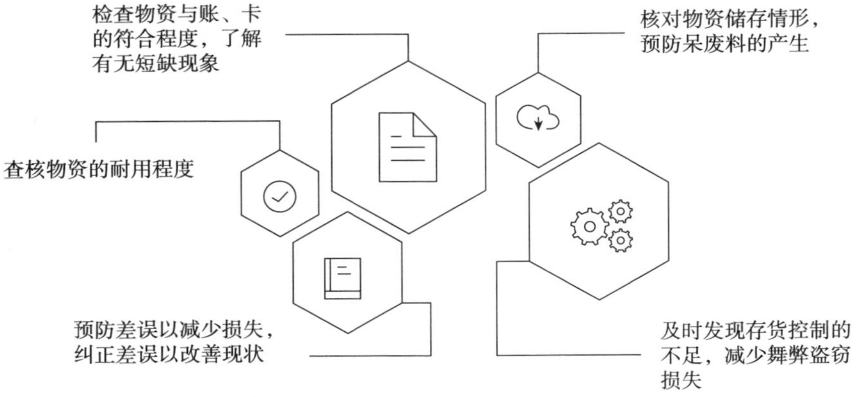

图6-1　盘点的目的

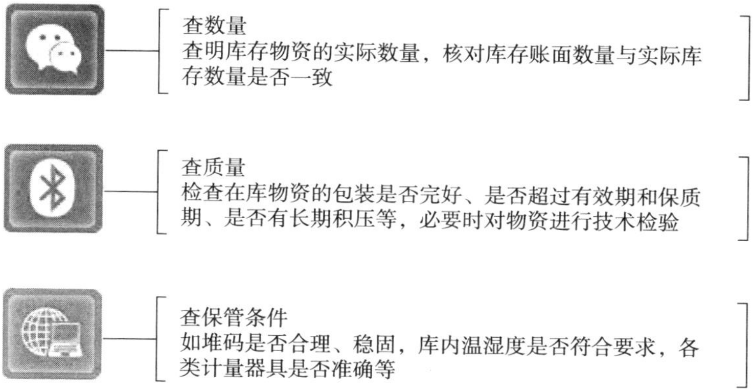

图 6-2　盘点的内容

图 6-3　盘点的范围

表 6-1　盘点的周期、时间及内容

盘点周期	盘点时间	盘点内容
每日	每日工作结束时	对当日的账簿及实物进行确认
月度	当月末	进行账务检查核对，盘点的重点是当月收发和搬动的物资，发现问题及时纠正
年度	当年末	进行账、卡、物全面检查和确认，检查当年库存总数和状态

表 6–2　盘点阶段及具体组织安排

盘点阶段	具体组织安排
盘点委员会（或盘点小组）	总经理或财务部经理主持季度盘点、半年度盘点、年终盘点；仓储经理主持月度盘点；仓储主管或班长主持循环盘点
初盘	由仓储部门员工负责
复盘	由财务部门员工及其他部门业务熟练的员工负责，初盘人指引
抽盘	由各部门主管负责
后备人员	各部门自行安排，防止当天缺岗或意外发生
循环盘点	由仓储部门和财务部门员工负责
数据录入校对	由财务人员负责，结束后汇报盘点结果

✧ 成立盘点委员会，决定盘点日期、制订盘点计划，盘点前一周进行培训
✧ 采购、制作和准备盘点工具，包括盘点表或盘点卡、笔、票据夹、电子秤或比例秤、米尺或游标卡尺、计算器等
✧ 盘点表或盘点卡颜色确定：成品、半成品、原材料、在制品为白色；办公用品、劳保用品、促销品为黄色；消耗备品、备件为蓝色；固定资产为粉色。编号连续不能重复
✧ 制作区域平面图，划分区域，指定负责人；提前熟悉情况
✧ 仓储部门提前一周准备，5S管理工作准备到位
✧ 财务部门在盘点前处理完所有票据，保证票据流和物流同步，盘点数和结存数对应
✧ 采购部门通知供应商，盘点前一天少供货，当天不供货也不退货；销售部门通知客户，盘点当天不出库
✧ 生产部门在盘点前一天下班前完成清线工作，生产线上不允许有在制品，滞留的物品要入库退库
✧ 行政部门提前盘点固定资产，包括账外资产、闲置设备和报废资产

图 6–4　盘点前的准备工作

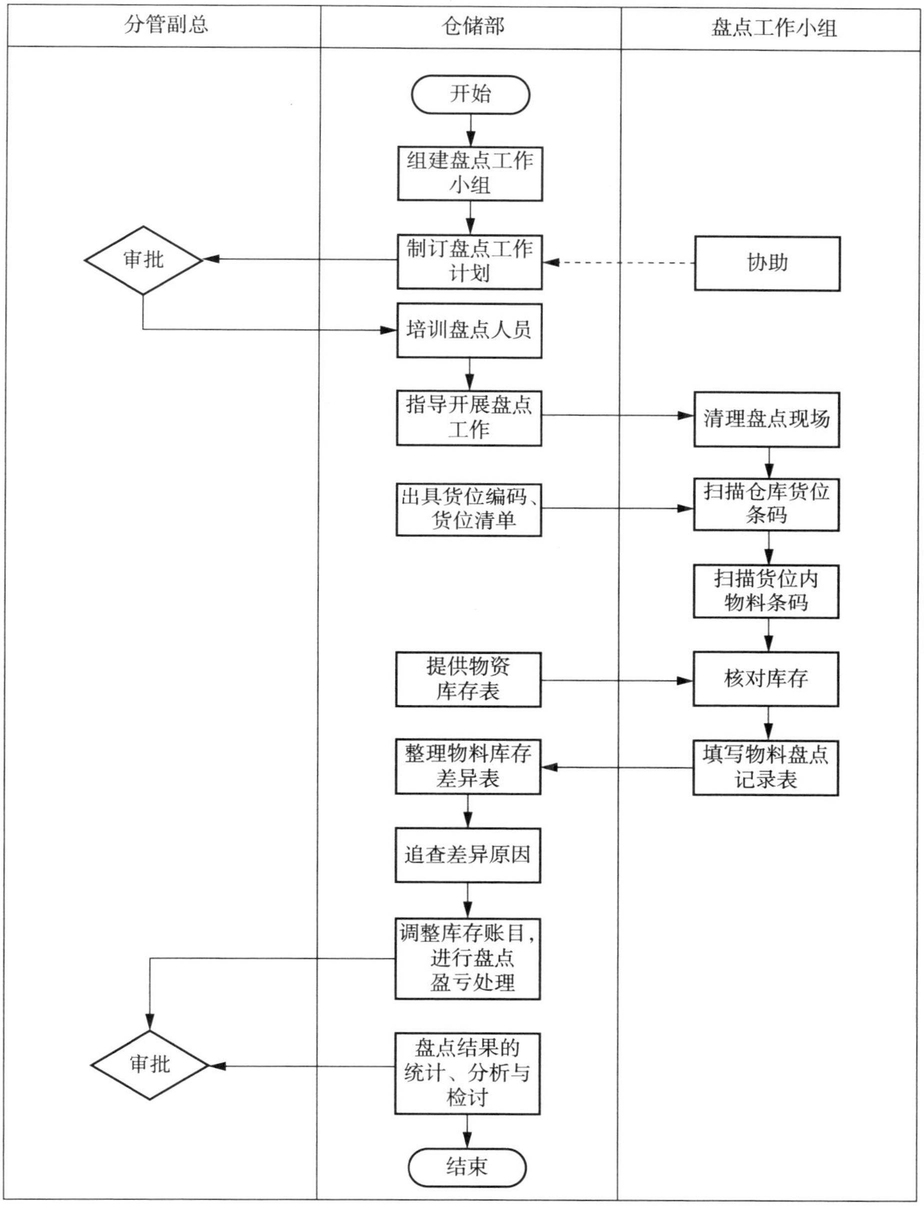

图6-5 物资盘点工作流程

1. 对尚未办理入库手续的物资，应予以标明，不在盘点之列
2. 验收完成物资应即时整理归仓，若来不及入库，可暂存于仓库内，临时记录在账上
3. 对已办理出库手续的物资，要提前通知有关部门运送到相应的配送区域
4. 账卡、单据、资料均应整理统一结清
5. 整理商品堆垛、货架等，使其整齐有序，以便清点计数
6. 检查计量器具，使其误差符合规定要求
7. 确定在途运输物资是否属于盘点范围
8. 预先鉴定呆滞物资、不良物资和废旧物资，与一般物资划定界限，以便正式盘点时做最后鉴定

图 6–6　盘点前的清理工作

表 6–3　盘点培训项目及内容

项目	内容
物资知识的掌握	（1）盘点现场的基本情况。 （2）盘点物资的基本知识
盘点方法的选择	常见的有定期盘点法、循环盘点法、临时盘点法、账面盘点法等
盘点操作事项	（1）盘点过程中注意的事项。 （2）盘点的范围。 （3）盘点点数的原则。 （4）初盘、复盘的相关规定。 （5）其他相关事项

6.2　盘点方法

仓库盘点的方法很多，按不同的组织、执行方式，可划分为多种类别，具体如表 6–4 至表 6–8 所示。

表 6–4　按操作区分的盘点方法及操作要领

盘点方法	操作要领
盲盘法	在不知道物资库存数量的情况下采用的盘点方法，主要适用于三种情形：一是物资存放库位不确定的仓库；二是一物多放的仓库；三是 SKU 单一或 SKU 少的仓库
点盘/明盘法	盘点表上有物资的库存数据，即盘点人员知道物资的账面库存数，按照账面库存数进行现场清点。这种方法能够及时发现盘点差异和问题，可以立即进行复盘，效率较高；但是，盘点人员容易做假，人为提高盘点准确率
唱盘法	一人看盘点表，一人盘实物，由其中一人唱数的方法，细分为唱报表、唱实物两种
双向盘点法	由两人或两组人，从相反的方向对向盘点，盘点结束后相互复核盘点结果的一种盘点方法。双向盘点法可以大幅度减少盘点错误，但花费的人力是常规盘点方法的 2 倍

表 6-5 按时期区分的盘点方法及操作要领

盘点方法		操作要领
定期盘点制	盘点单盘点法	以物品盘点单统计盘点结果的方法
	盘点签盘点法	采用特别设计的盘点标签，盘点后挂在物品上，经复核无误后取下汇总统计的盘点方法
	料架签盘点法	以原有的料架签作为盘点工具，盘点完毕后将盘点数量填入料架签内。此种盘点法方便，不用设计盘点签
不定期盘点制		该盘点方法不设定盘点的日期，在必要时可随时进行盘点
经常盘点制		该盘点方法不设定盘点时期，而是每日穿插在日常业务中进行。一般设定出库限制时间，剩余时间用于清理或盘点

表 6-6 按方法区分的盘点方法及操作要领

盘点方法		操作要领
连续盘点制	分区轮盘法	由盘点人员先将仓库分为若干区，依序清点，周而复始，一定日期后再从第一区重新盘点
	分批分堆盘点法	将记录签放置于透明塑料袋内，挂在物品包装上，发料时随机记录，并将领料单副本存于透明塑料袋内。盘点时，对未动用的物品可认为其存量无误，将已动用的物品加以盘点，并核对记录签与领料单
	最低存量盘点法	当库存物品达到最低存量或订购点时，通知盘点人员清点仓库。盘点后开出对账单，以便查核误差
全面盘点制		对所有物品全面进行盘点
联合盘点制		只实行连续盘点制可能失去对物资全面检查的机会，可采用联合盘点制，即交替使用连续盘点制和全面盘点制

表 6-7 按形式区分的盘点方法及操作要领

盘点方法	操作要领
开库盘点法	物资的收入拨发照常进行的盘点
闭库盘点法	进行闭库盘点，须先通知所属的用料单位，限期将已开出账的拨料单提领完毕，必要时停工以配合闭库盘点

表 6-8 按实务应用区分的盘点方法及操作要领

盘点方法	操作要领
随机盘点法	物品管理部门视情况随时指定某一项或数项物资，由物资保管部门报告现有的存量，汇总并计算差异作为调账的依据
永续盘点法	又称“连续盘点法”，指物资管理部门依类别或用量分析，排定日程将所有的物资分批盘点
年度盘点法	企业停止生产或营业，集中清点，并制作结算报告表，一般在年末进行

6.3 盘点实施

各项准备工作就绪后，现场盘点可正常展开。物资现场盘点流程，物资初盘管理流程，物资复盘管理流程，盘点结果处理流程，盘点差异的类别及处理方法，账实不符的原因及应对措施分别如图 6–7、图 6–8、图 6–9、图 6–10、表 6–9、表 6–10 所示。

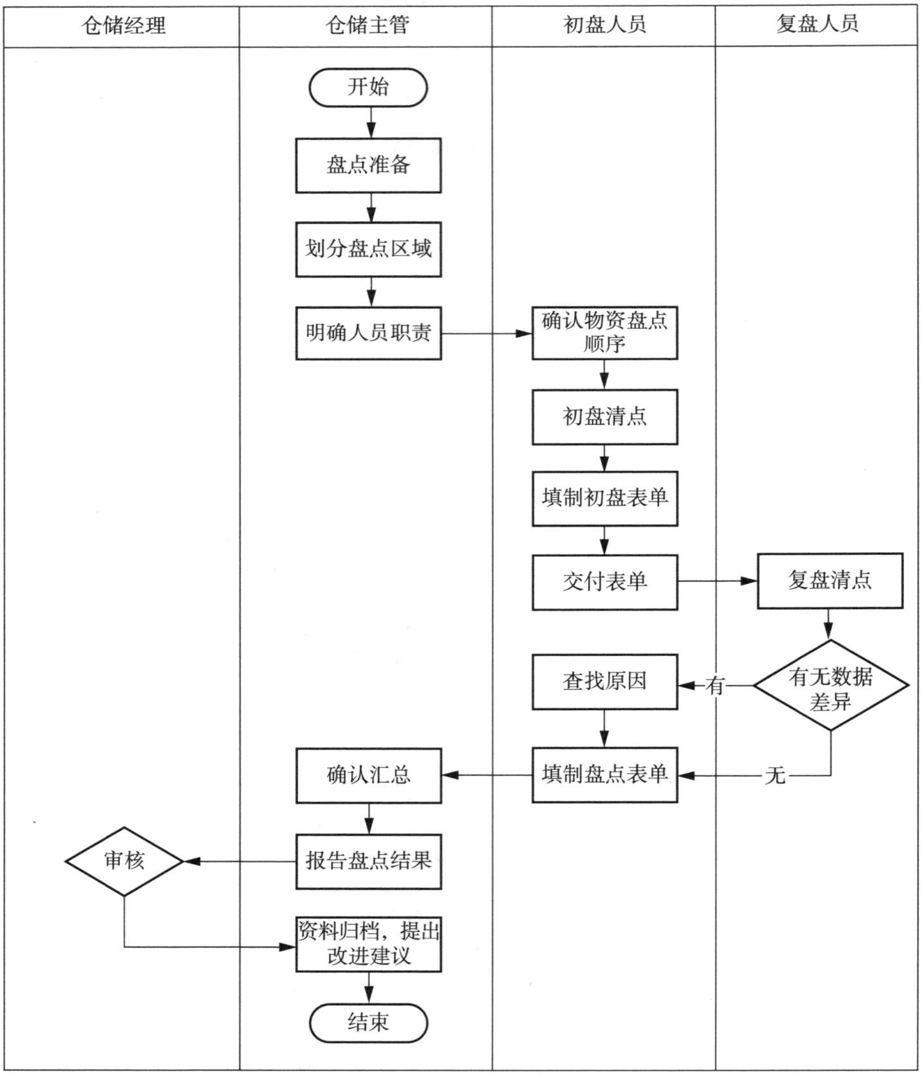

图 6–7　物资现场盘点流程

步骤	说明
制订物资初盘工作计划	（1）仓储部门根据实际工作需要制订物资初盘工作计划 （2）物资初盘工作计划应确定初盘的程序、方法、盘点日期、盘点区域和盘点人等内容
停止仓库物资出入	仓储部门应确定盘点时间，在此时间段内停止仓库物资出入，以保证物资盘点工作的顺利进行
进入盘点区域	（1）各初盘小组人员在负责人的带领下进入预定的盘点区域 （2）每个盘点小组至少由两人组成
开展物资盘点工作	各盘点小组在库管人员的引导下开展各项物资的清点工作
填写盘点卡或盘点单	（1）初盘人员在清点物资后填写盘点卡，做到一物一卡；盘点卡一式三联，一联贴于物资上，两联转交复盘人员 （2）对于SKU较多的仓库，可以通过仓库管理系统直接打印盘点单（多联）。盘点时，在每个SKU后直接标注实盘数量，不使用盘点卡（下同）
填写盘点清册	（1）初盘负责人组织专人根据物资盘点卡资料填写盘点清册；盘点清册一式三联，一联存于被盘仓库，两联转交复盘人员 （2）直接使用盘点单时，不需要此步骤

图 6-8　物资初盘管理流程

步骤	说明
确定复盘工作人员	仓储部门根据物资初盘情况和初盘工作人员构成，确定复盘工作人员
分析初盘盘点清册或盘点单	复盘人员对初盘盘点清册或盘点单进行分析，快速做出复盘对策
确定复盘物资	（1）复盘人员按照“先盘点差异大的物资，后盘点差异小的物资，再抽查无差异物资”的顺序确定复盘物资 （2）复盘可安排在初盘结束后进行，并可根据情况在复盘结束后再安排一次复盘。
进入盘点区域	各复盘人员在负责人带领下进入预定的盘点区域
进行复盘工作	（1）各复盘人员在库管人员的引导下进行各项物资的清点工作 （2）初盘所有差异数据都需要进行复盘盘点 （3）复盘时需要重点查找以下错误原因：物资货位错误、物资标识错误、物资混装等
填写复盘盘点表	（1）复盘人员如确定初盘盘点数量正确，则复盘盘点表的复盘数量栏不用填写 （2）复盘人员如确定初盘盘点数量错误，则应在复盘盘点表的复盘数量栏内填写正确数量
核对复盘数据	（1）如果复盘数据与初盘数据有差异，则复盘人员需要与初盘人员当面核对，将正确的数量填写在复盘盘点表的复盘数量栏 （2）复盘人员与初盘人员核对数量后，需要将初盘人员盘点错误次数记录在复盘盘点表的初盘错误次数栏中
上交复盘盘点表	复盘人员完成所有复盘工作后，在复盘盘点表上签字，并将复盘盘点表交给相应查核人

图 6-9　物资复盘管理流程

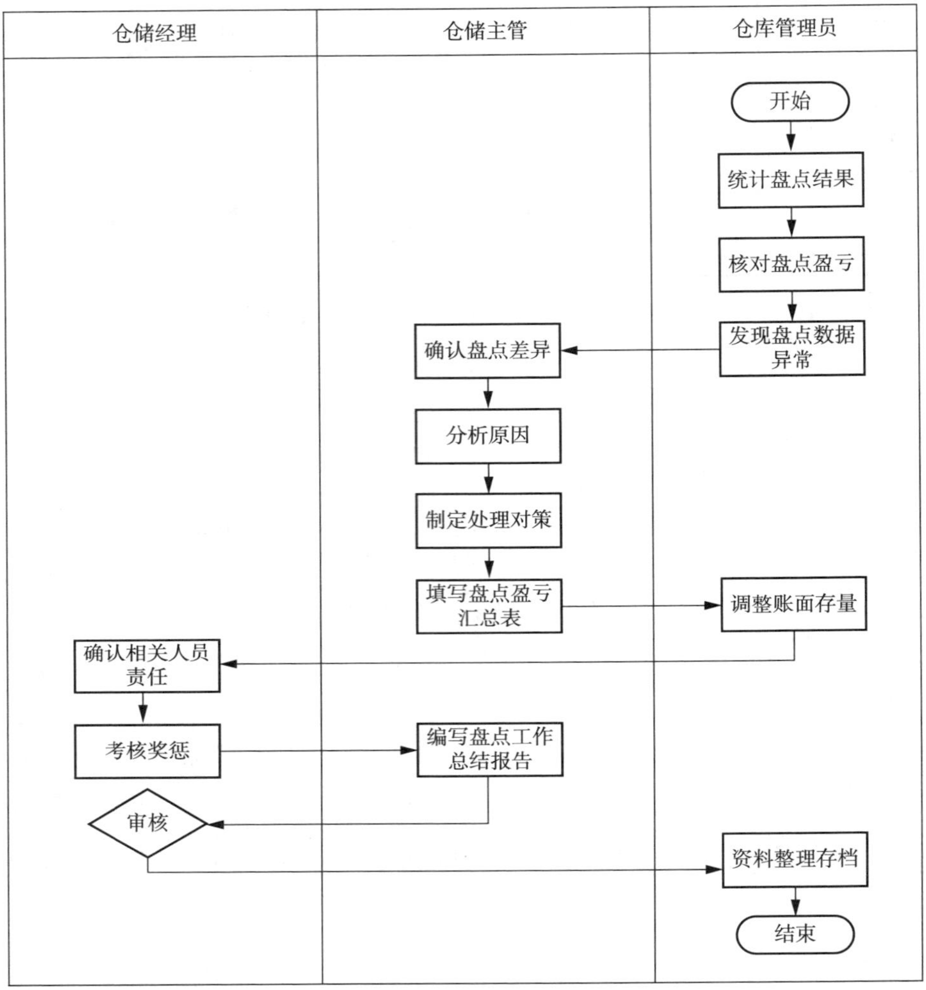

图 6-10　盘点结果处理流程

表 6-9　盘点差异的类别及处理方法

差异类别	处理方法
规定标准范围内的盈亏	盘点盈亏数量或价值在规定标准范围内的，即“合理盈亏”，是企业允许的盈亏误差，可报部门领导审批，批准同意后核销
标准范围外的盈亏	对于超出标准范围盈亏的，仓储主管应查明盈亏原因，分析编制报告，按审批程序报上级备案，按仓储管理制度有关规定处理
此多彼少，总数相符	属于同一品种不同规格型号的，经客户同意后进行规格型号间的数量调整；不是同类货物或属于同一品种但客户不同意调整规格的，按超标准盈亏处理

（续表）

差异类别	处理方法
质量变化	质量产品发生变化的，应查明原因，做好记录，并采取有效挽救措施；对完全变质、失效的物资除按有关规定提出报废申请外，应查明变质原因，以分清责任、总结物资保管经验
货物积压	盘点中如发现长期无动态的积压物资或超过保管期限的物资，应立即查询入库明细，编制物资积压报告，说明物资积压情况，交上级领导审批、处理

表 6-10 账实不符的原因及应对措施

原因	应对措施
人为原因	（1）建立复核制度、跟踪追究责任制度。 （2）安装监视录像器材，作为事后确定事实真相的依据
计量单位	（1）加强业务能力培训。 （2）对出现的新变化及时公示
盗窃	（1）注重新老员工的教育工作。 （2）严肃处理，以被盗品成本价 2 倍赔偿
系统录入或记账人员的原因	（1）加强业务能力培训，从一线人员中选拔录入操作人员。 （2）与一线人员多沟通。 （3）手工开单应字迹清晰，用正式全称。 （4）单据连号，不重不缺。 （5）加强入库审核、监督，两人审核数据
在库损耗、破损，入库时多计	（1）改进保管方法和条件。 （2）按价赔偿，警告相关管理人员。 （3）两人或多人共同监督，货损货差处理方案留存
出库数据错误	（1）加强出库审核、监督。 （2）双方共同核对出库数据
其他	（1）加强理货，杜绝发生夹带或箱内外不一致的现象。 （2）先备货后发货，全备齐或一部分备齐后，整体复核一遍再发货。 （3）单据有异议时，要求开单人重新打印或签字确认

6.4 呆滞品管理

呆滞品，指长期储存在仓库没有使用机会，或者即使使用使用量也极少的物资。呆滞品因陈腐、劣化、变更等情况已不适合使用，需专案处理，呆滞品包括呆滞原材料、呆滞半成品、呆滞成品等。

呆滞品占用企业的资金，如果数量较大，还需要投入较多的仓储管理费用（租金），故应早识别、早处理。呆滞废弃物料处理流程，各部门呆料产生的原因及预防措施，呆料的处理方法，废料的来源、处理措施及方法分别如

图6-11、表6-11、图6-12、表6-12所示。

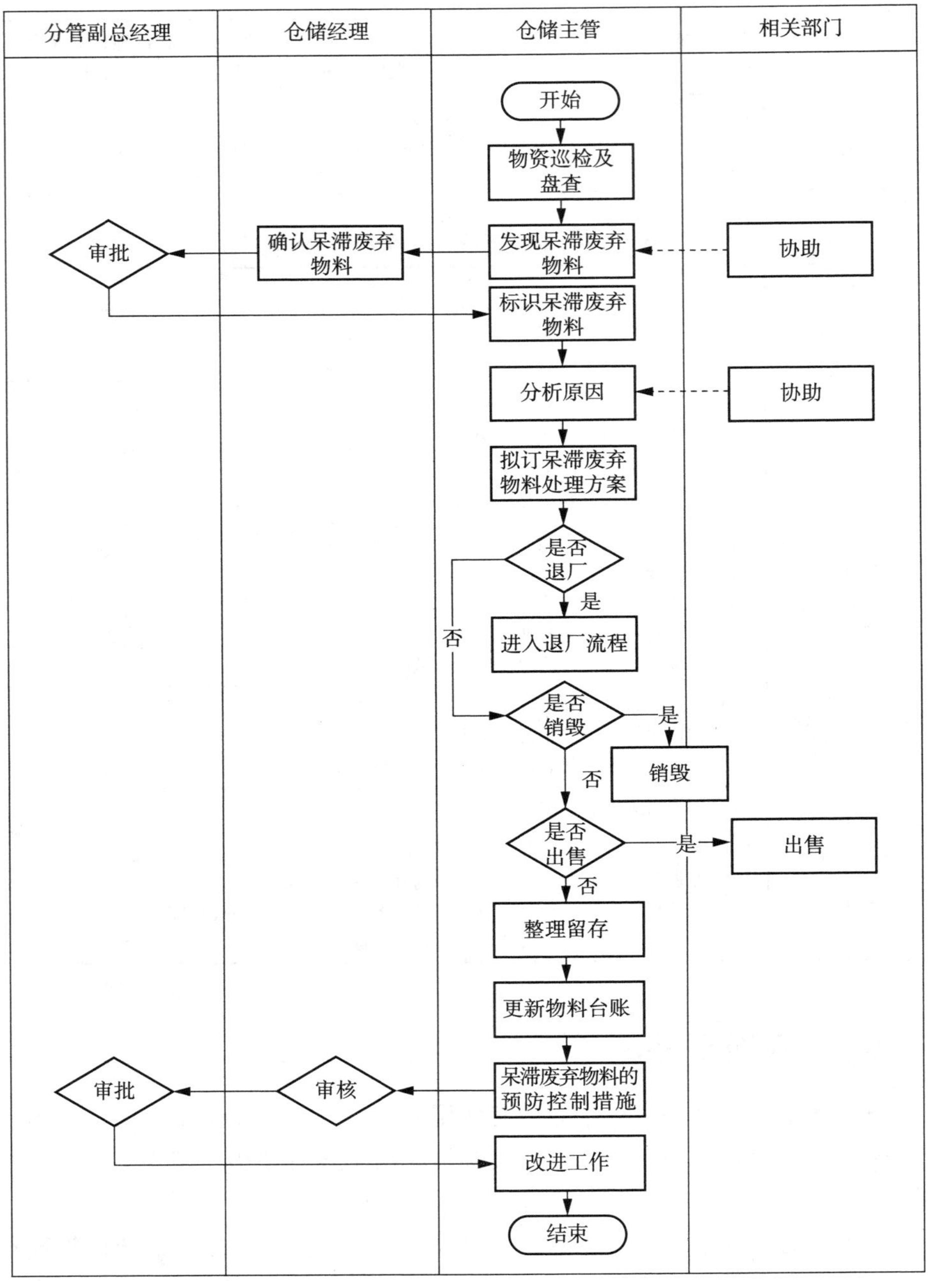

图6-11　呆滞废弃物料处理流程

表 6-11 各部门呆料产生的原因及预防措施

部门	呆料产生的原因	预防措施
设计部门	(1) 设计不可行，试产时部分物料变为呆料。 (2) 设计变更且未及时修正，采购来的物资或存量变为呆料。 (3) 设计能力不足，某些材料零件变为呆料	(1) 提高设计能力，增加审核、审批环节。 (2) 建立设计变更的同步通知、通报机制
生产部门	(1) 产销不协调，生产任务繁重，造成呆料产生。 (2) 生产计划错误，造成备料失误。 (3) 变更销售计划，生产计划未随之变更，造成物料计划落空。 (4) 生产现场管理不良，物料发放或领取等管理不善	(1) 加强产销的协调，增加生产计划的稳定性，并妥善处理紧急订单。 (2) 加强生产线发料、退料的管理。 (3) 合理安排新旧产品更替，防止旧料变成呆料
仓储部门	(1) 物料计划不当、库存管理不当、存量控制不当。 (2) 仓储管理不当	(1) 加强物料计划的制订管理，防止计划不当形成呆料。 (2) 加强库存管理，及时掌握仓库库存变动，并反馈给生产及采购部门
采购部门	采购物料交期延误、质量低劣、数量过多	(1) 加强采购管理，减少物资的不当请购、订购。 (2) 及时与供应商沟通，并对其进行辅导，提高购进物资的质量
质量管理部门	(1) 检验失误，物料中含有不合格品。 (2) 检验仪器不够精良，有不合格品	(1) 建立完善的进料检验制度，并要求检验人员严格执行。 (2) 采用更加有效的抽样方法。 (3) 使用更加精良的检验仪器
销售部门	(1) 市场预测错误，准备过多物料。 (2) 订单取消、更改等	(1) 加强销售计划的稳定性，对销售计划进行详细规划。 (2) 加强订单管理，不要让客户随意取消订单。 (3) 及时反馈客户需求变更

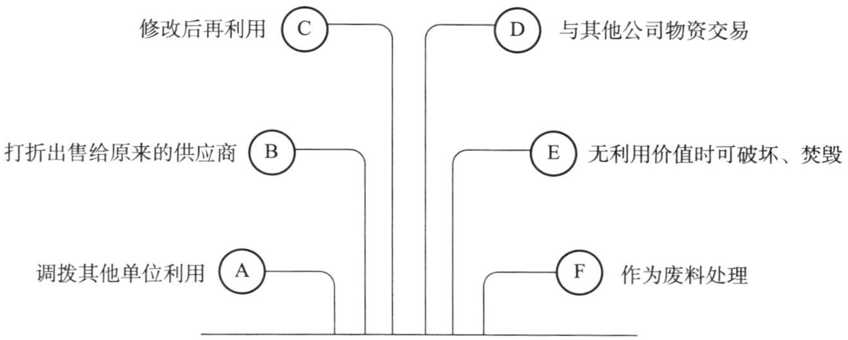

图 6-12 呆料的处理方法

表 6-12 废料的来源、处理措施及方法

来源		处理措施及方法
废料来源	损坏料	因保管不当导致物料长霉、腐蚀、生锈等，失去使用价值
	边角料	物资在使用过程中产生大量零头，且丧失了其主要功能
	旧料	物料使用或储存过久，失去原有性能或色泽，无法使用
预防措施		（1）加强仓库物资的养护工作，预防霉腐、锈蚀，减少废料的产生。 （2）提高物资的使用效率，减少边角料。 （3）建立“先进先出”的物资收发制度，及时处理呆滞料，避免因堆积过久而成为陈腐报废的物资
处理方法	出售	对于规模较小的企业，废料积累到一定程度后做出售处理
	回收	对于规模较大的企业，可将废料集中一处并对其进行解体，解体后的物资加以分类处理，最大限度地回收再利用

6.5 常用表单

表 6-13 物资盘点卡

编号：　　　　盘点区号：　　　　组别：　　　　日期：　　年　　月　　日

物资分类	□原料	□在制品	□废料	□成品		
编号						
品名						
规格			单位			
盘点时所在位置						
盘点数量			更正			
存货状况	□良料	□呆滞料	□废料	□其他		
备注						
盘点员		复核员		记录员		

表 6-14 物资盘点记录表

盘点范围：　　　　　　　　　　盘点日期：　　年　　月　　日

责任人签字	盘点项目			数量					
	品种	入库	出库	账面数量	实际盘点数量	差量	批次	票号	出库率
备注									

表 6-15 盘点单（一）

序号	物资名称	编号	规格型号	计量单位	货位编号	库存数量	实盘数量	数量差异	商品状态

表 6-16 盘点单（二）

差异理由	1. 计算错误；2. 衡量错误；3. 规品不符；4. 转记错误；5. 漏盘；6. 遗失；7. 损耗；8. 度量衡器不良；9. 换算错误；10. 累积磅差；11. 生锈脱落								
物资编号	品名	规格	储存场所	单位	实际盘点数量	料架签结存数量	差异数量	差异原因	备注

表 6-17 物资盘存单

编号： 日期： 年 月 日

第一联					
物资名称			填写日期		
物资编号			存放货位号		
单位			数量		
填写人			盘点单号		
第二联					
物资名称			填写日期		
物资编号			存放货位号		
单位			数量		
核对人		填写人		盘点单号	

注：物资盘存单一式两联，盘点人员应将清点后的数量记于第一联上，第二联供复盘人员填写。

表 6-18　仓库库存物资盘存调整表

经管部门：　　　　　　　　　　　　　　　　　　　　　　　　　　　　　　编号：

品名	编号	单位	账面结存数	增加数	减少数	调整后结存数	调整原因说明

核准人：　　　　　　　　　　　　复核人：　　　　　　　　　　　　制表人：

表 6-19　存货调节表

编号：　　　　　　　　　　　　　　　　　　　　　　　　　　日期：　年　月　日

盘点单编号	存货编号	品名/规格	单位	库存数量			单价	金额	账面数量	差异			备注
				盘点	增（或减）	调整后				数量	单价	金额	

表 6-20　仓储库存盘存统计表

经管部门：　　　　　　　　　　　年　　月　　日　　　　　　　　　　　编号：

项次	品名	编号	规格	单位	账面数量	盘点数量	差异数	差异说明

财务部门主管：　　　　　　　　　　　　　　　　　　　　　　经营部门主管：

注：（1）本表一式两联：第一联（白色）由经管部门留存；第二联（红色）由经管部门确认后送财务部门。

（2）存货外资产由经管部门填记账面数量。

（3）存货由盘点统计表转记实际盘点数量，列记账面数量并求出差异数。

表 6-21　盘点数据调整申请表

序号	物资编号	物资名称	库存数	实盘数	差异	原因	备注

提交日期：　　　　　　　　　　　　申请人：　　　　　　　　　　　　审核人：

表 6-22 盘亏单

序号	物资编号	品名	规格型号	计量单位	数量	单价	金额	原因

表 6-23 月盈亏汇总表

序号	物资类别	总数量	金额（不含税）	金额（含税）

盘盈总金额： 盘亏总金额： 盈亏合计（正负相抵）：

表 6-24 盘盈盘亏记录表

编号： 日期： 年 月 日

<table>
<tr><th rowspan="2">品名</th><th rowspan="2">规格</th><th colspan="2">账面资料</th><th colspan="2">实盘资料</th><th colspan="2">盘盈</th><th colspan="2">盘亏</th><th rowspan="2">差异原因</th><th rowspan="2">对策</th></tr>
<tr><th>数量</th><th>金额</th><th>数量</th><th>金额</th><th>数量</th><th>金额</th><th>数量</th><th>金额</th></tr>
<tr><td></td><td></td><td></td><td></td><td></td><td></td><td></td><td></td><td></td><td></td><td></td><td></td></tr>
<tr><td></td><td></td><td></td><td></td><td></td><td></td><td></td><td></td><td></td><td></td><td></td><td></td></tr>
<tr><td></td><td></td><td></td><td></td><td></td><td></td><td></td><td></td><td></td><td></td><td></td><td></td></tr>
<tr><td></td><td></td><td></td><td></td><td></td><td></td><td></td><td></td><td></td><td></td><td></td><td></td></tr>
<tr><td></td><td></td><td></td><td></td><td></td><td></td><td></td><td></td><td></td><td></td><td></td><td></td></tr>
<tr><td></td><td></td><td></td><td></td><td></td><td></td><td></td><td></td><td></td><td></td><td></td><td></td></tr>
</table>

主管副总经理： 财务经理： 仓储经理： 制表人：

注：第一联仓库留存，第二联作为财务记账联。

表 6-25 盘点与账面调节表

<table>
<tr><th rowspan="2">盘点单编号</th><th rowspan="2">存货编号</th><th rowspan="2">品名/规格</th><th rowspan="2">单位</th><th colspan="4">库存数量</th><th rowspan="2">单价</th><th rowspan="2">金额</th><th rowspan="2">账面数量</th><th colspan="3">差异</th><th rowspan="2">备注</th></tr>
<tr><th>盘点</th><th>加</th><th>减</th><th>调整后</th><th>数量</th><th>单价</th><th>金额</th></tr>
<tr><td></td><td></td><td></td><td></td><td></td><td></td><td></td><td></td><td></td><td></td><td></td><td></td><td></td><td></td><td></td></tr>
<tr><td></td><td></td><td></td><td></td><td></td><td></td><td></td><td></td><td></td><td></td><td></td><td></td><td></td><td></td><td></td></tr>
<tr><td></td><td></td><td></td><td></td><td></td><td></td><td></td><td></td><td></td><td></td><td></td><td></td><td></td><td></td><td></td></tr>
</table>

注：第一联送财务部门，第二联由仓储部门保管。

表 6-26　盘点盈亏及价格增减更正表

日期：　　年　月　日

物资名称	单位	规格型号	账面资料			盘点实存			库存盈亏				价格增减				差异原因	责任人	备注
									盘盈		盘亏		增价		减价				
			数量	单价	金额	数量	单价	金额	数量	金额	数量	金额	单价	金额	单价	金额			

填表人：　　　　　　　　　　　　　　　　　　　　　　负责人：

表 6-27　盘点总结报告表

物资名称	所属类别	编号	规格	单价	盘点情况	存在问题	改善建议或措施

表 6-28　盘点差异分析表

编号：　　　　　　　　　　　　　　　　　　　　　　日期：　　年　月　日

物资编号	原存数量	实盘数量	差异数据	差异率（%）	单价	金额	差异原因	累计盘盈盘亏数量	累计盈亏金额	对策

表 6-29　库存商品交接表

________（离职人）与________（接手人）经盘点确认：________（　　）所有物料与____年________月________日 ERP 实时库存数据完全一致，双方交接，以后责任不再追溯。库存数量以所附清单为准。 交出人：________　接手人：________　监督人：________（仓储主管） 附：库存物资清单 库存物资清单三方签字后，各自保留一份，监督人所指清单交仓储经理保管。

表 6-30 盘点工作考核表

绩效考核人员		考核地点	
被考核人员		考核时间	
考核项目	考核内容	分值	实际得分
盘点业务	盘点前期准备工作充分		
	盘点卡填写认真、准确、清晰		
	盘点记录表填写认真、准确、熟练		
	采用正确的方式修改填写错误的盘点表		
	复盘数据复核，填写认真、准确		
	采用正确的复核确认方式处理初盘、复盘有差异的盘点数据		
	盘点作业流程完整，没有遗漏		
盘点后处理业务	账目核对严谨、认真、准确		
	盈亏报表编制及时、认真、正确、熟练		
	盈亏原因分析合理、全面		
	采用正确的方式处理盘点盈亏数据		
	对在盘点过程中发现的物资差额、错误、变质、损耗和呆滞等结果，能提出合理的处理意见及纠正、预防措施		
合计			

注：考核满分为 100 分，60~80 分及格，81~90 分良好，90 分以上优秀。

表 6-31 库存积压物资处理审批表

年 月 日

序号	物资名称	物资编号	规格型号	计量单位	数量	金额	积压原因	处理意见

部门名称（主管签字）： 审批人：

表 6-32 库存积压物资审批表

日期： 年 月 日

<table>
<tr><th rowspan="3">品名规格</th><th rowspan="3">入库时间</th><th rowspan="3">单位</th><th rowspan="3">本月出售数量</th><th colspan="10">出售损益</th></tr>
<tr><th colspan="5">单位损益</th><th colspan="5">损益总额</th></tr>
<tr><th>账面</th><th>时价</th><th>售价</th><th>账面损益</th><th>售价与时价差异</th><th>账面</th><th>时价</th><th>售价</th><th>账面损益</th><th>售价与时价差异</th></tr>
<tr><td></td><td></td><td></td><td></td><td></td><td></td><td></td><td></td><td></td><td></td><td></td><td></td><td></td><td></td></tr>
<tr><td></td><td></td><td></td><td></td><td></td><td></td><td></td><td></td><td></td><td></td><td></td><td></td><td></td><td></td></tr>
<tr><td></td><td></td><td></td><td></td><td></td><td></td><td></td><td></td><td></td><td></td><td></td><td></td><td></td><td></td></tr>
</table>

滞销品处理专人：

表 6-33 积压变质物资处理表

编号： 填写日期： 年 月 日

序号	品名	规格	单位	数量	处理前		处理后		损失金额	处理措施	备注
					单价	金额	单价	金额			

表 6-34 滞货品发生及处理汇总表

日期： 年 月 日

品类（大类别）	上月结存（账面金额）	本月发生（账面金额）	本月处理							本月结存（账面金额）
			出售					利用（账面金额）	合计（账面金额）	
			账面	时价	售价	账面损益	售价与时价差异			

滞货品处理专人：

表 6-35 滞货品处理催办单

日期： 年 月 日

<table>
<tr><td colspan="3">交办单编号</td><td colspan="2"></td><td rowspan="4">催办事项</td><td colspan="3" rowspan="4"></td></tr>
<tr><td colspan="3">经办部门</td><td colspan="2"></td></tr>
<tr><td colspan="3">原预定完成日期</td><td colspan="2">年 月 日</td></tr>
<tr><td colspan="3">拟延期完成日期</td><td colspan="2">年 月 日</td></tr>
<tr><td>逾期原因</td><td colspan="4"></td><td>处理对策</td><td colspan="3"></td></tr>
<tr><td>主办</td><td></td><td>催办</td><td colspan="2"></td><td>主管</td><td></td><td>经办</td><td></td></tr>
</table>

表 6-36 滞货品库存月报表

月份：

物资编号	品名	规格型号	入库日期	计量单位	发生情况						本月处理			本月结存	
					数量	单价	金额	原因	日期	拟处理方式代码	处理方式代码	数量	金额	数量	金额

表 6-37 呆废物资处理统计表

编号： 填表日期： 年 月 日

序号	品名	类别	规格	编号	数量	原单价	原价值	处理方式	费用	收入

制表人：

表 6-38 呆滞物资处理记录表

编号： 填表日期： 年 月 日

物资名称		物资编号		数量	
处理方式	□废弃 □转作其他用途 □转售 □改造 □其他				
处理说明		处理部门			
损失分析	账面价值	处理收入或价值	处理支出	损失金额	

表 6-39 破损报告单

报废单位： 日期： 年 月 日

损废原因							
物资类别	品名	规格型号	计量单位	数量		估计价值	备注
				退回	实收		

会计： 主管： 填表人：

表 6-40 物资报损表

日期： 年 月 日 报损仓库：

物资编号	品名	规格	数量	原因说明	拟处理方式

表 6-41 废品处理报告单

退库部门				退库日期	
入库部门				要求	
领用单位				领用日期	
件号	名称规格	数量	单位	制造号码	退库原因
质检确认原因				处理方式	

填表人：　　　　　　　　　　　　　　　　　　　　审核人：

表 6-42 物资报废申请表

编号：　　　　　　　　　　　　　　　　　　填表日期：　　年　月　日

仓库名称			
物资名称		物资编号	
物资种类	□设备工具类　□产品类　□原材料类		
报废数量		原用途	
报废原因		处置方式	
成本核算		价值评定	

填表人：　　　　　　　　　　　　　　　　　　　　审核人：

盘点管理是仓储管理工作的重要一环。加强盘点管理，可以有效保护企业财产的安全、完整，降低生产成本，提高企业的经济效益。定期盘点可以及时发现企业内部控制制度存在的问题，防止因物品受损、过时给企业带来的损失。

第 7 章

见此图标 微信扫码
领取本书作者指导音频

出库管理

只有规范出库管理行为，明确出库管理制度，才能使出库的过程更加高效。仓储管理人员应了解物品出库的要求、方式及控制流程，熟悉出库的作业程序及异常情形的处理；退货是企业经常遇到的问题，也是仓储管理人员应重点掌握的内容。

7.1 概述

出库是仓库根据出库凭证将所需物资发放给所需部门，是物资存储阶段的终止。需特别注意的是，出库所依据的出库凭证应为正式单据或手续，若为非正式凭证或白条，则不予发放物资。物资出库的原则、要求、方式、管理流程分别如图 7-1、图 7-2、表 7-1、图 7-3 所示。

- ✧ 只有符合财务制度要求、有法律效力的出库单据才能出库
- ✧ 在出库凭证存有涂改、复制、模糊、收货单位与提货人不一致、各种印签不合规定，超过提货有效期，单据重复打印等情况时，库管员应保持高度警惕，及时联系货主并查询单据的合法性，保护货主和企业的财产不受损失
- ✧ 出库不能当天办完、需分批处理的，应分批处理
- ✧ 先备货，后复核，再发货，复核人员要用不同的人、不同的方法，双人签字方能出库，单人无权将货物提出
- ✧ 贯彻“先进先出”原则，保管条件差的先出、包装简易的先出、容易变质的先出、有保管期限的先出、循环回收的先出
- ✧ 对于近效期产品、失效产品、变质产品、没有使用价值的产品，在没有特殊批准的情况下，坚决不能出库
- ✧ 为了应对销售、出口等紧急情况，仓储部门可在职权范围内特事特办
- ✧ 未入库验收、未办理入库手续的，原则上暂缓发货
- ✧ 若出库凭证遗失，客户应及时向仓库和财务部门挂失，将原凭证作废，延缓发货；若挂失前货物已被冒领，则保管员不承担责任

图 7-1　物资出库的原则

三不	三核	五检
• 未接单据不翻账，未经审单不备货，未经复核不出库	• 在发货时，要核实凭证，核对账卡和实物	• 对单据和实物要进行品名检查、规格检查、包装检查、件数检查、重量检查

图 7-2　物资出库的要求

表 7-1　物资出库的方式

方式	内容
送货	仓库根据货主单位的出库通知或出库请求，通过发货作业把应发物资交由运输部门送达收货单位，或使用仓库自有车辆把物资运送到收货地点的发货形式
收货人自提	收货人或其代理人持取货凭证直接到库取货，仓库凭单发货。仓库发货人与提货人可以在仓库现场划清交接责任，当面交接并办理签收手续
代办托运	仓库根据收货单位的委托，凭借其所开具的货物提货通知单办理出库手续，通过运输部门把货物发到需方指定的地点。该方式适用于大宗长距离的物资运输
过户	一种就地划拨的形式，物资实物并未出库，但是所有权已从原货主转移到新货主。仓库必须根据原货主开出的正式过户凭证，予以办理过户手续
取样	货主由于商检或样品陈列等需要，到仓库提取货样（通常要开箱拆包、分割抽取样本）。仓库必须根据正式取样凭证发出样品，并做好账务记载
转仓	货主为了业务方便或改变储存条件，将某批库存自甲库转移到乙库。仓库必须根据货主单位开出的正式转仓单办理转仓手续

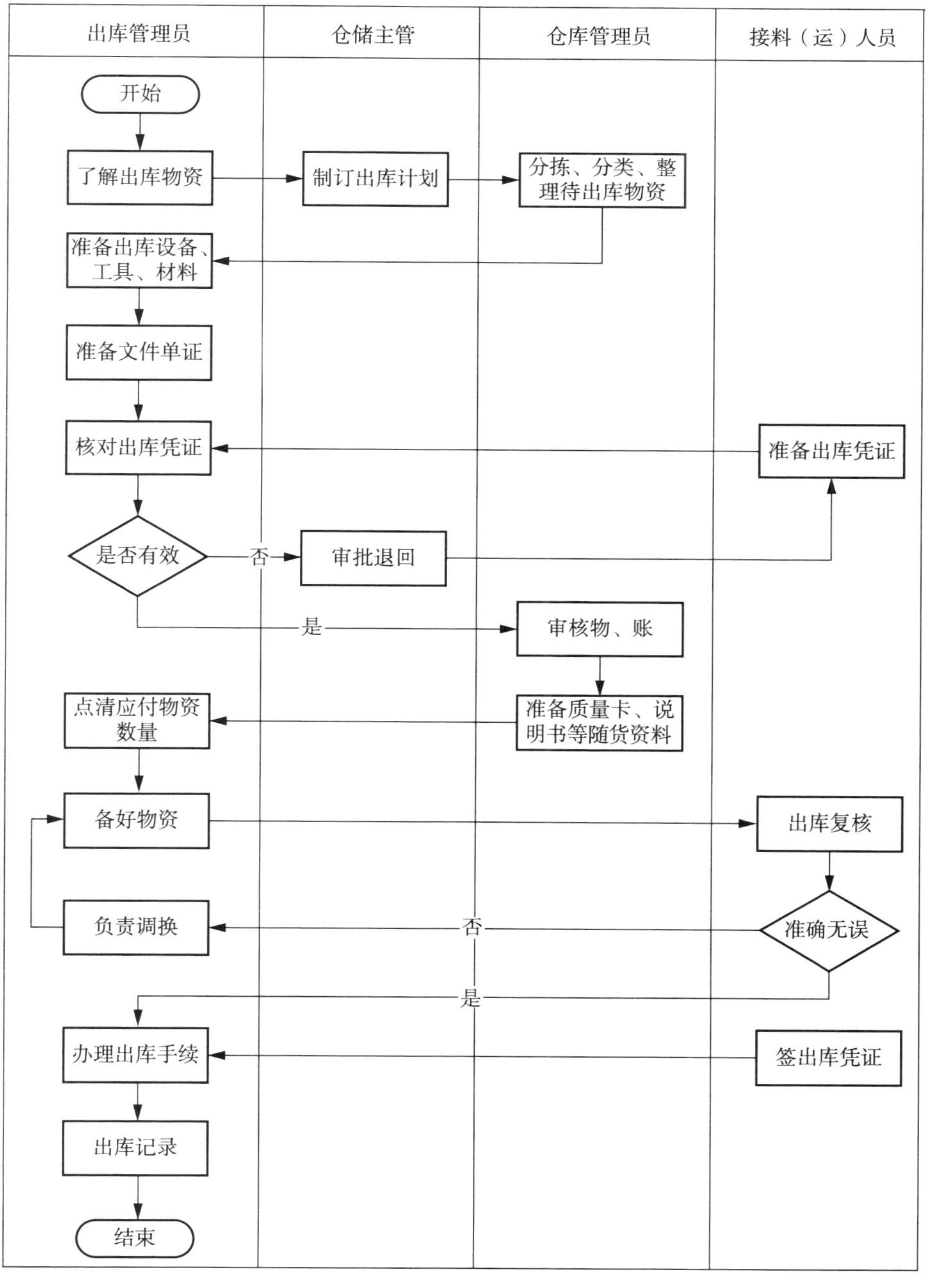

图 7-3　物资出库的管理流程

7.2 出库作业

物资出库时，应严格按照作业程序进行，以减少出库错误，提高作业效率。出库过程中出现的各种问题，应根据不同情况采取不同的方法妥善处理。出库凭证核对流程、出库凭证审核的内容、出库凭证流转处理流程、出库复核的内容、订货信息确认项目、物资出库的作业程序、货物出库检验流程、出库包装管理流程、出库物品异常情形及处理方式、缺货处理方式及具体操作分别如图 7–4、图 7–5、图 7–6、表 7–2、表 7–3、表 7–4、图 7–7、图 7–8、表 7–5、表 7–6 所示。

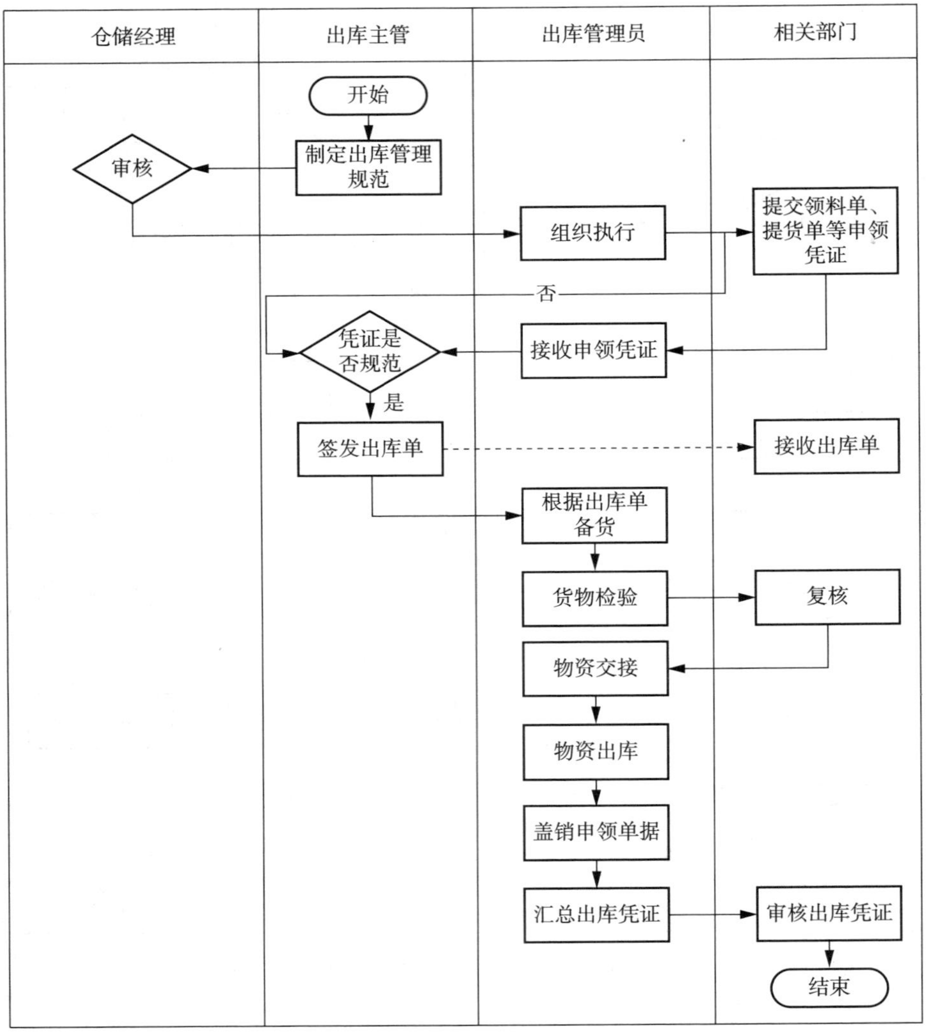

图 7–4　出库凭证核对流程

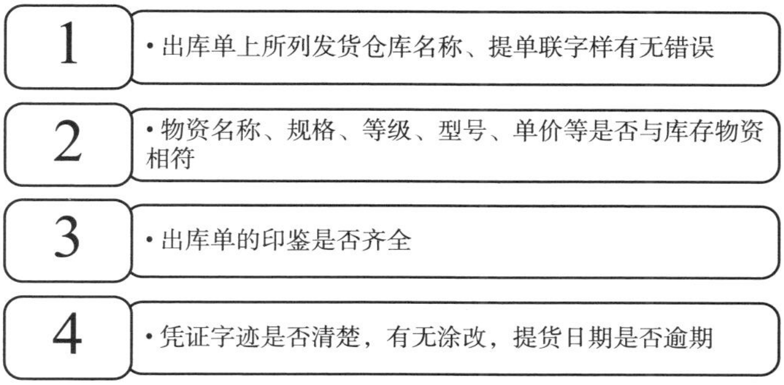

图 7-5　出库凭证审核的内容

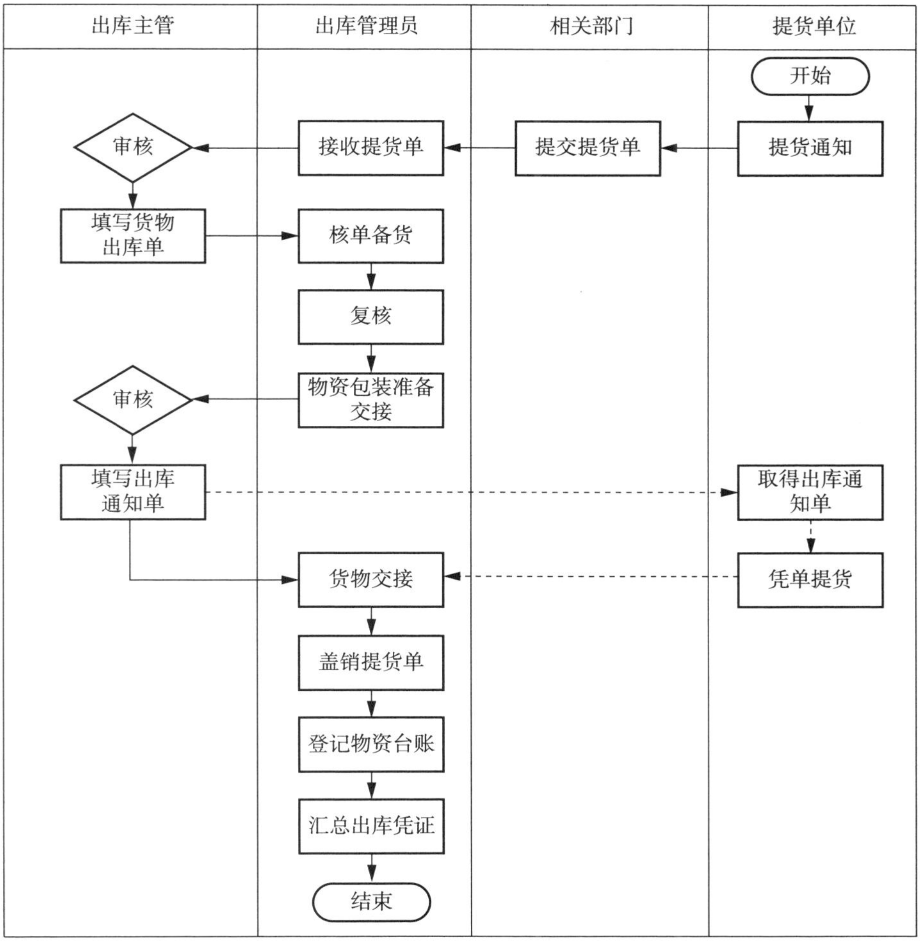

图 7-6　出库凭证流转处理流程

表 7-2　出库复核的内容

复核项目	操作说明	具体检查项目
复核出库	主要审核货物出库凭证是否伪造编造、是否合乎规定手续、各项目填写是否齐全等	(1) 凭证有无涂改，是否过期。 (2) 凭证中各栏项目填写是否正确、完整。 (3) 字迹是否清楚。 (4) 印鉴及签字是否正确、真实、齐全。 (5) 出库货物应附的技术证件和各种凭证是否齐全
复核实物	根据货物出库凭证上所列项目对待发物资进行核对	(1) 核对货物的品种、规格、牌号、单位、数量是否与凭证相符。 (2) 核对货物的包装是否完好、外观质量是否合格
复核账、货结存情况	对取货的货垛、货架货物的结存数进行核对	(1) 检查物资的数量、规格等与出库凭证标明的结存数是否相符。 (2) 核对货位、货卡有无问题，以便做到账、货、卡相符

表 7-3　订货信息确认项目

确认项目	内容
货物的品项、数量及送货日期	(1) 检查订单中货物的品项、数量、送货日期等是否有遗漏、笔误或其他不符合要求的情形。 (2) 若送货时间有问题，应与客户确认具体的送货时间
客户信用	(1) 客户应收账款已超过其信用额度，应按要求拒绝其订货要求。 (2) 如客户订购金额累积到前期应收账款且超过信用额度时，接单员应提交配送主管审批，经主管审批方可进入下一个处理环节
订单类型	常见订单类型有一般交易订单、现销式交易订单、间接式交易订单、合约式交易订单等，不同类型订单处理方式不同，接单员应对订单类型进行确认
订货价格	不同客户、不同的订购量为不同的订货价格
加工包装	明确客户对订购的货物是否有特殊包装、分装和贴标等要求

表 7-4 物资出库的作业程序

作业程序	内容
物资出库前的准备	(1) 计划、组织备货工具、装卸搬运设备、作业人员、包装、涂写标志。 (2) 与承运单位联系，使包装适合运输，包装破损的要加固或更换。 (3) 对于拆零发货的物品，要准备好零货及时补充，避免临时拆包、延缓交货。 (4) 对于分拣备货的，要事先分装拼箱，发货时整箱出库；易碎、易串味、易变形的物品，要加衬垫物，用木箱、周转箱等加以保护，装箱单贴在箱外或附在箱内，便于收货人清点验货，同时准备记号笔、封签、胶带、剪刀、胶带座、木箱、钉箱工具等
审核出库凭证	(1) 审核出库凭证的合法性、真实性，手续是否齐全，内容是否完整；核对出库物品的品名、型号、规格、单价、数量，收货单位、到站、开户行和账号是否齐全、准确。 (2) 具体审核还包括检查领料单签字是否齐全；抽查出门单证及货物符合情况；检查内部移库手续是否齐全，经办人、负责人是否签字等
出库信息处理	(1) 当采用人工处理方式时，记账员将出库凭证上的信息按照规定的手续登记入账，同时在出库凭证上批注出库物品的货位编号，并及时核对发货后的结存数量。 (2) 当采用计算机进行库存管理时，在将出库凭证的信息录入计算机后，由出库业务系统进行信息处理，打印生成相应的拣货单据
拣货	按照拣货过程自动化程度的不同，分为人工拣货、机械拣货、半自动拣货和自动拣货四种
分货	分货作业方式可分为人工分货和自动分类机分货两种
包装与刷唛	(1) 出库物品的包装必须完整、牢固，标记必须正确清楚，如有破损、潮湿、捆扎松散等不能保障运输安全的情况，应加固整理，破包、破箱不得出库。 (2) 包装完毕后要在外包装上写明收货单位、到站、发货号、总件数、发货单位等。 (3) 字迹要清晰、书写要准确，并在相应位置印刷或粘贴条码标签
点交	(1) 出库物资经过复核和包装后，无论是客户自提，还是交付运输部门发送，发货人员都必须当面向提货人员或运输人员将物资点交清楚，划清责任。 (2) 需要托运和送货的物资，应由仓库保管部门移交调运部门；属于客户自提的，则由仓库保管部门按出库凭证当面向提货人将物资点交清楚。 (3) 应按出库凭证上的内容逐项核对，主要包括品名、规格、数量、文件资料、证件、包装是否符合运输安全要求等
登账	点交后，保管员应在出库单上填写实发数、发货日期等内容并签名，将出库单连同有关证件资料及时移交客户，以便客户办理货款结算

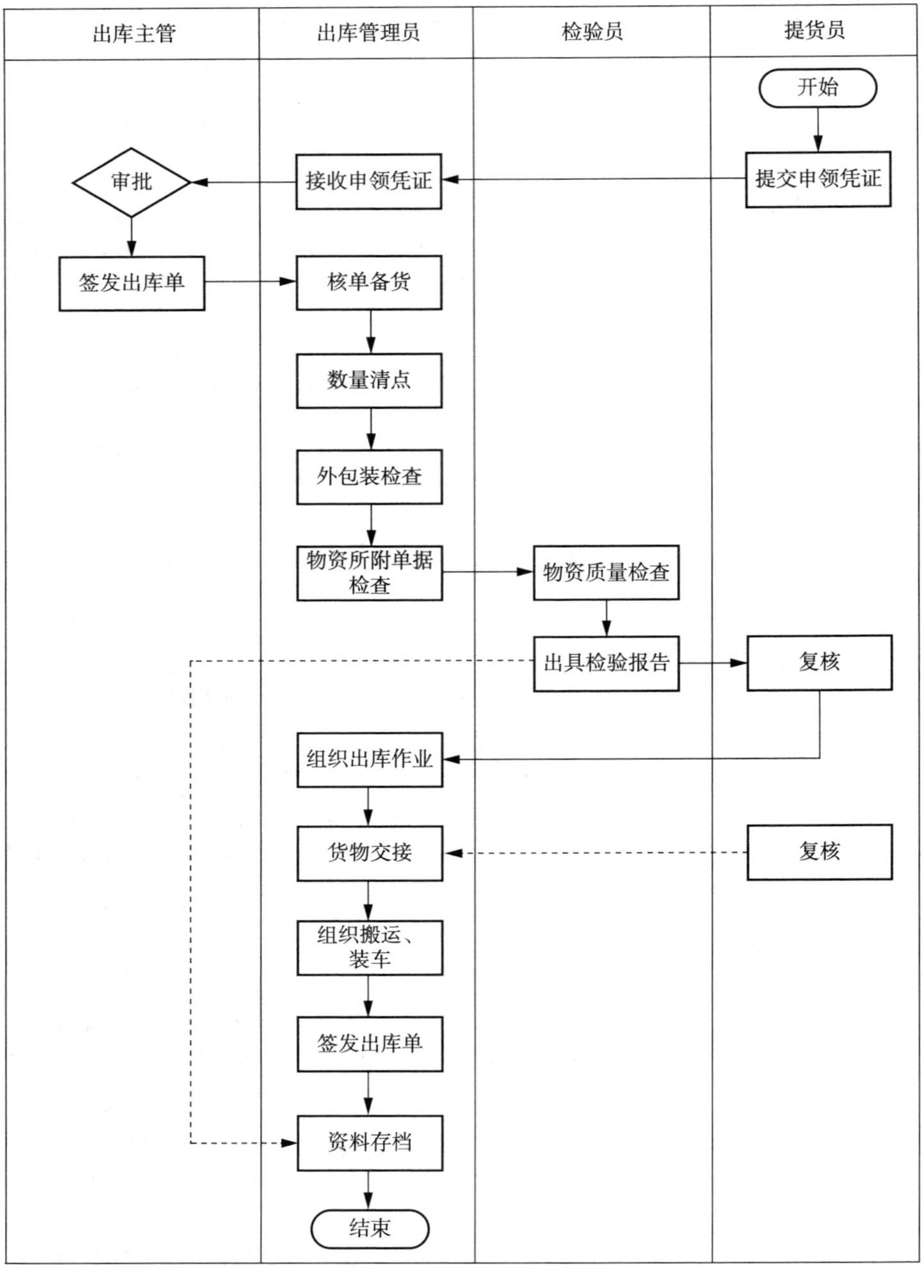

图 7-7　货物出库检验流程

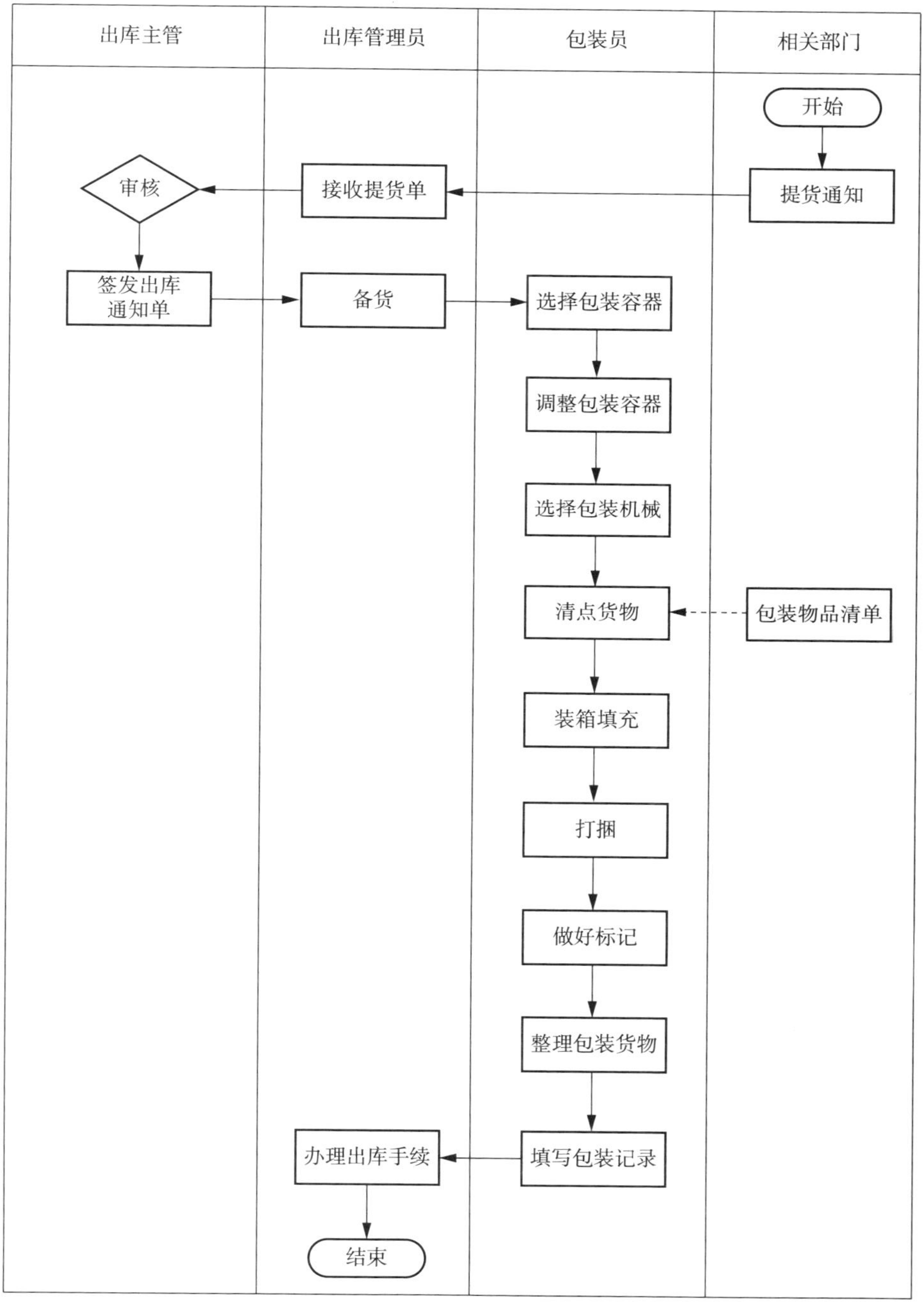

图 7-8　出库包装管理流程

表 7-5　出库物品异常情形及处理方式

异常情形	处理方式
出库凭证（提货单）问题	（1）凡出库凭证超过提货期限，用户前来提货，必须先办理手续，按规定缴足逾期仓储保管费后方可发货。任何非正式凭证都不能作为发货凭证。提货时，若发现物品规格错误，保管员不得自行调换规格发货。 （2）凡发现出库凭证有疑点，或发现出库凭证有假冒、复制、涂改等情况，应及时与仓库保卫部门、出具出库单的单位或部门联系，妥善处理。 （3）入库未验收，或者逾期货未入库的物品无出库凭证，一般暂缓发货，并通知货主，待货到并验收后再发货，提货期顺延。 （4）出库凭证因客户原因遗失，应及时与仓库发货员和账务人员联系挂失。若挂失时货已被提走，保管人员不承担责任，但要协助货主单位找回货物；若货还没有被提走，经保管人员和账务人员查实后，做好挂失登记，将原凭证作废，缓期发货
提货数与实存数不符	造成这种情况的原因主要有以下几个。 （1）商品入库时，由于验收问题，增加了实收商品的签收数量，从而造成账面数大于实存数。 （2）仓库保管人员和发货人员发货时串发、错发等导致实际商品存量小于账面数。 （3）货主单位没有及时核减开出的提货数，造成库存账面数大于实际储存数。 （4）仓储过程中货物的毁损。 在遇到提货数量大于实际商品库存数量时，无论是何种原因，都要和仓库主管部门、货主单位及时取得联系再做处理
串发货、错发货	（1）如果物品尚未离库，应立即组织人员重新发货；如果物品已经发出，保管人员应及时向主管部门和货主通报串发货或错发货的品名、规格、数量、提货单位等情况，会同货主单位和运输单位共同协商解决。 （2）在无直接经济损失情况下，由货主单位重新按实际发货数冲单（票）解决。如果已形成直接经济损失，则按赔偿损失的单据冲转、调整保管账
包装破漏	这类问题主要是在储存过程中堆垛挤压、发货装卸操作不慎等引起的，在发货时经过整理或更换包装方可出库，否则造成的损失由仓储部门承担
漏记账、错记账	（1）无论是漏记账还是错记账，一经发现，都要及时向有关领导如实汇报情况，并根据原出库凭证查明原因，调整保管账，使之与实际库存一致。 （2）如果漏记账和错记账给货主单位、运输单位和仓储部门造成损失，应予赔偿，同时应追究相关人员的责任

表 7-6　缺货处理方式及具体操作

处理方式	具体操作
重新调拨	若客户不允许过期交货，企业也不愿失去客户订单，则重新调拨分配订单
补交货	（1）若客户同意等待有货时再予补送，则采取“补送”方式处理。 （2）若客户同意不足额的订货或整张订单留待下一次订单一同配送，则采取“补送”方式处理
删除不足额订单	（1）若客户不同意足额订单等待有货时再予以补送，且企业不允许分批出货，则删除不足额订单。 （2）若客户不同意过期交货，且企业无法重新调拨，则考虑删除不足额订单

（续表）

处理方式	具体操作
延迟交货	（1）有期限延迟交货：客户同意一段时间的延期交货，且同意所有订单一同配送。 （2）无期限延迟交货：客户同意无期限延迟交货，且同意所有订货一同送达，则等待所有订货到达后再出货
取消订单	若客户要求所有订单一同配达，且不允许过期交货，而企业无法重新调拨时，则只能取消整张订单

7.3 退货管理

退货是仓库已经办理了出库手续，且已发货出库的物资又退回仓库的业务。退货具有以下特点。

（1）时间与数量难以预测，经销商为节约成本和提高效率，一般会间隔一段时间，凑足一定数量，才退回生产厂家。

（2）退货地点分散、无规律，无法一次性向接受点转移。

（3）退货通常和产品质量、规格、数量有关。

（4）退货系统和作业方式通常比正向物流更加复杂，时间和空间跨度大，涉及是否符合退货标准等问题。

（5）退货通常作为客户服务的一部分，对客户和企业的成本与利益产生影响。

表7-7　退货的原因及方式

原因	方式
（1）质量有瑕疵。 （2）产品接近有效期限。 （3）供应商倒闭。 （4）环保或安全需要。 （5）为了扩大销售，承诺一定的百分比退货定额。 （6）订单与实际送货不符	（1）召回，逆向供应链的高级实现形式，是供应商主动解决问题的方式。 （2）保修期内的技术升级、保养或维护。 （3）返修，是对有瑕疵产品的补救方式，一般由用户将待维修的产品退返给经销商或生产厂家，有的供货方会暂时提供替代品，等产品维修好后再返回用户。 （4）用户直接更换合格品，将有瑕疵产品退返经销商或生产厂家。 （5）用户直接退货，经销商全额退回货款或收取一定的手续费

表 7-8 退货处理方法及要求

处理方法	要求
无条件重新发货	由于仓储工作人员发货发生错误，由其调整发货方案，将错发货物调回，重新按正确订单发货，发生的费用由仓储工作人员承担
运输单位赔偿	因为运输途中产品受到损坏而发生退货的，根据退货情况，由仓储工作人员确定修理费用或赔偿金额，由运输单位负责赔偿
收取费用重新发货	因为客户订货有误而发生退货的，所有费用由客户承担，再根据客户新的订货单重新发货
重新发货或替代	（1）因为产品有缺陷导致退货的，由仓库安排车辆收回退货商品，将商品集中到仓库退货处理区进行处理。 （2）产品一旦收回，生产厂家及其销售部门应用没有缺陷的同一种产品或替代品填补货架

表 7-9 退换货范围及产生原因

范围	产生原因
瑕疵品	设计、生产、制造过程中造成的有品质问题的货物
搬运中损坏	由于包装不良或搬运中剧烈震动，造成货物破损或包装污损
货物送错	配送处理不当所产生的问题，如拣货不准确或条码、出货单等处理错误
货物过期	货物超过使用有效期限

表 7-10 退货注意事项及相关政策

注意事项	相关政策
（1）退货产品资料应和出库时一样完整，附件、工具、技术资料、包装等须齐全。 （2）没有使用价值的，需报废处理，检查拆零件能否重复利用。 （3）局部残损、整体完好的退货，质保部门做出残值鉴定，差额由责任人承担；退货经维修维护后，退入仓库。 （4）经销商接受顾客的退货，可与生产厂家联系，损失由供应商承担。 （5）对于不符合规定的退货，须与客户沟通，退回客户，运费由客户自行承担。 （6）生产销售退货用红字冲减出库，不可按入库处理，易造成账务混乱。 （7）发生退货时，要以诚相待，迅速处理，对客户的意见及时反馈	（1）制造商可与批发商签订协议，不管是否为质量问题，都允许一定比例的退货，以此鼓励批发商全系列、大量订货。 （2）允许批发商每季度进行一次退货，保证换季销售。 （3）退货数量与产品的生命周期相关的，对于老问题产品型号实施特殊政策。 （4）退货数量与产品的保质期相关的，及时回收近效期或过期商品，防止造成不良影响

7.4 常用表单

表 7-11 补料单

补料部门： 补料日期： 编号：

物料名称	料号	批次	规格	数量	备注

审批： 审核： 填表人：

表 7-12 领料单

编号： 仓库： 日期： 年 月 日

<table>
<tr><td colspan="2">领用部门</td><td colspan="4"></td><td>用途</td><td colspan="4"></td></tr>
<tr><td colspan="2">领用日期</td><td colspan="4"></td><td>发料日期</td><td colspan="4"></td></tr>
<tr><td>序号</td><td>物料名称</td><td>规格型号</td><td>编号</td><td>单位</td><td>物料类型</td><td>申请数量</td><td>实发数量</td><td>单价</td><td>金额</td><td>备注</td></tr>
<tr><td></td><td></td><td></td><td></td><td></td><td></td><td></td><td></td><td></td><td></td><td></td></tr>
<tr><td></td><td></td><td></td><td></td><td></td><td></td><td></td><td></td><td></td><td></td><td></td></tr>
<tr><td></td><td></td><td></td><td></td><td></td><td></td><td></td><td></td><td></td><td></td><td></td></tr>
</table>

发料人： 领料人： 审核人：

表 7-13 物资提货单

日期： 年 月 日

项目	品名	编号	规格型号	单位	数量	说明
						销货、样品、检验、其他

提货人： 发货人： 复核人：

表 7-14 物资出库单（一）

领用单位： 字第 号

<table>
<tr><td rowspan="2">品名</td><td rowspan="2">数量</td><td rowspan="2">单位</td><td rowspan="2">单价</td><td colspan="9">金额</td><td rowspan="2">备注</td></tr>
<tr><td></td><td></td><td></td><td></td><td></td><td></td><td></td><td></td><td></td></tr>
<tr><td></td><td></td><td></td><td></td><td></td><td></td><td></td><td></td><td></td><td></td><td></td><td></td><td></td><td></td></tr>
<tr><td></td><td></td><td></td><td></td><td></td><td></td><td></td><td></td><td></td><td></td><td></td><td></td><td></td><td></td></tr>
<tr><td></td><td></td><td></td><td></td><td></td><td></td><td></td><td></td><td></td><td></td><td></td><td></td><td></td><td></td></tr>
<tr><td>合计（大写）</td><td colspan="12"></td><td>结存</td></tr>
</table>

负责人： 保管员： 领用人：

表 7-15　物资出库单（二）

编号：　　　　　　　　　　　　　　　仓库：　　　　　　　　　　　　　　　日期：　　年　月　日

品名	规格型号	单位	单价	出库数量	质量等级	销售清单号	交货人	检验人	收货人	储存位置	备注

复核人：　　　　　　　　　　　　　　　　　　　　仓储主管：

表 7-16　物品出库检验传票

物资名称					数量				
客户名称					品级				
品质检验					品质保证				
日期	检验员	进量	出量	不良数	项目	日期	复检员	抽样数	合格与否
备注									

表 7-17　物品出库通知单

提货人				发货日期			
发货仓库				货位编号			
仓库地址							
品名	货号	单位	单价	数量	金额	是否包装	备注

仓储主管：　　　　　　　　　　　　　　仓库管理员：　　　　　　　　　　提货人：

表 7-18 物资出库调拨单

购货单位： 填单日期： 年 月 日 发货地点：

<table>
<tr><td rowspan="2">品名</td><td rowspan="2">规格</td><td rowspan="2">单位</td><td colspan="2">调出数</td><td colspan="2">实发数</td><td rowspan="2">入库单号</td><td rowspan="2">入库单价</td><td rowspan="2">总计金额</td></tr>
<tr><td>件数</td><td>重量</td><td>件数</td><td>重量</td></tr>
<tr><td></td><td></td><td></td><td></td><td></td><td></td><td></td><td></td><td></td><td></td></tr>
<tr><td></td><td></td><td></td><td></td><td></td><td></td><td></td><td></td><td></td><td></td></tr>
<tr><td></td><td></td><td></td><td></td><td></td><td></td><td></td><td></td><td></td><td></td></tr>
<tr><td rowspan="2">备注</td><td colspan="7" rowspan="2"></td><td>发运方式</td><td></td></tr>
<tr><td>出库日期</td><td></td></tr>
<tr><td>到站</td><td colspan="2"></td><td colspan="2">收货单位</td><td colspan="2"></td><td colspan="2">车号或运单号</td><td></td></tr>
</table>

财务： 开票人： 保管员： 提货员： 电话：

表 7-19 材料借出记录表

日期： 年 月 日

<table>
<tr><td rowspan="3">借出记录</td><td>单据种类</td><td>借出公司</td><td>单据编号</td><td>品名</td><td>代号</td><td>单位</td><td>数量</td><td>备注</td></tr>
<tr><td></td><td></td><td></td><td></td><td></td><td></td><td></td><td></td></tr>
<tr><td></td><td></td><td></td><td></td><td></td><td></td><td></td><td></td></tr>
<tr><td rowspan="3">归还记录</td><td>单据种类</td><td>归还公司</td><td>单据编号</td><td>品名</td><td>代号</td><td>单位</td><td>数量</td><td>备注</td></tr>
<tr><td></td><td></td><td></td><td></td><td></td><td></td><td></td><td></td></tr>
<tr><td></td><td></td><td></td><td></td><td></td><td></td><td></td><td></td></tr>
</table>

表 7-20 样品提取登记单

部门：

日期	客户名称	品名规格	品名代号	品级	数量	出库货位	提取人签收

主管： 制表人：

表 7-21 仓库发货日报表

日期： 年 月 日

仓库名称	单据号码	客户代码	备注	单据号码	客户代码	备注

出库管理员： 入库管理员：

注：出库管理员需将每日发生的出仓、移仓、报残等库存减少的情况准确记录在此表中。

表 7-22 交货日报表

交货日期： 年 月 日

委托出货编号	出货地点	货品样式	个数	件数	货物内容			数量	交货地点	保险	备注
					大分类	中分类	小分类				

表 7-23 仓库发货通知单

编号： 发货日期： 年 月 日

客户名称										
订单号码										
仓库地址										
发货仓库						发货日期				
交货方式	□一次交货			□分批交货		预计交货日期				
货号	品名	规格	型号	国别及产地	包装及件数	单位	数量	单价	总价	金额
危险品标志章		运费				包装押金				
		金额	（大写）		（小写）￥：					

审核： 制单： 主管：

表 7-24 发货差错登记表

编号： 发货日期： 年 月 日

序号	客户名称	反馈日期	应发物资	应发数量	实发物资	实发数量	发货日期	拣货单号	复核人	备注

表 7-25 退货单

编号：　　　　　　　　　　　　　　日期：　　年　月　日

物资名称	物品编号	物资规格	入库时间	退货量	实收量	退货原因			
						不适用	品质差	订单取消	其他
备注									

登账人：　　　　点收人：　　　　主管：　　　　退货人：

表 7-26 退货报告单

客户名称：　　　　　　　　　　　　日期：　　年　月　日

订单号	物资名称	物资编号	数量	单价	是否付款	退货原因	处理办法

表 7-27 退货清单

物资编号	物资名称	规格	等级	供应商	采购时间	退货时间	采购人	收货人	检验员	价值	退货原因

表 7-28 退货缴库单

日期：　　年　月　日

品名	规格	单位	数量	退库详细原因

仓库收货人：　　　　部门：　　　　退货人：

表 7-29　退货登记表

编号：　　　　　　　　　　　　　　　　　　　　日期：　　年　月　日

订单编号	退货名称	退货数量	退货原因			供应商	备注
			质量不合格	数量不符	其他		

验收主管：　　　　　　　　　　　　　　　　　　验收人员：

表 7-30　退料单

退料部门：　　　　　　　　　　　　　　　　　　编号：
原领料编号：　　　　　　　　　　　　　　　　　退料日期：　　年　月　日

品名	料号	退料量	实收量	退料原因					
				超领	省料	不适合	品质差	订单取消	其他
备注									

库管员：　　　　　　　　　　　　　　　　　　　退料人：

表 7-31　退换货登记表

审核人：　　　　　　　　　收货人：　　　　　　　　收货日期：　　年　月　日

城市、商场			制单员		制单日期	
联系电话			手机		传真	
品名	产品编码	单价	数量	金额	备注（退换原因）	审核（公司填写）
合计					—	—

注：同类产品放在一起；如是维修品，在“备注”栏内说明；请规范填写。

基于买方市场，企业面临的退货问题越来越多。退货数量的增加不仅影响企业的声誉，还会减少企业的利润。

企业应认识到加强退货管理的重要性，建立高效的退货管理体系。迅速得当处理退货问题，可以提升企业声誉，提高企业生存和发展能力。

第 8 章 包装管理

见此图标 微信扫码
领取本书作者指导音频

包装是为了保护产品、方便储运、促进销售，按一定技术方法并通过适当的容器、材料及辅助物等，将物品包封并予以装潢标志的工作总称，包括包装材料和包装操作。包装的目的及功能，包装与仓储的关系及具体要求，常用包装技术类别及方法，常用包装容器名称、类别及要求，常用包装材料，包装技术分类及具体技术，包装与仓储作业安全事项，物资包装工作流程，主要包装费用类别及支出范围，分别如表 8-1、表 8-2、表 8-3、表 8-4、表 8-5、表 8-6、表 8-7、图 8-1、表 8-8 所示。

8.1 概述

表 8-1 包装的目的及功能

目的	功能
满足消费要求	(1) 宣传、美化。 (2) 便于陈列、识别、选购。 (3) 方便携带和使用
保护商品	(1) 防止物品破损变形。 (2) 防止物品发生化学变化。 (3) 防止腐朽、霉变、鼠虫侵食。 (4) 防止污染。 (5) 防止丢失、散失
有利于物流	(1) 方便运输、装卸、搬运和仓储。 (2) 减少损耗。 (3) 便于核查。 (4) 单元化包装，提高物流效率。 (5) 标准化包装方便流通

表 8-2　包装与仓储的关系及具体要求

包装与仓储的关系	具体要求
包装要适应仓储环境	设计包装前，应充分了解产品的仓储环境条件，必要时还要实地观察和测试，分析环境对包装产品质量及仓储操作带来的不良影响，研究解决方法，正确设计包装材料和包装结构
包装要适应仓储设备及仓储管理	为适应现代物流仓储作业的各种机械化搬运工具和设施，包装件的外形尺寸应与其相配套，使包装成为一个组合装置系统，以便利用各种仓储设施
包装要适应货物的抗压强度	在进行纸条类包装设计时，要充分考虑仓储、运输、制造、设计等因素造成的纸条强度下降，合理确定和计算堆码安全系数，保证仓储堆码安全，提高仓库面积利用率

表 8-3　常用包装技术类别及方法

包装技术类别	方法
充填	（1）充填是将内装物按要求的数量装入包装容器的技术，主要有固体内装物充填法和液体内装物充填法、气体充填法 3 种。 （2）充填技术主要用于销售包装，有时也用于运输包装。 （3）流动性较差的产品常选用带有振动进料系统、螺旋推进系统、真空推进系统的充填机械充填
装箱	（1）装箱技术包括箱盖装入式、裹式、套入式。 （2）箱盖装入式装箱技术是将内装物沿垂直方向装入箱内。 （3）裹式装箱技术是在裹包式装箱机上将末端伸出的裹包材料热压封闭，或用热熔胶封箱，适用于塑料瓶、玻璃瓶、易拉罐等。 （4）套入式装箱技术是将箱子自上而下套在产品上，常用于包装较贵重的大件物资（电冰箱、洗衣机等）
裹包	（1）扭结式，即用一定长度的包装材料将产品裹成圆筒形，接缝处不需要黏结或热封，将开口端向规定的方向扭结。 （2）折叠式，即从卷筒材料上切下一定长度的材料，将材料裹在被包装物上，用搭接方式将其包成桶状，折叠两端并封紧。 （3）裹包技术可以结合收缩包装和拉伸包装技法
封口	产品装入包装容器后封上容器口，分封闭物封口法和黏合封口法
集合包装	将若干包装件或商品组合成合适的运输单元或销售单元，一般采用集装箱、托盘集合包装
调节包装件内气体	（1）真空包装，即将物资装入气密性容器，在容器封口前抽去容器内的空气，使密封容器内基本真空。 （2）脱氧包装，即在密封包装容器中使用脱氧剂除去其中的氧气。 （3）无菌包装，即先将食品和容器分别杀菌并冷却，在无菌室内进行包装和密封。 （4）硅窗气调包装，即在塑料袋上烫接一块硅橡胶窗，通过硅橡胶窗上的微孔调节袋内气体成分

表 8-4　常用包装容器名称、类别及要求

名称	类别及要求
包装袋	包装袋一般由挠性材料制成、韧性高、抗拉、耐磨。包装袋为筒管状结构，一端预先封死，包装结束后再封装另一端，一般进行充填操作。包装袋广泛适用于运输包装、商业包装、内装、外装，可分为以下几种。 （1）集装袋：大容积运输包装袋，多用聚丙烯、聚乙烯、聚酯纤维等纺织而成，盛装重量 1 吨以上物品；顶部一般装有金属吊架或吊环等，便于铲车或起重机吊装、搬运，底部有卸货孔，打开后便可卸货，操作方便；适合用作颗粒状、粉末状物资的运输包装。 （2）一般运输包装袋：大部分由植物纤维或合成树脂纤维纺织而成，或由几层挠性材料构成多层材料包装袋；盛装重量 0.5~100 千克，主要用作粉末状、颗粒状和个体小的物资外包装或运输包装。 （3）小型包装袋：通常由单层材料或双层材料制成，一些具有特殊要求的包装袋也有用多层不同材料复合而成的；承重量较小，适合用作液状、粉末状、块状和异形物等物资的内部包装或商业包装
包装盒	（1）包装盒所采用有一定挠性、不易变形、抗压强度较高的材料。 （2）一般为形状规则的立方体，可根据实际需要制成圆盒状、尖角状等形状。 （3）适合包装块状及各种异形物资，但由于其整体强度及包装量不大，不适合作为运输包装，主要用于商业包装、内包装
包装箱	包装箱结构与包装盒相同，但容积更大，一般由刚性或半刚性材料制成，强度较高且不易变形；整体强度高，抗变形能力强，包装量大，广泛应用于固体杂货的运输包装、外包装，常用的包装箱有以下 4 种。 （1）瓦楞纸箱：瓦楞纸板制成的箱形容器，适合作为运输包装、销售包装、生产资料包装及生活资料包装。 （2）木箱：物资运输中常用的包装容器，用量仅次于瓦楞纸箱，具有防止碰裂、打散、戳穿的性能，有较大的耐压强度，能承受较大负荷，制作方便，能装载多种性质不同的物资，但箱体较重、体积较大，且本身没有防水性。 （3）塑料箱：一般用作小型运输包装容器，自重轻、耐蚀性好、可装载多种物资，整体性强，强度和耐用性亦能达到反复使用的要求，可制成多种色彩以区分不可装载物。与木箱相比，塑料箱没有木刺、不易伤手，便于手握搬运。 （4）集装箱：由钢材或铝材制成的大容积物流装运设备，从包装角度来看，属大型包装箱，亦可归属于运输包装，为可反复使用的周转型包装
包装瓶	包装瓶所用材料有较高的抗变形能力，刚性、韧性要求较高，个别包装瓶在受到外力时可发生一定程度变形，但外力一旦撤除，仍可恢复原来瓶形。其容量一般不大，主要用作液体、粉末状货物的商业包装、内包装
包装罐	包装罐所用的材料强度较高，罐体抗变形能力强，可用于运输包装、外包装，也可用于商业包装、内包装。常见的包装罐主要有 3 种。 （1）小型：外形是典型的罐体，可用金属材料或非金属材料制造，容量不大，一般用于销售包装、内包装。 （2）中型：外形是典型的罐体，容量较大，一般用于化工原材料、土特产的外包装和运输包装。 （3）集装罐：大型罐体，外形有圆柱形、圆球形、椭球形等，分卧式、立式两种，往往设置两个口，一个口装货，一个口卸货，典型的运输包装，适合用于包装液状、粉末状及颗粒状货物

表 8-5 常用包装材料

包装材料	优势	劣势
塑料	具有质轻、强度和弹性多样、折叠及封合方便、防水防潮、防渗漏、易于成形、可塑性与气密性好、防震、防压、防碰撞、耐冲击、化学稳定性能好、易着色、可印刷、成本低等特点	难于降解，易造成环境污染
纸和纸制品	具有轻便、无味无毒、卫生性好、强度适宜、易于黏合印刷、便于机械化生产、不会造成公害、取材容易、价格低廉等特点	撕破强度低，易变形
木材	具有强度高、坚固、耐压、耐冲击、化学及物理性能稳定、易于加工、不污染环境等特点	来源较少
金属	结实牢固、耐碰撞、不透气、不透光、不透水、抗压、机械强度优良	来源较少，成本较高
复合材料	主要有塑料与纸、塑料与铝箔、塑料与铝箔及纸、塑料与玻璃、塑料与木材等，有更好的机械强度、气密性，防水、防油、耐热或耐寒、易加工	成本较高
纤维材料	强度大、轻便、耐腐蚀、易清洗、不污染商品和环境、便于回收利用	
其他（树条、竹条等）	可就地取材，成本低廉、透气性好	

表 8-6 包装技术分类及具体技术

包装技术分类	具体技术
普通技术	（1）合理置放、固定、加固内装物。 （2）压缩蓬松产品。 （3）合理选择外包装的形状尺寸。 （4）包装外的捆扎。 （5）打包。 （6）收缩薄膜包装、拉伸薄膜包装
防震技术	（1）全面缓冲包装技术。 （2）现场发泡缓冲包装技术。 （3）部分缓冲包装技术。 （4）悬浮式缓冲包装技术
防潮技术	（1）产品在包装前必须是清洁干燥的，温度不高于 35℃，相对湿度不大于 75%，温度不应剧烈变化，避免发生凝露现象。 （2）防潮阻隔性材料应具有平滑均一性、无针孔、沙眼、气泡、破裂现象。 （3）产品在进行防潮包装的同时需要进行其他防护。 （4）若产品有尖突部位，可能损伤防潮包装隔层，要预先采取包扎措施。 （5）为防止在运输途中受到震动冲击，使货物发生位移摩擦，可能损伤防潮包装隔层，应该采用缓冲衬垫予以卡紧、支撑、固定，可放在防潮包装隔层的外部。 （6）尽量缩小货物的体积和防潮包装的总面积、总体积。 （7）尽量做到连续作业，一次完成；若中间中断作业，要采取临时防潮保护措施

（续表）

包装技术分类	具体技术
防破损技术	（1）缓冲包装。 （2）捆扎及裹紧技术。 （3）集装技术
防锈技术	（1）控制作业场所的温湿度，最好在低温度、低湿度、无尘、清洁环境中包装。 （2）使包装内部所容纳空气的容积最小，减少潮气、有害气体、尘埃的影响。 （3）尽量不要沾上指纹，否则用清除剂处理掉。 （4）要特别注意产品是否有尖凸部位或破损，否则预先采取包扎固定措施
防霉防腐技术	采用耐低温包装、防潮包装、高密封包装
防虫技术	在包装中放入驱虫剂，利用药物杀灭和驱除各种害虫
真空和充气技术	一般肉类食品及易氧化变质商品采用真空和充气技术，可减少脂肪氧化和抑制细菌生长

表 8-7　包装与仓储作业安全事项

作业安全事项	内容
仓库堆垛对包装有强度要求	仓库允许堆叠高度与商品抗压强度之间的关系 $M=\alpha\omega\ (H/h-1)$ 其中， M——最下层容器承受的货物质量，单位为千克； α——安全系数，通常取3~5，木箱为3，瓦楞纸箱为5； ω——货物的重量，单位为千克； H——仓库的可堆叠高度，单位为米； h——包装容器的高度，单位为米
包装结构与堆垛稳定性的关系	（1）设计包装结构时，要使荷重均匀地分布在底面上。 （2）在容器的上表面不应有凸起物和起鼓，应与上面所堆叠的容器底面成平面接触。 （3）如果商品本身有偏重，应该在容器的外面制作明显标志。 （4）明确表示堆垛的方向。 （5）在选择包装材料和进行包装结构设计时，要使容器具有承受高层堆叠的强度
实际环境对包装的影响	（1）仓库位置影响：离海岸近的仓库，仓储物品易受到盐分作用而生锈，一定要注意防锈；潮湿甚至被水浸泡的地方，要注意干燥通风。 （2）仓库规模与设备对包装形态的影响：自动化程度高的仓库，能够把仓库的设备和包装、运输结合为一个整体，入库前，注意货物包装的尺寸标准化，并和托盘或容器的尺寸相匹配。 （3）装卸作业对包装结构的影响：堆叠层数不能高于规定的极限层数；遵守包装容器上的包装储存图示；不得从垫板或运载托盘上抽出货物进行堆叠；在货物高层堆叠时，隔一定层数要使用托盘垫底，并适当码花垛，以保证堆垛的安全与稳定。 （4）湿度对于包装容器强度的影响：如果储存条件不好，瓦楞纸箱受潮，就会使包装强度降低、箱体膨胀，导致堆放的货物失去稳定性，有坍塌的风险

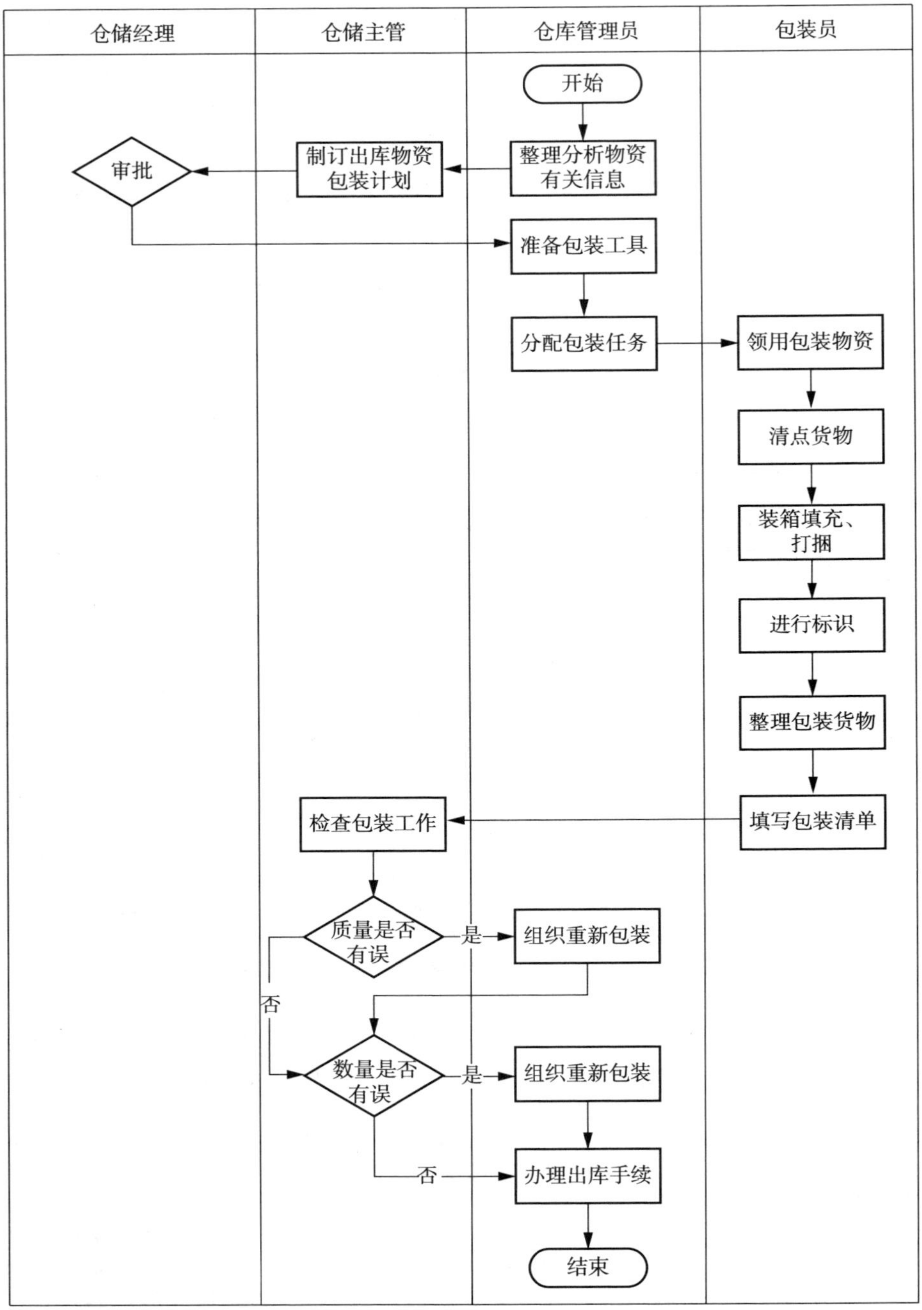

图 8-1　物资包装工作流程

表 8-8　主要包装费用类别及支出范围

费用类别	支出范围
包装材料费用	物资包装过程中材料耗费支出
包装机械费用	包装过程中使用包装机械（工具）发生的购置费用支出、日常维护保养费支出以及每个会计期间终了计提的折旧费用
包装技术费用	包装时所采用的技术（缓冲包装、防潮包装和防霉包装等）的设计实施支出费用
包装辅助费用	包装时各种辅助工作（印刷包装标志、贴标签等）发生的费用
人员劳务费用	包装过程中，对作业人员发放的计时工资、计件工资、奖金、津贴和补贴等各项费用支出

8.2　包装标志

8.2.1　包装储运标志

《包装储运图示标志》（GB/T 191—2008）、包装储运标志尺寸、包装储运标志颜色及使用要求分别如图 8-2、表 8-9、表 8-10 所示。

图 8-2　《包装储运图示标志》（GB/T 191—2008）

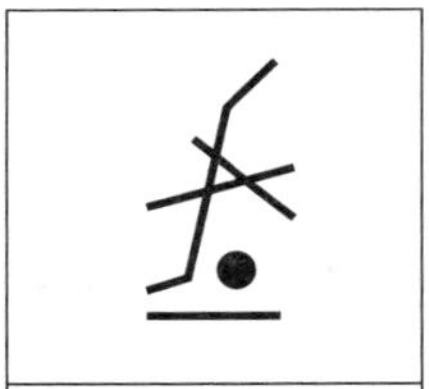

此面禁用手推车

提示搬运货物时此面禁止放在手推车上

禁用叉车

提示不能用升降叉车搬运的包装件

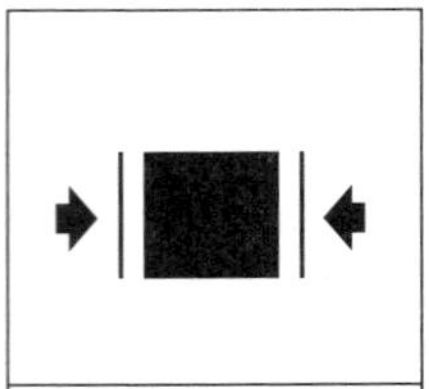

由此夹起

提示搬运货物时可用夹持的面

此处不能卡夹

提示搬运货物时不能夹持的面

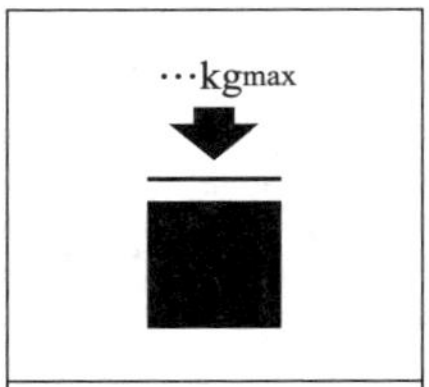

堆码质量极限

提示该运输包装件所能堆码最大质量极限

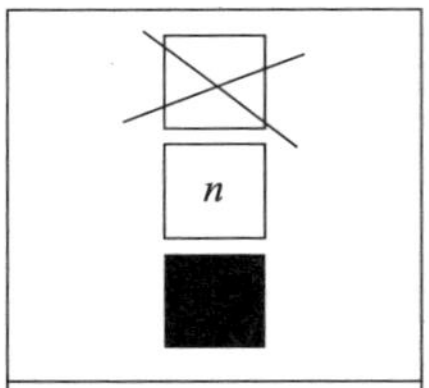

堆码层数极限

提示可堆码相同运输包装件的最大层数

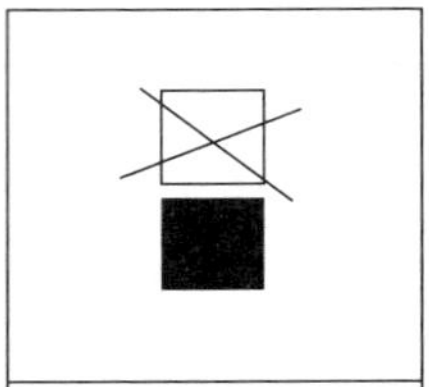

禁止堆码

提示该包装件只能单层放置

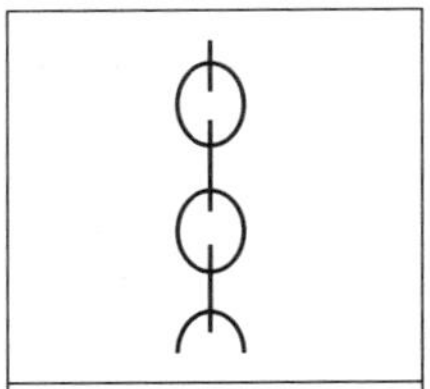

由此吊起

提示起吊货物时挂绳索的位置

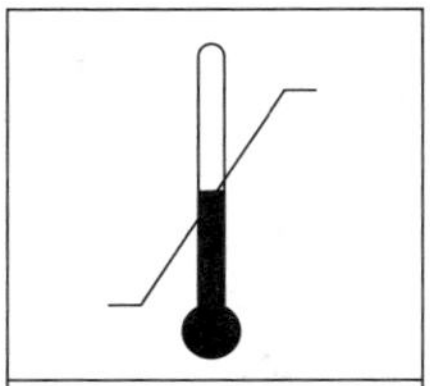

温度极限

提示该运输包装件应保持的温度范围

图 8-2　《包装储运图示标准志》（GB/T 191—2008）（续）

表 8-9　包装储运标志尺寸

序号	长（毫米）	宽（毫米）
1	70	50
2	140	100
3	210	150
4	280	200

注：如遇特大或特小的运输包装件，标志的尺寸可以适当扩大或缩小。

表 8-10 包装储运标志颜色及使用要求

标志颜色	使用要求
包装储运标志的颜色为黑色，但当包装的颜色使黑色标志显得不清晰时，应在印刷面用适当的对比色；一般避免采用易同危险品标志相混淆的颜色，如红色、橙色、黄色，且最好以白色作为标志图示的底色	（1）仓库管理员需根据实际需要，采用印刷、粘贴、拴挂、钉附及喷涂等方法使用标志。 （2）商品包装件上使用相同标记的数目，应根据包装件的尺寸和形状决定。 （3）位置：箱类包装位于包装端面或侧面；袋类包装位于包装明显处；桶类包装位于桶身或桶盖；集装单元货物位于集装箱四个侧面

8.2.2 危险货物标志

《危险货物包装标志》（GB 190—2009）、危险货物包装标志尺寸、危险货物标志使用要求、危险品货物包装六大要求分别如图 8-3、表 8-11、图 8-4、图 8-5 所示。

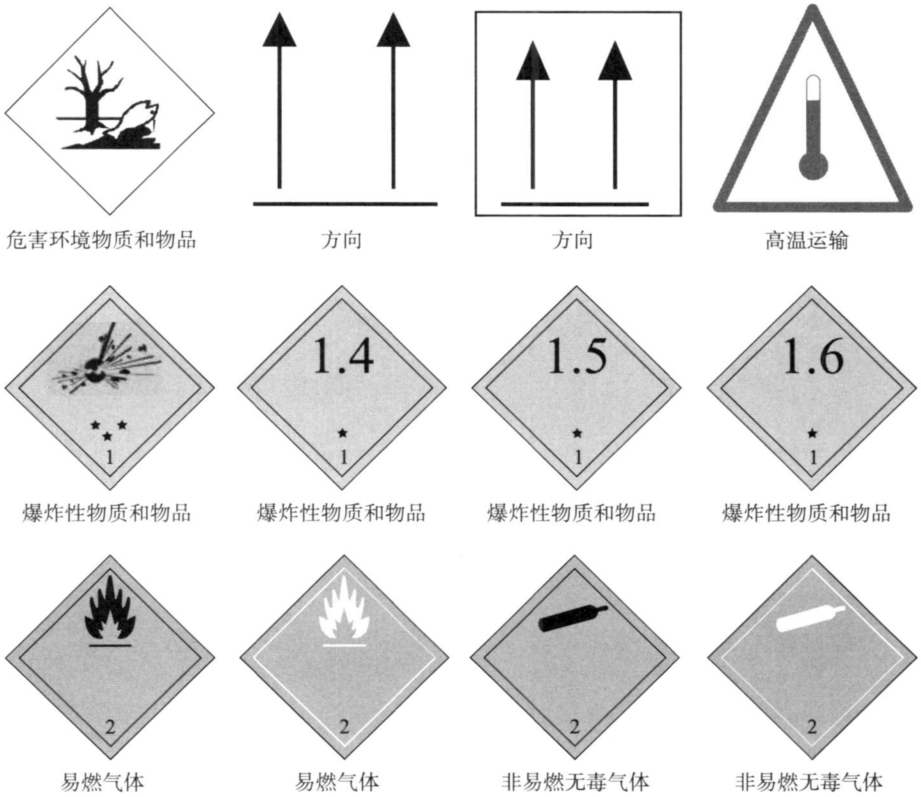

图 8-3 《危险货物包装标志》（GB 190—2009）

毒性气体

易燃液体

易燃液体

易燃固体

易于自燃的物质

遇水放出易燃气体的物质

遇水放出易燃气体的物质

氧化物性质

有机过氧化物

有机过氧化物

毒性物质

感染性物质

一级放射性物质

二级放射性物质

三级放射性物质

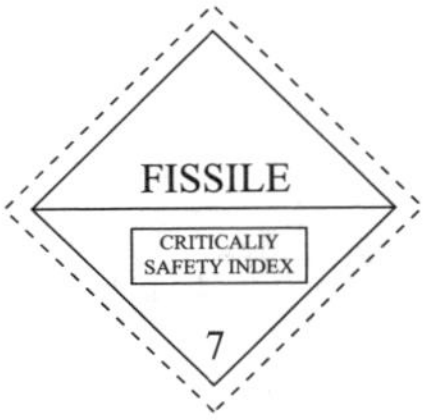

裂变性物质

腐蚀性物质

杂项危险物质和物品

图 8-3 《危险货物包装标志》（GB 190—2009）（续）

表 8-11 危险货物包装标志尺寸

序号	长（毫米）	宽（毫米）
1	50	50
2	100	100
3	150	150
4	200	200

注：如遇特大或特小的运输包装件，标志尺寸可按规定适当扩大或缩小。

01 每种危险品包装件应按其类别粘贴相应标志，但若某种物质或物品还有属于其他类别的危险性质，包装上除了粘贴该类标志作为主标志外，还应粘贴表明其他危险性的标志作为副标志

02 标志需位于箱状包装端面或侧面的明显处，桶形包装的桶身、桶盖，集装箱的四个侧面

03 根据实际需要采用粘贴、钉附及喷涂等方法

04 标志应该清晰，并保证在货物储运期内不脱落

图 8-4 危险货物标志使用要求

A 包装材料的材质、规格和包装结构应与所装危险货物的性质和重量相适应；包装材料不得与所装货物产生危险反应或削弱包装强度

B 充装液态货物的容器至少留有5%的余量

C 液态危险货物要气密封口；对须装有通气孔的容器，其设计和安装应能防止货物流出和杂质、水分进入；其他危险货物包装应严密不漏

D 包装应坚固完好，能抗御运输、储存和装卸过程中正常的冲击、振动和挤压，并便于装卸和搬运

E 包装的衬垫物不得与所装货物发生反应而降低安全性，应能防止内装物移动和起到减震及吸收作用

F 包装表面应保持清洁，不得黏附所装物质和其他有害物质

图 8-5 危险品货物包装六大要求

8.3 常用表单

表 8-12 出库物资包装检查表

编号： 检查日期： 年 月 日 检查员：

出库物资名称		形式规格	
检查方式			
包装是否与合同要求相符	□是 □否	备注	
包装是否破损			
包装是否变形			
包装标志是否清晰			
产品是否损坏			
防护是否有效			
配件是否散落			
检查结果	□可以投入使用 □不可投入使用 □须改进后使用		
改进措施			

表 8-13 包装费用分析表

费用项目	费用	备注
直接包装费		
直接材料费		
直接人工费		
直接经费		
变动间接费		
电费		
燃气费		
水费		
变动成本合计		
固定间接费		
折旧费		
维修费		
管理人员工资		
固定包装费合计		
合计		

表 8-14 货物包装记录表

品名	批号：	包装规格：		包装数量：		包装员：		日期：		班次：
包装操作	操作内容	包装材料						操作者	质量检查	检查人
		名称	领入数	实用数	损耗数	退还	偏差			
	装小盒									
	装瓶									
	贴标签									
	装说明书									
	装中盒									
	贴封口签									
	装合格证									
	装外箱									
	本批包装总数					包装箱批号及数量				
备注										

产品包装直接影响消费者对产品的视觉体验，是产品个性的直接和主要传递者，是企业形象定位的直接体现。好的包装设计是企业创造利润的重要手段。策略定位准确、符合消费者心理的产品包装设计，可帮助企业在众多竞争品牌中脱颖而出，赢得声誉、提高销量。

第9章 装卸搬运

见此图标 微信扫码
领取本书作者指导音频

装卸是在指定地点以人力、机械把物品装入运输设备或卸下，以垂直位移为主。搬运是在同一场所内（仓库、车站、码头），对物品进行以水平移动为主的短距离物流作业。

9.1 概述

装卸搬运活动作业量大、方式复杂、作业不均衡，对安全要求较高。装卸搬运在物流作业中起着承上启下的作用，对物流发展和效益增加意义重大。装卸搬运作业规则及要求，装卸搬运系统设计流程，搬运路线类型，货物活性指数，装卸搬运基本要求、安全要求与工作程序，装卸搬运作业管理流程，入库卸货作业管理流程，出库装车作业管理流程，常见装卸搬运方法，搬运优化的因素、目标、措施及改善方法，分别如表9-1、图9-1、图9-2、图9-3、表9-2、图9-4、图9-5、图9-6、表9-3和表9-4所示。

表9-1 装卸搬运作业规则及要求

规则	要求
距离最小	力求使商品流动距离最短，避免大批货物长距离搬运
量大优先	货物流量大的相关设施，就近布局
标准作业	使用标准托盘及相应设施，提高搬运效率
简化作业	减少搬运次数，简化搬运步骤，力争一步到位
连续作业	物资搬运时做好衔接，不发生或少发生停顿、等待，避免迂回、交叉和倒流
利用重力	利用高度差、采用滑道等方法搬运，同时防止产品磕碰和人员伤害
提高活性	活性指数反映物资搬运的难易程度，应适度提高
人体工程	搬运设备等的设计和布置满足人体工程学要求
关注安全	在易磕碰部位进行适当防护，保障员工及物资安全
使用机械	根据吞吐量、搬运距离和资金条件，合理配备搬运设备，强调系统配套性
合并配送	合并车辆减少运输次数，提高装载率
科学选址	寻找适用的中转仓库或配送中心，降低搬运量

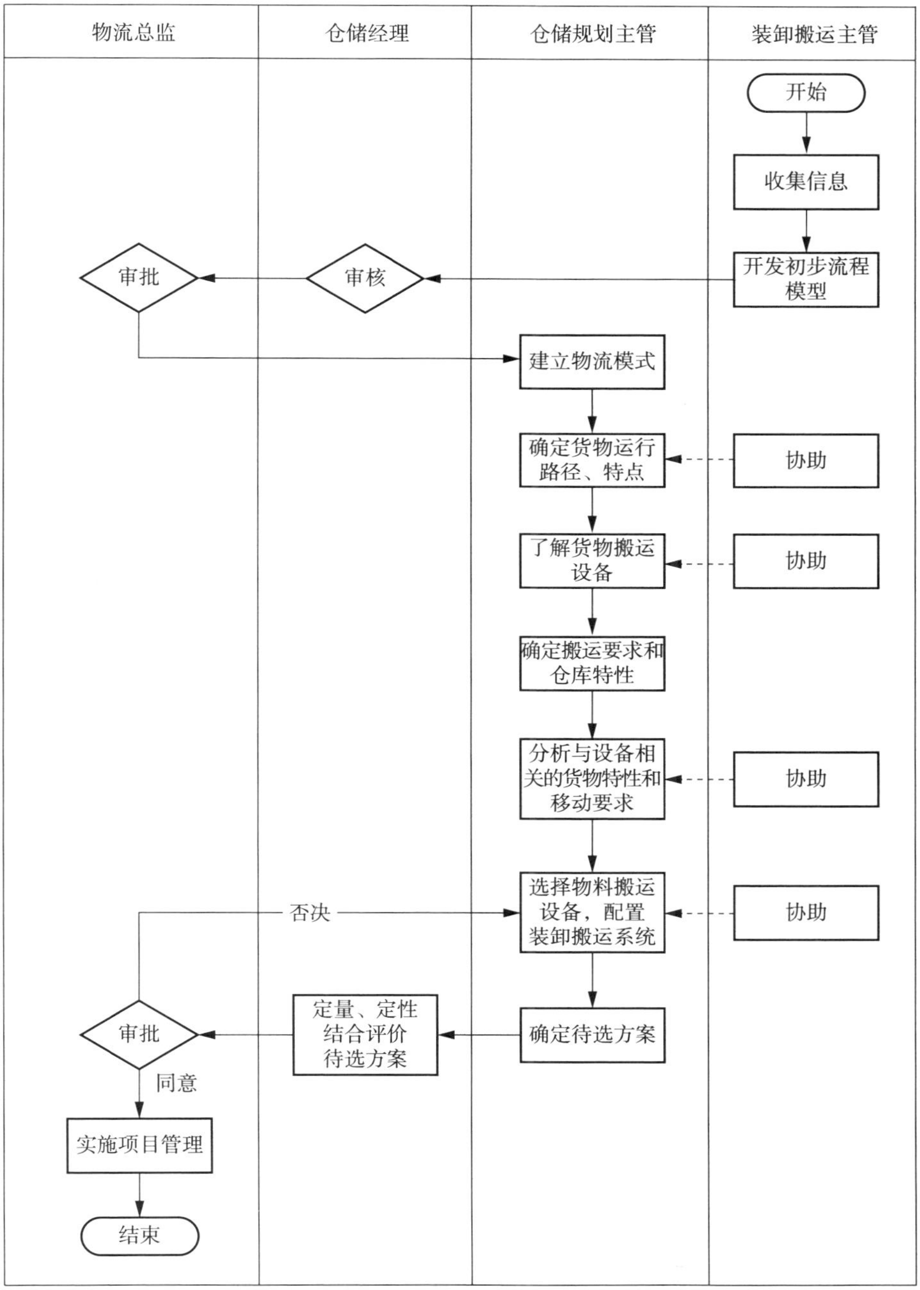

图9-1　装卸搬运系统设计流程

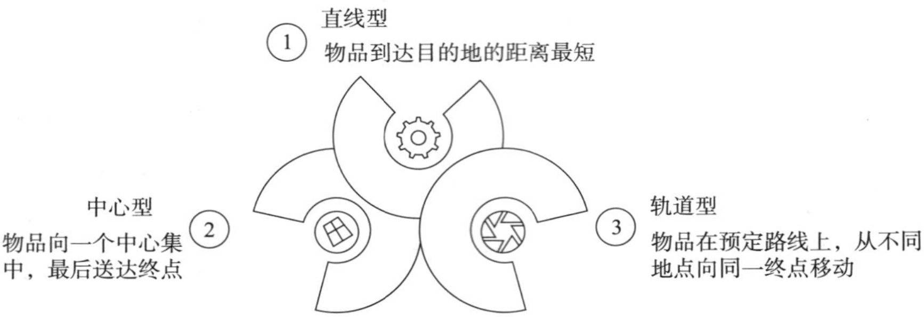

图 9-2　搬运路线类型

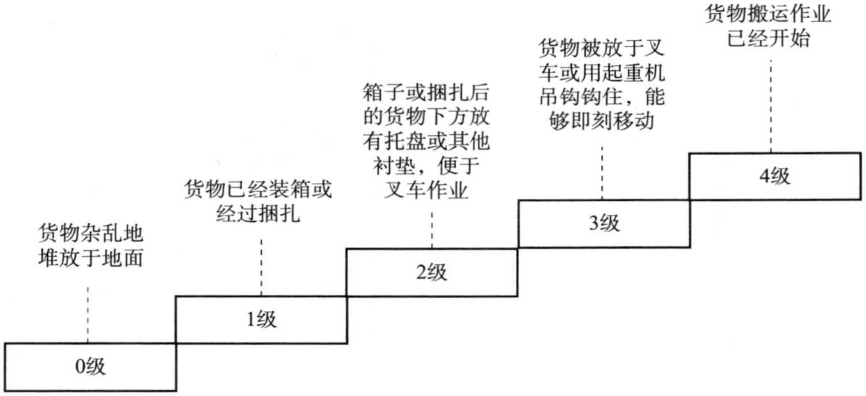

图 9-3　货物活性指数

表 9-2 装卸搬运基本要求、安全要求与工作程序

项目	内容
基本要求	(1) 作业前认真检查所用工具是否完好可靠，是否超负荷。 (2) 搬运时轻拿轻放、重不压轻、大不压小、堆放平稳。堆放物不可歪斜，高度适中，易滑动件用木块垫塞。 (3) 搬运易燃、易爆物品时严防震动、碰撞、重压、滚摔、摩擦、拖拉、倾斜和倒置，在可能产生或积聚静电的设备上安装接地装置，不使用能够产生火花的工具。 (4) 搬运怕热、怕潮危险品时采取防护措施，在腐蚀性商品附近设置水池或冲洗设备。 (5) 车辆装运货物时不超载、超高、超长、超宽，否则须提供保护措施，设置明显标志。车辆行驶时，人员不准站立在货物和前栏板之间，车未停妥不得上下。 (6) 车辆装卸易燃、易爆品时，有排气管的一侧不准靠近货物。雷雨天气时禁止装卸易燃油料。 (7) 危险品严禁与其他货物混装。 (8) 装车时随行人员要注意站立位置。 (9) 装卸场地须平坦，道路畅通。夜间装卸时，要提供亮度足够的安全照明设备。 (10) 搬运场地内不得吸烟
安全要求	(1) 如使用跳板，应坚实牢固，并有防滑措施，跳板坡度不应大于 1∶3。 (2) 根据工作需要配给员工披肩、垫肩、手套、口罩、眼镜、面具等防护用品。 (3) 经常进行搬运装卸作业的场所，应设有工人休息室，并供应足够的饮料（水），准备简单的医药急救设备。 (4) 从事搬运装卸的工作人员每连续工作 2 小时，要有不少于 10 分钟的休息间歇时间。 (5) 放射性物质的搬运装卸，应采用机械作业。 (6) 化学性质、防护或灭火方法相互抵触的化学危险品，不得混合装运
工作程序	(1) 搬运重物前，采取必要的个人防护措施，如佩戴手套、口罩、安全帽，穿防砸、防滑鞋，衣着要全体、轻便。 (2) 检查物体上是否有钉子、尖片，是否松动易滚，并提前处理。 (3) 靠近物体蹲下，缓慢平稳地将物体搬起，不要突然猛举或扭转躯干（高血压患者尤其注意此项）。 (4) 使用手掌紧握物体，不可只用手指抓握。 (5) 重物先放于半腰高的工作台或适当地方，调整好手掌位置再搬起。 (6) 传送重物时要移动双脚而不是扭转腰部，需同时提起和传递重物时脚先指向欲搬运的方向。 (7) 搬运重物时，要特别小心工作台、斜坡、楼梯及一些易被绊倒、滑倒的地方，重物的高度不要超出人的视力范围。经过门口时确保门的宽度足够重物通过，以防撞伤或擦伤手指。 (8) 两人或两人以上一起搬运重物时，应由一人指挥，保证步调一致，同时提起或放下重物。 (9) 用小车推、拉重物时，重物要在人的前方。 (10) 作业完毕后，需要苫盖、绑扎、上锁、封闭，防止运输途中货物滚动掉落或码垛倾斜坍塌

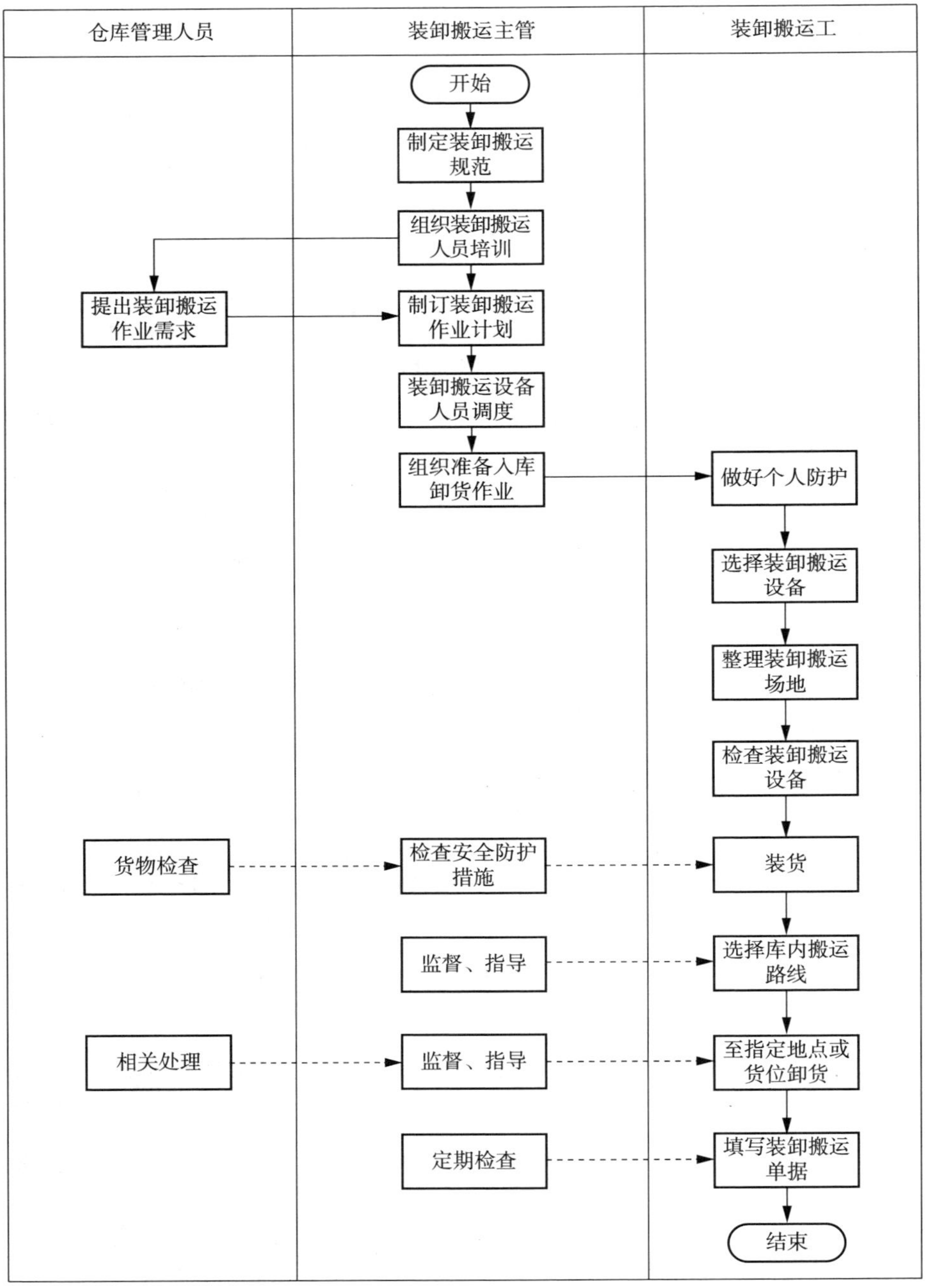

图 9-4　装卸搬运作业管理流程

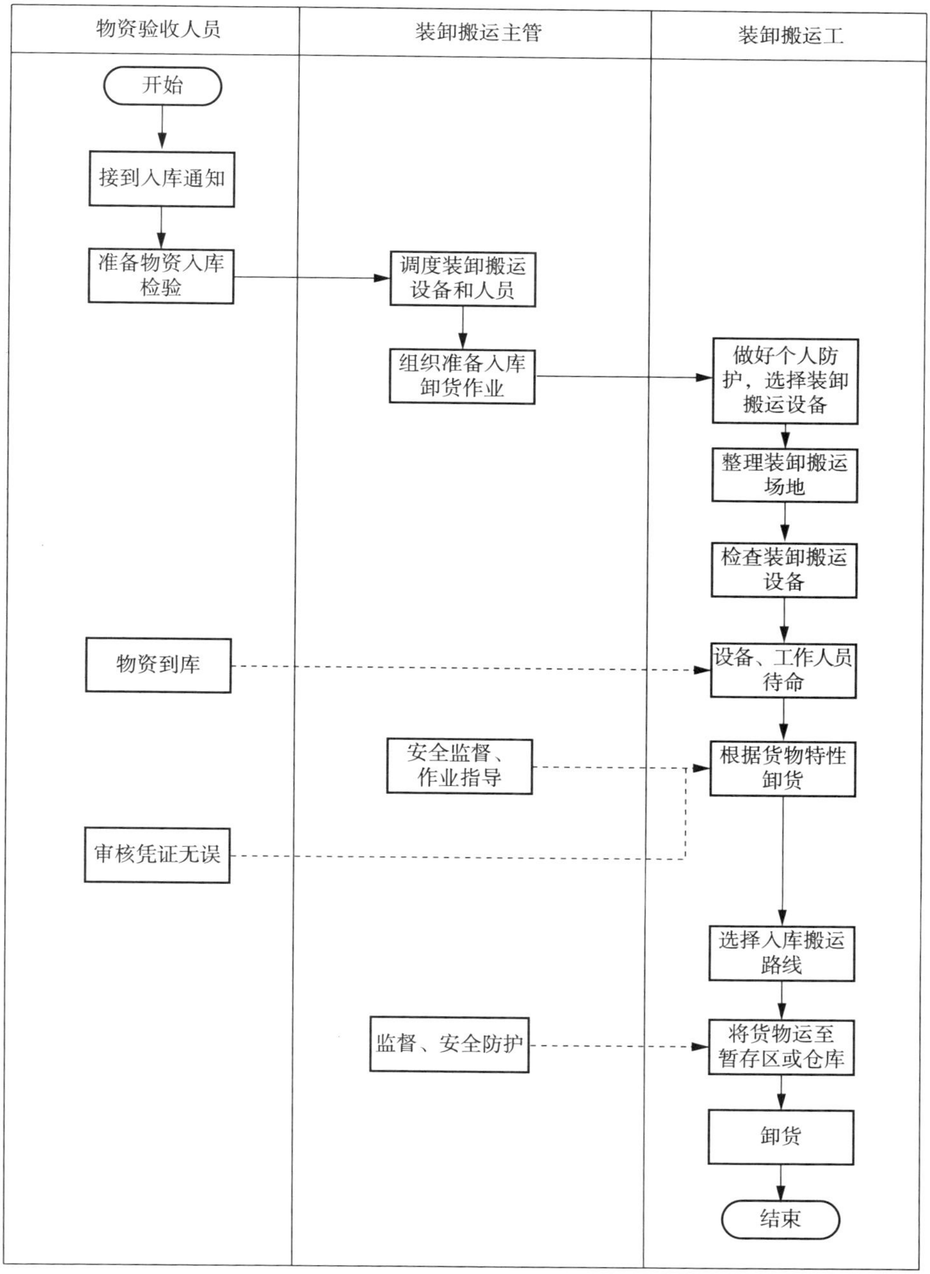

图 9-5　入库卸货作业管理流程

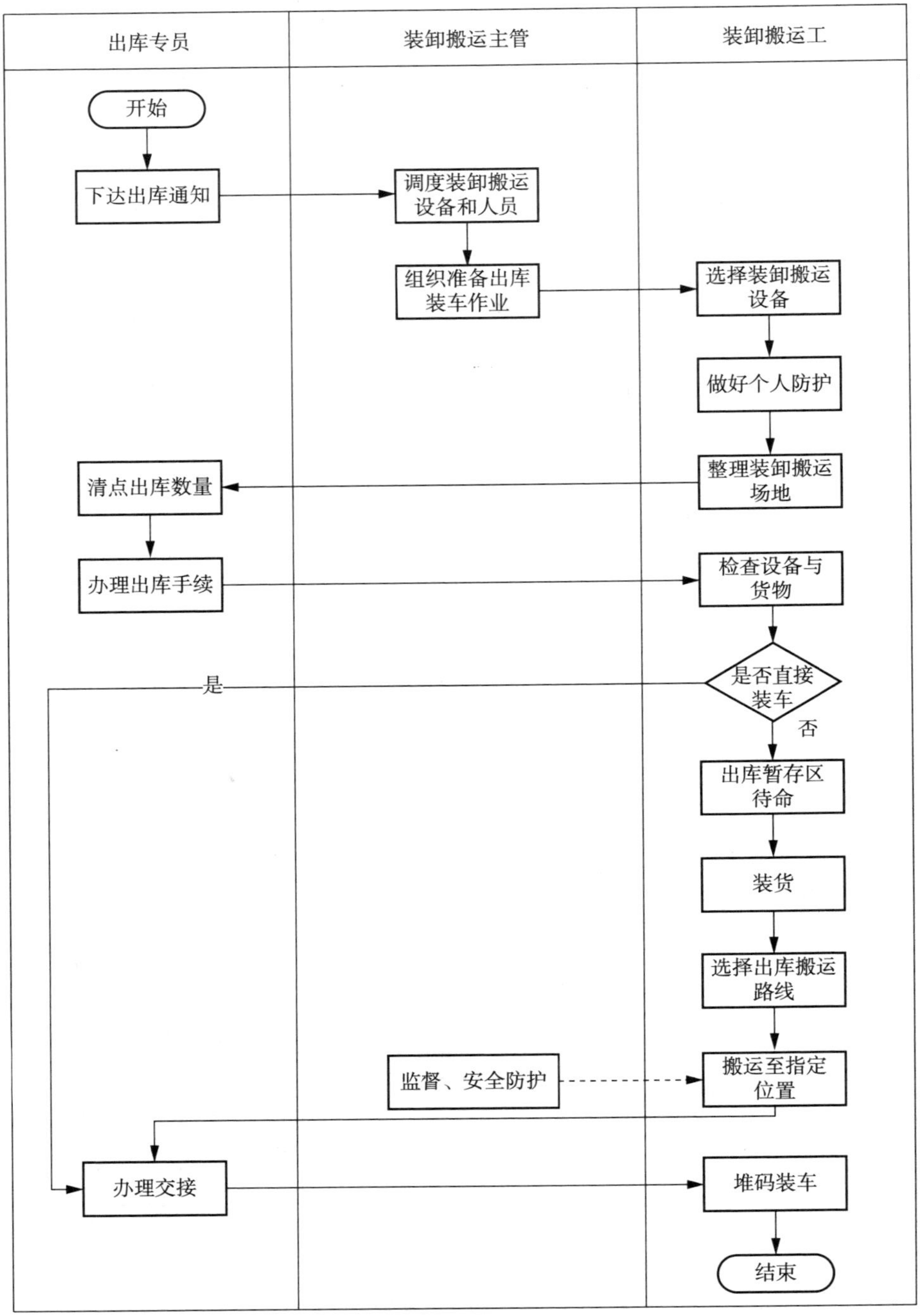

图 9-6　出库装车作业管理流程

表 9-3 常见装卸搬运方法

分类依据	装卸搬运方法	具体描述
作业对象	单件逐件作业	单件、逐件的装卸搬运，一般为人工作业方式
	集装作业	先将货物集装化，再进行装卸搬运的方法，主要包括四种。 （1）集装箱作业：港口车站用轨道式龙门起重机、叉车、装卸机等作业。 （2）托盘作业：托盘和叉车协同作业。 （3）单元装卸：用托盘、容器、包装小件或散装物品集成一定质量或体积的组合件，以便利用机械进行作业的装卸方式。 （4）滑板作业和集装袋作业
	散装作业	采用专门机械、器具对散装物进行装卸搬运的方法
作业工具	集装箱作业	以集装箱为基本工具进行装卸搬运的方法
	托盘作业	零散的货物用托盘进行标准化集装，货物在流通过程中，始终以托盘作为货物的装卸、搬运、运输、存储和保管单元的动态装卸方法
	网、袋作业	采用多种合成纤维与人造纤维编织布制成的集装袋集装进行装卸搬运的方法
	货捆作业	用捆装工具将散件货物捆成一个货物单元，使其在流通过程中保持不变的作业方法
	滑板作业	滑板由纤维板、纸板、塑料板或金属板制成，与托盘尺寸一致，带翼板，用以承放货物组成搬运单元
作业方式	倾翻	将运载工具的载货部分倾翻，使货物卸出的方法
	气力输送	利用风机在管道内形成气流，依靠气体的动能或压差来输送货物的方法，这种方式设备简单、劳动条件好、货物损耗少，但消耗功率较大、噪声较高
	机械	工作机械直接作用于货物，用舀、抓、铲等作业方式，达到装卸目的的方法
装卸搬运机械	吊上吊下	起重机械从货物上部起吊，依靠起吊装置的垂直移动实现装卸，同时在吊车运行或回转的范围内实现搬运或依靠搬运车辆实现搬运的方法
	叉上叉下	叉车从货物底部托起货物，通过叉车的运动进行货物位移
	滚上滚下	港口装卸的一种水平装卸方法，即利用半挂车、叉车或汽车承载货物，车辆连同货物一起上船，到达目的地后再从船上开下
	移上移下	货物水平从一辆车推移到另一辆车上的方法
	散装散卸	货物从装点直到卸点，中间不落地，集装卸与搬运于一体的方法
被装物的运动形式	垂直装卸	货物做垂直运动的装卸搬运方法
	水平装卸	货物做水平运动的装卸搬运方法

（续表）

分类依据	装卸搬运方法	具体描述
装卸搬运作业特点	间歇装卸	有较强的机动性，装卸地点变动范围较大，适用于货流不固定的货物，尤其适用于包装货物、大件货物，散粒货物也可采取此种方法
	连续装卸	同种大批量散装或小件杂货通过连续输送机械，不间断地作业，货物之间无间隔。在装卸量较大、装卸对象固定、货物对象不易形成大包装的情况下适用此种方法

表 9-4　搬运优化的因素、目标、措施及改善方法

因素	目标	措施	改善方法
搬运对象	减少总重量、总体积	减少重量、体积	调整库房布局、合并相关作业，降低搬运量
			消除重复、无意义的搬运作业
			选用适宜的包装材料
		搬运系统优化	应用搬运系统分析（System Handling Analysis，SHA）①、6W1H 等分析技术，精简搬运环节
搬运距离	缩短搬运距离	减少回程	调整库房布局，降低搬运量
		回程搭载	依据各网点相关性调整布局，实现循环、往复搬运
		缩短距离	调整库房布局，实现直线化、平面化搬运
		减少搬运次数	货物单元化、集装化（托盘化）
			利用大型搬运机
搬运空间	缩小搬运所用空间	缩小搬运空间	调整库房布局，充分利用三维空间
		缩小移动空间	选择占用空间少、无须太多辅助设施的设备，降低回转空间需求
搬运时间	缩短搬运时间	缩短搬运时间	利用高速设备，或连续作业
		减少搬运次数	利用大型搬运机增加单次搬运量
搬运手段	提高效率	增加搬运量	利用大型搬运机或高速设备
			利用输送带等连续设备
			工序流水线运作，消除拥挤、阻塞和紊乱情况
		减少劳动力	使用斜槽、滚轮输送带等重力设备

① 由美国理查德·缪瑟博士提出的一种系统分析方法，适用于物料搬运项目。

9.2 常用设备

装卸搬运常用设备，起重机械安全规程及其他相关规定分别如表 9-5、表 9-6 所示。

表 9-5 装卸搬运常用设备

设备名称	具体情况
两轮或四轮手推车	适用于短途搬运物资。优点是灵活、方便、容易操作、回转半径小、储放空间小，载荷可达 300 千克；缺点是人力推动、轴承易坏
插腿式手动液压车	应用广泛，可配合托盘使用，也可以单独使用。灵活，载荷可达 3000 千克，可人力推动或电动驱动行走，需经常保养
托盘	集装、堆放、搬运和运输的单元，使静态货物转变为动态货物的一种载货平台
叉车	（1）叉车属于机动车辆，操作员需经过上岗培训取得操作证才能驾驶。 （2）内燃柴油车易污染空气，不利于保护环境，适合室外作业；适应性强、维修方便，可连续作业 24 小时以上。 （3）电瓶叉车无污染、环保，适合室内作业，可连续使用 15 小时左右；上下楼、走缓坡或电梯都不安全，不建议叉车上楼
手动堆垛装货机	工作效率高、成本低、灵活方便，配合托盘使用，单人可完成 3000 千克货物装车，举升高度为 1.5 米
货架型平台备货车	可按需定制，侧面可以放备货单、手推车，适合分拣作业和库房内运送散装货物，载荷 500 千克
起重机	主要有绞车、葫芦、桥式起重机、门式起重机和特种起重机等类型，选择何种类型的起重机应考虑以下几点。 （1）起重物的重量、外形。 （2）工作场地的条件（长、宽、高，室内、室外）。 （3）作业级别（工作频繁程度、负荷情况）。 （4）每小时生产率
输送机	可按电力、重力、滚轴、皮带输送机进行分类，可连续不断地沿同一方向输送散料或轻的单件，生产效率高，广泛应用于出入库和分拣作业
手推车	适合分拣理货人员从高处取放货物情形
包装周转箱	塑料制成，可循环使用，有利于降低成本；但不易控制，容易丢失
传送带	不需人与货同步移动，可提高作业频率
集装箱	（1）按所装货物种类可分为杂货集装箱、散货集装箱、液体货集装箱、冷藏箱集装箱等。 （2）按制造材料可分为木集装箱、钢集装箱、铝合金集装箱、玻璃钢集装箱、不锈钢集装箱等。 （3）按结构可分为折叠式集装箱、固定式集装箱等。 （4）按总重可分为 30 吨集装箱、20 吨集装箱、10 吨集装箱、5 吨集装箱、2.5 吨集装箱等

表 9-6　起重机械安全规程及其他相关规定

安全规程	其他相关规定
（1）起重机械的金属结构、主要零部件、电气设备、安全防护装置及使用、管理符合《起重机械安全规程》。 （2）在起重机械的明显部位，应有超负荷显示仪，司机室内应有注明起重机械技术参数和工作特性的标示牌。 （3）在起重机械安装过程中必须严格进行质量检验，安装后须经试运行和验收合格方可使用。 （4）起重机械必须有可靠的过卷限位装置。 （5）轨道式起重机械的运行机构，必须有行程限位开关、缓冲器，轨道端部应有止挡或立柱。 （6）在有可能被起重机械构件碰撞发生事故的区域内作业时，必须事先与有关人员联系，并认真做好监护工作	（1）烟雾太大，视线不清或信号不明时，不得进行作业。 （2）不准斜拉斜吊、拖拉物体、吊拔埋在地下且起重量不明的物体。 （3）被吊物体不准从人体上方通过，吊离地面的物体上不得有人，不得在吊起后进行捆绑。 （4）不准利用极限位置限制器停车。 （5）起重机械工作时，吊钩与滑轮之间应保持一定距离，防止过卷。 （6）在同一轨道上有多台起重机械运行时，相邻两台起重机械的凸出部位的最小水平距离不得小于 2 米，两层起重机械作业时，下层服从上层。 （7）吊运物件时禁止调整制动器，制动垫磨损超过一半时，应进行更换。 （8）起重机械吊钩达到最低位置时，卷筒上的钢丝绳不得少于 3 圈。 （9）不准用电磁盘吊物件。 （10）工作人员必须在指定地点上下起重机械，严禁在轨道旁行走。 （11）禁止用一台起重机械跨越另一台起重机械，禁止用一台起重机械碰撞移动另一台起重机械。 （12）应特别注意起重机械在不同操作条件下的额定起重量，额定起重量是起重机操作中不允许超过的极限值。 （13）除标准规定的检验项目和周期外，使用单位应经常性进行检查维护，每次检查、保养和维修，尤其是国家标准规定的检查内容应做好记录并存入档案

9.3　常用表单

表 9-7　物资搬运分析表

搬运物资名称	物资性质			搬运方式	包装形式	容器尺寸			单位重量	形状描述	搬运等级	备注
	普通物品	精密物品	危险物品			长	宽	高				

表 9-8 装卸搬运费用表

编号： 填写日期： 年 月 日

<table>
<tr><th rowspan="2">部门</th><th rowspan="2">人事费</th><th rowspan="2">折旧费</th><th rowspan="2">材料费</th><th rowspan="2">修缮费</th><th rowspan="2">动力及燃料费</th><th rowspan="2">其他</th><th rowspan="2">小计</th><th colspan="3">搬运费</th><th rowspan="2">合计</th></tr>
<tr><th>日搬运吨数</th><th>每吨搬运价格</th><th>小计</th></tr>
<tr><td></td><td></td><td></td><td></td><td></td><td></td><td></td><td></td><td></td><td></td><td></td><td></td></tr>
<tr><td></td><td></td><td></td><td></td><td></td><td></td><td></td><td></td><td></td><td></td><td></td><td></td></tr>
<tr><td></td><td></td><td></td><td></td><td></td><td></td><td></td><td></td><td></td><td></td><td></td><td></td></tr>
<tr><td></td><td></td><td></td><td></td><td></td><td></td><td></td><td></td><td></td><td></td><td></td><td></td></tr>
</table>

表 9-9 货物中转记录表

中转站： 填写日期： 年 月 日

托运单位		承运单位	
接货日期	年 月 日	起运地	
转发日期	年 月 日	目的地	
货物名称			
货物类别			
货物数量×单价			
发货金额			
中转情况记录			

表 9-10 入库卸车记录表

序号	物资到库时间	入库凭证号	入库物资简要信息	卸车责任人	备注

表 9-11 出库装车记录表

序号	出库单号	出库专员	出库物资简要信息	装车责任人	备注

装卸搬运是不可缺少的物流环节，其频率高于其他物流活动，且耗时，是决定物流速度的关键因素。装卸搬运作业所消耗的人力多，费用成本占比大，在实际工作中应特别关注装卸搬运方式、方法的优化，以降低成本、避免资源的浪费。

第10章 配送管理

配送是仓储物流管理的最后环节，仓储管理人员应掌握配送的运输方式、路线优化原则及危险品运输须具备的条件。同时，应了解并掌握物资配送中常用的文件、表单处理。

10.1 概述

配送有两层含义：一是配货，指把用户需要的不同商品组合在一起；二是送货，指把用户需要的商品送到客户手中。配送的环节、含义、作用、分类标准、类别、分类指标及计算公式分别如表10-1、表10-2、表10-3所示。

表10-1 配送的环节、含义及作用

环节	含义	作用
备货	包括筹集货源、订货或购货、集货、进货及质量检查、结算、交接等	决定配送成败的初期工作，如果备货成本太高，会大大降低配送的效益
储存	配送中的储存分储备及暂存两种形态	按一定时期的配送经营要求形成的对配送的资源保证，储存数量较大、储存结构较完善，视货源及到货情况，可以有计划地确定周转储备、保险储备结构及数量
配装	单个用户配送数量达不到车辆有效载运负荷时，集中不同用户的配送需求，搭配装载，以充分利用运能和运力	可以大大提高送货水平，降低送货成本
配送运输	属于末端运输、支线运输，与一般运输形态的主要区别为配送运输是距离较短、规模较小、频度较高的运输形式，以汽车作为主要运输工具	通过选择最佳路线、合理搭配配装和路线，可缩短运输时间，提升客户消费体验
送达服务	使货物顺利移交，处理相关手续并完成结算	交易的最后一步，可保证交易顺利完成

表 10-2　配送的分类标准

分类标准	类别
按配送单位的不同分类	(1) 配送中心：规模大、专业性强、一般和用户有固定的配送关系，品种多、数量大，配套设施、设备投资高。 (2) 仓库。 (3) 卖场：连锁配送
按配送商品种类和数量分类	(1) 大批量少品种：生产企业通过整车满载运输，降低运输配送成本。 (2) 小批量多品种：经销企业需要拼装才能整车运输。 (3) 配套成套：准时将成套部件送达生产工位
按时间和数量分类	(1) 定时：分每日配送和准时配送。 (2) 定量：通过与用户协商，按照托盘、集装箱、车载能力确定每次配送数量，提高配送效率。 (3) 定时定量：按照规定的配送时间和配送数量作业，要求管理水平高。 (4) 定时定路线：确定既定路线的到达时间，方便用户收货。 (5) 即时：按照用户提出的时间和数量要求，随时进行配送，是一种灵活性应急配送方式
按经营形式分类	(1) 销售：配送对象不固定，随机性强。 (2) 供应：由配送中心向门店配送。 (3) 销售供应一体化：既是销售者，又是供应者
按加工程序分类	(1) 流通加工：可获得增值收益。 (2) 集成：大批量进货、小批量多批次发货，零星收集形成一定批量再发货
按专业化程度分类	(1) 综合：各类物资。 (2) 专业：只配送一个或几个品类，如生鲜食品、玻璃、水泥等
共同配送	(1) 由配送企业综合各用户需求，在配送时间、数量、次数、路线等方面统筹安排，全面规划，使配送优化合理。 (2) 一辆配送车辆混载多个货主的货物。 (3) 对于用户集中的地区，由于交通拥挤，单独配送有困难，需要设置多用户联合配送的接收点或理货点。 (4) 在同一城市或同一地区有数家配送企业，各配送企业利用统一配送中心、配送机械装备，共同配送

表 10-3　配送的分类指标及计算公式

分类	指标	计算公式
人工利用指标	人均配送量	配送量÷配送人员数
	人均配送体积重量	配送总体积重量÷配送人员数
	人均配送距离	配送总距离÷配送人员数
	人均配送吨公里	配送总吨公里÷配送人员数
	人均驾驶时间	总配送驾驶时间÷配送人员数

（续表）

分类	指标	计算公式
车辆利用指标	平均每台车配送金额	配送总金额÷总配送车辆数，其中总配送车辆数=自有车辆数+外用车辆数
	平均每台车配送吨公里	配送总吨公里数÷总配送车辆数
	平均每台车配送距离	配送总距离÷总配送车辆数
	满载车次比率	满载车次÷总配送车次
	空车率	空车行驶距离÷配送总距离
配送计划指标	车辆满载率	配送货物的总体积÷（车辆总体积数×配送车辆运转率×工作天数）
	平均每车次配送重量	配送货物的总重量÷配送总车次
	平均每车次配送距离	配送总距离÷配送总车次
	平均每车次配送吨公里	配送总吨数×总公里数÷配送总车次
	外用车比率	外用车辆数÷（自有车辆数+外用车辆数）
	配送平均速度	配送总距离÷配送总时间
配送时间指标	季节品比率	本月季节品存量÷平均库存量
	配送时间比率	配送总时间÷（配送人员数×工作天数×正常班工作时数）
	单位时间配送量	出货量÷配送总时间
	单位时间配送生产力	营业额÷配送总时间
配送成本指标	配送成本比率	（自有车配送成本+外用车配送成本）÷物流总费用
	每吨重配送成本	（自有车配送成本+外用车配送成本）÷配送总重量
	每立方米配送成本	（自有车配送成本+外用车配送成本）÷出货品体积数
	每单位配送成本	（自有车配送成本+外用车配送成本）÷出货品总单元数
	每车次配送成本	（自有车配送成本+外用车配送成本）÷配送总车次
	每公里配送成本	（自有车配送成本+外用车配送成本）÷配送总距离
	配送延迟率	配送延迟车次数÷配送总车次

10.2 配送管理

配送集分拣、装卸、包装、保管、运输、结算于一身，几乎囊括了所有的物流功能要素。物资配送管理流程、配送管理的基本原则及要求、配送合理化参考因素和判断标准、配送常见问题及改进措施分别如图 10－1、表 10-4、表10-5、表 10-6 所示。

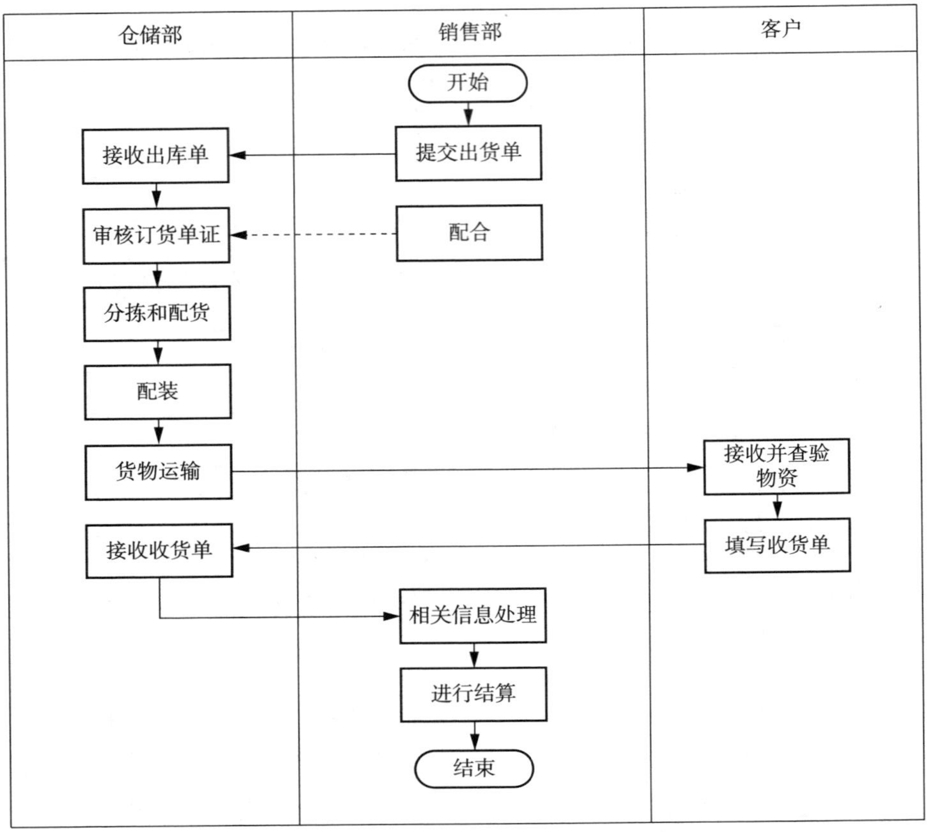

图 10-1　物资配送管理流程

表 10-4　配送管理的基本原则及要求

基本原则	要求
准时性	确保客户的物资及时到位，不耽误客户的生产或销售
方便性	根据配送规律合理摆放物资，以方便配货为前提，将常用物资和畅销物资摆放于靠近配货作业的通道旁边，以便理货人员快速存取
优先性	对于重点客户，可以优先安排配送，如具有优先权的客户、重要程度比较高的客户、订单交易量或金额大的客户、信用状况较好的客户

表 10-5 配送合理化参考因素和判断标准

参考因素和判断标准		内容
参考因素		(1) 是否降低了物流费用、加快了物流速度、减少了物流损失。 (2) 是否有效衔接了干线运输和末端运输，发挥了各种物流方式的最优效果。 (3) 是否增加了物流中转次数。 (4) 是否采取了先进的技术手段
判断标准	库存	(1) 库存总量：在一个配送系统中，配送企业的库存量加上各用户配送后的库存量之和，应当低于实行配送前各用户的库存量之和。 (2) 库存周转：由于配送企业的调节作用，以较低的库存保持较高的供应能力成为可能，库存周转一般快于配送前各用户的库存周转
	资金	(1) 资金总量：储备总量减少、供应方式改变，流动资金有较大下降。 (2) 资金周转：周转的速度加快。 (3) 资金投向改变：由分散投入改为集中投入，增强了调控能力
	成本和效益	总效益、宏观效益、微观效益、资源筹措成本也是判断其合理与否的标准。总效益和宏观效益以是否遵循国家政策、上缴税收及配送企业与用户的微观效益来判断
	保证供应	(1) 减少缺货次数。 (2) 配送企业集中库存量高于需求量。 (3) 即时配送的能力和速度可应对用户的紧急需求

表 10-6 配送常见问题及改进措施

常见问题	改进措施
(1) 资源筹措不合理。 (2) 库存决策不合理。 (3) 价格不合理。 (4) 配送与直达决策不合理。 (5) 运输不合理。 (6) 经营理念不合理	(1) 推行综合程度较高的专业化配送。 (2) 推行加工配送。 (3) 推行共同配送。 (4) 实行送取结合。 (5) 建立准时配送系统。 (6) 即时配送

运输是配送的核心环节，物资运输管理流程、车辆配载注意事项分别如图 10-2、图 10-3 所示。

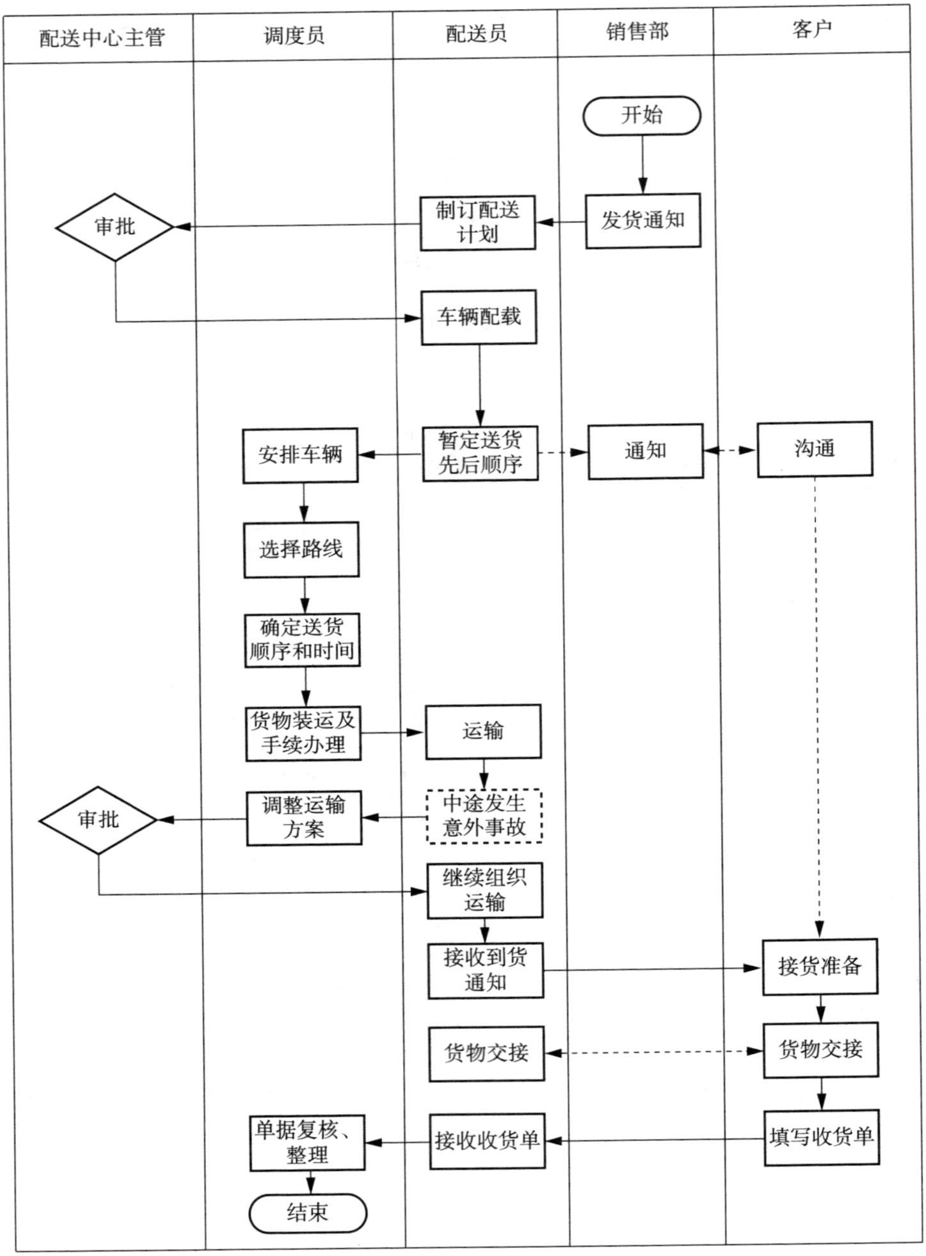

图 10-2　物资运输管理流程

- ✧ 轻货以及抗压性差且易变形的货在上，重货在下，大不压小，注意层限；要注意保护价值高的货物
- ✧ 易滚动的卷状、桶状货物垂直摆放
- ✧ 放置在门口，包装或内物易被勾破泄漏的货物，用木板等辅助材料堵住缝隙
- ✧ 大件放在门口，左右对称、前后均衡，重量分布均匀
- ✧ 轻重货物合理搭配，堆码紧凑，先紧后松
- ✧ 规律、整齐堆码，不超过车辆所允许的最大载重量；货物堆码不能过高，横向上不超出车厢宽度
- ✧ 到达同一地点的货物一次装载，后送的货物先装
- ✧ 外观相近、容易混淆的货物分开装载
- ✧ 装货完毕，在门口处采取稳固措施，防止开门卸货时货物倾倒造成货损或人身伤害

图 10-3　车辆配载注意事项

10.3　物资分拣

分拣是将物资按品种、出入库先后顺序进行分门别类堆放的作业。

相关资料显示，配送中心 50%的人力劳动直接与拣货作业相关，30%~40%的工作时间消耗在拣货作业中。拣货作业人工支出占配送中心总成本的 15%~20%，其中搬运成本约占 90%。拣货处理方式及操作要领，备货拣货作业流程，拣货常见错误、原因及对策，拣货效率指标、计算公式及说明分别如表 10-7、图 10-4、表 10-8、表 10-9 所示。

表 10-7　拣货处理方式及操作要领

拣货处理方式		操作要领
摘果式		针对订单（客户），拣货人员或设备巡回于各个货物储位，按订单挑选出每一种商品，并将配齐的货物放置于发货场所指定的货位，再为下一个订单配货，适用于大批量、少品种订单的拣货
播种式		将每批订单上的同类货物累加，并从货位上取出，集中搬运至理货场所，再将每个客户所需的货物取出分放至不同的暂存货位处，直到配货完毕，适合订单数量庞大的拣货
复合拣选法	播种式+摘果式	将订单汇总，把订单上的商品全部拣选出来，放置于顾客订单分拣区，再按照顾客订单进行拣选，适用于货物品种较少、客户订单较多的情况
	播种式+播种式	将订单汇总，形成一次汇总单，再把一定数量的一次汇总单汇总为二次汇总单，按照二次汇总单将订单商品全部取出。按照顾客订单编码和拣选顺序进行播种操作，把二次汇总单还原为一次汇总单，进行二次播种，将一次汇总单还原为顾客订单，适用于货物品种较多且客户订单较多的情况
	播种式、摘果式一次完成	汇总订单形成一次汇总单，借助无线扫描设备，在播种拣货的同时完成摘果，适用于货物品种较多、客户订单较多的情况

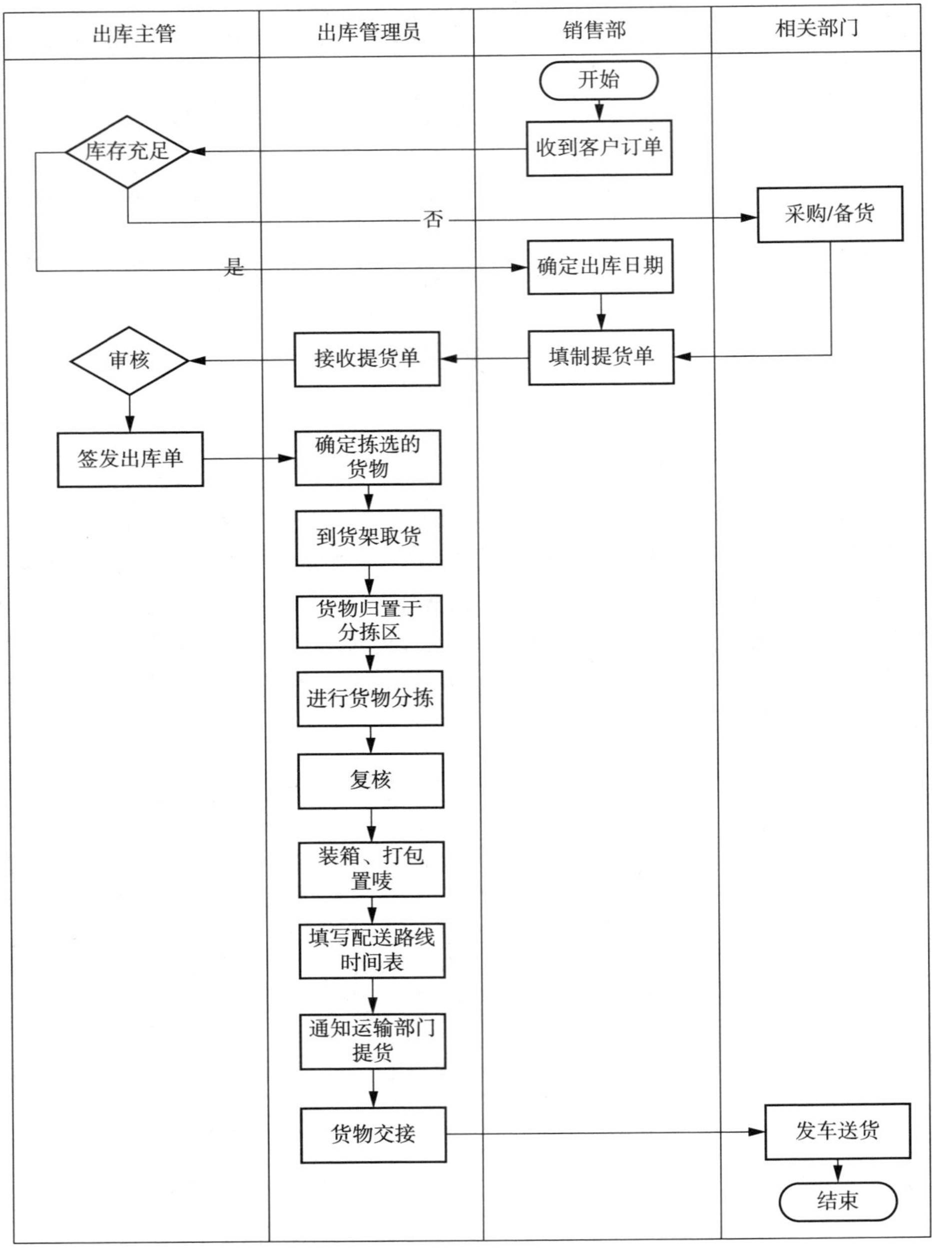

图 10-4　备货拣货作业流程

表 10-8 拣货常见错误、原因及对策

常见错误	原因	对策
作业信息传递错误	（1）单据印刷不清。 （2）传递信息不明确。 （3）单据混乱	（1）加强计算机系统维护。 （2）加强单据分类、编号管理
拣货指示错误	（1）货位指示错误。 （2）货物放置错误	（1）信息标准化处理。 （2）加强货位管理
货物拿取错误	（1）拣取数量错误。 （2）看错货物。 （3）拣货作业人员注意力不集中、责任心不强。 （4）工作人员不熟悉货物	（1）提高信息传递的准确性。 （2）明确货物区分标志。 （3）提高工作人员专业素养

表 10-9 拣货效率指标、计算公式及说明

效率指标	计算公式	说明
每人每时拣取品种数	分拣单数÷（分拣人员数×每日拣货时间×工作天数）	在人工拣货或机械化程度较低及出货多属于少批量多品种的配货作业中，可采用该指标评价拣货效率
每人每时拣取件数	累计拣货总件数÷（分拣人员数×每日拣货时间×工作天数）	在自动化程度高或出货多属大批量少品种的配送作业中，可采用该指标衡量拣货效率
每笔货物拣取移动距离	拣货行走距离÷订单总数	该指标数值越高，则表示拣货作业时间和精力消耗越多，可从改进拣货区域布局和拣货策略等方面入手提高拣货作业效率
拣货人员装备率	拣货设备投资成本÷拣货人员数×100%	装备率高说明机械化、自动化程度高，但装备率高并不等于设备使用效率高
拣货设备成本产出率	出货总体积÷拣货设备成本×100%	该指标反映了单位拣货设备成本拣取的货物体积数，设备成本产出率越高，设备的使用效率越高。同理，可以按重量计算
单位时间处理订单数	订单数÷（每日拣货时间×工作天数）	两项指标分别反映了单位时间处理订单和拣取货物的能力。指标数值越大，说明拣货系统处理订单的能力越强、作业速度越快
单位时间拣取品种数	订单量×每张订单平均货物品种数÷（每日拣货时间×工作天数）	
每份订单投入的平均拣货成本	拣货投入成本÷订单数	两项指标分别反映了处理单位订单和货物消耗的拣货成本，其数值越大，投入成本越多。指标值上升，效率下降，必须采取措施
订单每笔货物投入拣货成本	拣货投入成本÷订单货物总数	

10.4 运输方式

运输是运用多种设备和工具，将物资在不同地域范围进行运送的活动，以改变物资的空间位置，包括集货、分配、搬运、中转、装入、卸下、分散等作业。主要运输方式及适用范围、汽车货物运输价格确定、危险品运输应具备的条件及要求分别如表 10-10、表 10-11、表 10-12 所示。

表 10-10 主要运输方式及适用范围

运输方式	适用范围
铁路	（1）适用于大宗低值货物的中、长距离运输，也较适合运输散装、罐装货物。 （2）适用于大量货物一次性高效率运输，且安全系数较高。 （3）对货物批量大、运输距离长的货物来说，运费比较便宜
公路	（1）近距离的独立运输作业。 （2）适用于补充和衔接其他运输方式，完成其他运输方式到达不了的地区的运输任务
水路	（1）适用于承担大批量货物，如集装箱的运输。 （2）适用于承担原料、半成品等散货的运输。 （3）适用于承担国际贸易运输，即距离远、运量较大、不要求快速抵达的客货运输
航空	（1）适用于高附加值、低质量、小体积的物资运输。 （2）适用于快捷运输和邮政运输。 （3）航空运输是实现多式联运的一种新型运输方式
管道	靠物体在管道内顺着压力方向顺序移动实现，与其他运输方式的重要区别在于管道设备是静止不动的，主要应用于如原油、成品油、天然气、油田伴生气、煤浆等源物质运输

表 10-11 汽车货物运输价格确定

项目	确定方式
汽车货物运输价格	（1）汽车货物运输计费重量单位：整批货物运输以吨为单位，尾数不足 100 千克时四舍五入；零担货物运输以千克为单位，起始计费重量为 1 千克，尾数不足 1 千克时四舍五入；轻泡货物每立方米折算重量 333 千克。 （2）按重量托运的货物一律按实际重量（含货物包装、衬垫及运输需要的附属物品）计算，以过磅为准。由托运人自理装车的，应装足车辆额定吨位，未装足的按车辆额定吨位收费；统一规格的成包成件货物，以一标准件重量计算全部货物重量；散装货物无过磅条件的，按体积和各省、自治区、直辖市统一规定重量折算标准计算；接运其他运输方式的货物，无过磅条件的，按前程运输方式运单上记载的重量计算；拼装分卸的货物按照最重装载量计算

（续表）

项目	确定方式
汽车货物运输计费里程	（1）货物运输计费里程以千米为单位，尾数不足1千米的，进为1千米。 （2）计费里程以各省、自治区、直辖市交通行政主管部门核定的营运里程为准，未经核定的里程，由承托双方商定。 （3）同一运输区间有两条（含两条）以上营运路线可供行驶时，应按最短的路线计算计费里程或按承托双方商定的路线计算计费里程。拼装分卸从第一个装货地点起至最后一个卸货地点止的载重里程计算计费里程
汽车货物运输的其他费用	（1）调车费：应托运人要求，车辆调出所在地产生的车辆往返空驶，计收调车费。 （2）延滞费：车辆按约定时间到达约定的装货或卸货地点，因托运人或收货人责任造成车辆和装卸延滞，计收延滞费。 （3）装货落空损失费：应托运人要求，车辆行至约定地点而装货落空造成的车辆往返空驶，计收装货落空损失费。 （4）排障费：运输大型特型笨重物件时，需对运输路线的桥涵、道路及其他设施进行必要的加固或改造所发生的费用，由托运人负担。 （5）车辆处置费：应托运人的特殊要求，对车辆改装、拆卸、还原、清洗，计收车辆处置费。在运输过程中国家有关检疫部门对车辆的检验费以及因检验造成的车辆停运损失，由托运人负担。 （6）装卸费：货物装卸费由托运人负担。 （7）通行费：货物运输需支付的过渡、过路、过桥、过隧道等通行费由托运人负担，承运人代收代付。 （8）保管费：货物运达后，明确由收货人自取的，从承运人向收货人发出提货通知书的次日（以邮戳或电话记录为准）起计，第四日开始核收货物保管费，应托运人的要求或因托运人的责任造成的需要保管的货物，计收货物保管费，货物保管费由托运人负担
汽车货物运输的运杂费	（1）货物运杂费在货物托运、启运时一次结清，也可按合同采用预付费用的方式，随运随结或运后结清。 （2）运费尾数以元为单位，不足1元时四舍五入。 （3）货物在运输过程中因不可抗力灭失，未收取运费的，承运人不得要求托运人支付运费，已收取运费的，托运人可以要求返还

表 10-12　危险品运输应具备的条件及要求

条件	要求
企业组织	（1）有完善的企业章程，健全的安全操作规程、岗位责任制、车辆设备保养维修和安全质量教育等规章制度。 （2）有健全的生产经营机构
设施	（1）有固定的办公场所。 （2）有与经营规模相适应、坚实平整的停车场地，且面积不少于实有车辆投影面积的2倍。 （3）有一定数量的封闭型车库。 （4）租用他人场地作为经营办公场所、停车场的，要签订一年以上的有效租用合同
资金	（1）除固定资金外，须有不少于车辆价值5%的流动资金。 （2）除车辆本身外，须有不低于3万元人民币或资产作为事故赔偿金。 （3）有开户银行的资信证明或主管单位的资金保证书

（续表）

条件	要求
车辆	（1）拥有10辆或以上达到一级车况的专用运输车辆（自货自运企业及其他军工、民用通用航空等特殊部门除外）。 （2）与具备危运车辆维修保养技术条件的一类维修企业签订有维修保养合同。 （3）车厢底板平坦完好，栏板牢固，铁制车厢装运易燃易爆货物时采取衬垫防护措施。 （4）排气管装有有效的隔热和熄灭火星装置，电路系统有电源总切断装置和电火花隔离装置。 （5）按要求悬挂交通部门核发的危运标志灯、牌。 （6）车辆右后方悬挂有矩形标志牌，驾驶室顶部装置有三角形标志顶灯。 （7）配有各种相应消防器材和捆扎、防散失等工具。 （8）罐（槽）具有足够的强度，配备有泄压阀、防波板、遮阳物、压力计、液位计、导静电带等相应的安全装置，罐体表面喷涂有明显标志。 （9）罐（槽）外部附有防护设施，保证所装货物不发生“跑、冒、滴、漏”。 （10）罐（槽）有质量技术监督部门的检测合格证，并定期请专家对罐（槽）进行检测、维护和保养
装卸机具及仓储设施	（1）各种装卸机械、工具具有足够安全系数。 （2）装卸易燃、易爆危险货物的机械和工具，有消除产生火花的设施，存放危险货物的仓库或场地，符合《中华人民共和国消防法》的有关规定，并经所在地公安部门批准。 （3）危险货物的库、场或装卸现场，配备有必要的消防设施。 （4）库、场通风良好、清洁干燥，周围划定禁区，并设置明显的警告标志。 （5）库、场配备有专职人员看管
安全操作	（1）装卸爆炸品、易燃物品的车辆、机械及装过易燃物品而未经消除危险处理的空罐（槽），检修时不得动用明火，不得使用易产生火花的工具敲击。 （2）进行危险货物装卸操作时，必须穿戴相应的防护用品，必须采取相应的人身肤体保护措施。 （3）对被剧毒物品、放射性物品和恶臭物品污染的防护用品应分别清洗、消毒。 （4）定期对装运放射性物品的专用运输车辆、设备、搬运工具、防护用品进行放射性污染程度的检查，当污染量超过规定的允许水平时，不能继续使用。 （5）性质相抵触的危险货物不得混装
人员	（1）车辆驾驶人员须持有交通主管部门核发的营业性道路运输驾驶员（危险货物运输）从业资格证。 （2）装卸、押运、维修及管理人员须持有道路危险货物运输操作证。 （3）从业人员须持有从事道路危险货物运输必备的有关证件及了解与危险货物运输相关的法律法规。 （4）至少有一名具有初级职称的化工专业人员

危险品的运输要求如图10-5所示，危险品运输时应注意以下事项。

（1）时间：宜在早晚之时，冬季、夏季有所区别。

（2）线路：选择僻静线路，尽量避开人多、车多的线路和闹市区。

（3）车速：中速行驶，转弯时须减速。

（4）如果为罐槽车，则须检查阀门和底座及其他相关设备。

（5）如果为桶装，装车时车前、车后重心比和缓冲要恰当。

（6）备好相适应的消防设施。

（7）采取进出库防护措施。

（8）经常进行安全教育和知识经验交流。

（9）遇事不要惊慌失措，按报警、划区、设警告、自救、防扩散等程序，冷静迅速地应对突发情况。

- ✧ 指派专车、专人押运，严禁混装运输
- ✧ 押运员要了解物资的危险性质，严格按照操作规程作业，杜绝野蛮装卸
- ✧ 运输中途停车时，严禁吸烟或靠近高温明火场所
- ✧ 货物未交接清楚时，押运员不得离开现场
- ✧ 凡因违反运输要求而造成的物资损失，应追究当事人责任，并按相关规定对其进行处理

图 10-5　危险品的运输要求

10.5　路线优化

运输的不合理情况及路线优化原则、物资运输的影响因素及处理措施分别如表 10-13、表 10-14 所示。

表 10-13　运输的不合理情况及路线优化原则

运输不合理情况	路线优化原则
（1）车辆空驶。因车辆调运不当、货源计划不周、取货送货未混合安排造成的空驶，会严重浪费运力。 （2）重复运输。本来可以直接将货物运到目的地，却在目的地之外的其他场所卸货，再重复装运送达目的地。此外，同品种货物在同一地点运进的同时运出，也属于重复运输。 （3）迂回运输。有两条以上的同类路线可以采用时，舍近求远，可接受的例外情况是较远的路线不拥堵（市内高架、高速）。 （4）对流运输。同一种货物在同一线路或平行线路上作相对方向的运送，运程的全部或一部分发生重叠交错的运输。 （5）倒流运输。货物从销售地或中转地向产地或起运地回流的一种运输，主要为逆向物流	（1）行车路线要围绕站点群规划，使站点间行车距离最短。 （2）从距离仓库（发货点）最远的站点开始，分派载货能力满足站点所需要的车辆，再为距离仓库次远的站点分派车辆，如此往复，直到所有站点都分派有车辆。 （3）车辆的行车路线呈水滴状，各路线间没有交叉。 （4）应用规模效应原理，优先使用载货最多的车辆，使总行车距离或时间最短。 （5）综合考虑车辆结构、取货数量和货物堆放对车辆装卸的影响程度，安排取货、送货。 （6）对于偏僻而无法归入站点群的站点，采用其他配送方式，如外包给第三方物流。 （7）不容易运输的货物安排在日班，容易运输的货物安排在夜班。对于经常发生拥堵的一、二线城市，要优先考虑夜间配送

表 10-14 物资运输的影响因素及处理措施

项目	内容	具体说明
影响因素	运输距离	要尽可能实现运输路径的优化
	运输环节	运输业务包括装卸、搬运、包装等环节，环节增加起运运费和总运费也会增加
	运输方式	要根据货物的特点，选择铁路、水路、航空或公路等运输方式，以充分发挥运输工具的优势
	运输时间	缩短运输时间，加速运输工具的周转，以充分利用现有运力
	运输费用	运费是衡量运输业务经济效益的重要指标
处理措施	选择合理的运输方式	(1) 根据运输需求和各种运输手段的优缺点，结合具体运输项目，选择合适的运输方式。 (2) 选择运输方式时，除考虑便捷性、安全性外，还需考虑成本因素。 (3) 应当熟知运输网络节点路径的远近、不同运输工具的成本、不同时间段道路的容载情况、不同道路的时速限制、车辆的正常行驶速度等，分析确定方案。 (4) 在具体选择过程中，可使用数学建模完成计算和比较过程
	做好运输线路的选择	(1) 根据运输物资的性质和线路状况，对运输方案进行优化，如选择装载量大的工具开展长途运输，选择铁路运输和水路运输来降低成本，将零星货物合装整车发运以提高装载量和整车比重等。 (2) 择机采取减少动力投入、增加运输能力等措施。例如，在汽车、火车能力充足的情况下多加挂车、车皮；在内河货运中，将内河驳船编成一定队形，由机动船顶推前进

10.6 常用表单

表 10-15 仓库配货单

<table>
<tr><td>发货人</td><td></td><td>制单员</td><td></td><td>制单日期</td><td></td></tr>
<tr><td>联系电话</td><td></td><td>传真</td><td></td><td>邮编</td><td></td></tr>
<tr><td>收货人</td><td></td><td>运输方式</td><td></td><td>保险金额</td><td></td></tr>
<tr><td>收货地址</td><td colspan="5"></td></tr>
<tr><td>品名</td><td>物资编码</td><td>单价</td><td colspan="2">数量</td><td>金额</td></tr>
<tr><td></td><td></td><td></td><td colspan="2"></td><td></td></tr>
<tr><td></td><td></td><td></td><td colspan="2"></td><td></td></tr>
<tr><td></td><td></td><td></td><td colspan="2"></td><td></td></tr>
<tr><td colspan="3">合计</td><td colspan="2"></td><td></td></tr>
</table>

注：同类产品放在一起；保险金额指购买保险的物资总价值，须注明；规范填写、笔迹清楚。

审核员：　　　　配货员：　　　　配货日期：　　年　月　日

表 10-16　配送订货单

订单编号			订货日期		
供货人名称		接货人名称		交货日期	
供货人地址		接货人地址		交货地点	
供货人联系方式		接货人联系方式		付款条件	
配送物资信息					
物资名称	规格型号	计量单位	数量	备注	

制单人：　　　　　　　　　　　　　　　　　　审核人：

表 10-17　配送计划表

编号：　　　　　　　　　　　　　　　　　　　　　　日期：　　年　月　日

物资名称	类别	规格	数量	送达地	运输要求	装卸要求	送货时间	备注

表 10-18　送货单

收货单位				送货人员			
送达地点				送货时间			
发运物资详细内容							
物资名称	型号	规格	单位	数量	单价	总额	备注
有关说明							
收货方验收情况				收货方负责人签字			
	验收人员				负责人	（公章）	
	日期				日期		

注：此单一式三联，第三联送财务部门办理结算；第二联送仓储部门提货；第一联货到目的地后签收，并由送货人员带回交部门主管。

表 10-19　交运物品清单

运单号码：　　　　　　　　　　　　　　　　　　　　　　　起运地点：

货号	货名	包装形式	单位	数量	新旧程度	重量	体积（长×宽×高）	保险价格
备注								
双方签字确认								
托运人（签章） 日期：　　年　月　日				承运人（签章） 日期：　　年　月　日				

注：凡不属同货名、同规格、同包装的货物，一张货物运输单不能逐一填写的，可填交运物品清单。

表 10-20　物资运损记录

物资名称	规格	单位	配送数量	实收数量	短少数量	运损情形	备注

表 10-21　分拣记录表

编号：　　　　　　　　　　　　　　　　　　　　　　日期：　　年　月　日

日期	订单编号	拣货单号	SKU	拣货人	复核人	备注

表 10-22　拣货记录表

拣货单号		订单号	
用户名称			
出货日期		货位号	
拣货时间	____年__月__日__时__分至__时__分	拣货人	
核查时间	____年__月__日__时__分至__时__分	核查人	

（续表）

序号	货位编号	物资名称	规格型号	物资编码	数量（包装单位）			备注
					托盘	箱	单位	

表 10-23　拣货单

编号：　　　　　　　　　　　　客户名称：　　　　　　　　　　打印时间：　　　年　月　日

序号	物资名称	编号	规格型号	计量单位	货位编号	订购数量	实拣数量	当前库存量

拣货人：　　　　　　　　　　　　　　　　　　　　　　　　复核人：

表 10-24　自主退货登记表

序号	客户名称	拣货单号	物资编号	规格型号	计量单位	订货量	实发量	差异量	原因

注：账面显示有货但无法发出时，可作为自主退货，可能是库存不准确（短缺）、状态不良（损坏、过期变质等）。

表 10-25　出库复核记录表

编号：　　　　　　　　　　　　　　　　　　　　　　　　日期：　　　年　月　日

序号	出库日期	物资名称	物资编号	规格型号	数量	批号	提货单位	发货人	质量情况

审核人：

表 10-26　出库商品交接表

序号	日期	客户名称	拣货单号	复核人	备货件数	拣货单行数

表 10-27　送货日报表（一）

配送员：　　　　　　　　　　　　　　　　　　　　　填写日期：　　年　月　日

项目	配送件数	收款金额	出发时间	返回时间	行程时间	出发公里数	返回公里数	行程公里数	耗油量
上午									
下午									
合计									
报告事项（客户反馈：对企业的意见、物料、单价、售货要求、售后服务要求、其他）									

表 10-28　送货日报表（二）

车牌号码：　　　　　　　　　　　　　　　　　　　　　驾驶员：

序号	起运时间	起运地点	送达时间	送达地点	客户名称	破损		
						品名	数量	原因

	昨日表数	今日表数	本日实量	备注
行走里程				
油耗				

填报人：　　　　　　　　　　　　　　　　　填报日期：　　年　月　日

表 10-29　货物交接单

送货单位		收货单位	
送货人		收货人	
交接事项			
物资名称		规格型号	
外观有无磨损		型号是否相符	
有无使用说明书		有无产品合格证	
约定安装调试时间		是否按期到达	
押货人签字		收货人签字	
送货人签字		收货时间	

表 10-30　外出发货登记表

序号	客户名称	发货件数	货运公司	发货时间	送达时间	运费	交货人	备注

注：货物送交第三方物流时使用。

表 10-31　物资运输单

日期：　　年　月　日　　　　发站：　　　　到站：　　　　编号：

发货人	单位		收货人	单位	
	姓名			姓名	
	电话			电话	
	地址			地址	

货号	物资名称	件数	包装	数量	运费	价值	保险费	合计金额
提货方式	□车站提货　□码头提货　□铁路专用线提货　□自提货							
约定事项								
备注								

经办人：　　　　提货人：　　　　发货人：

表 10-32　运输通知单

编号：　　　　　　　　　　　　　　　　　　　　　　通知日期：　年　月　日

客户名称				联系电话		
地址						
运输货物明细	货品名称	规格	数量	单价	金额	备注
金额总计		人民币（大写）：__万__仟__佰__拾__元整				
运输要求	交货日期	自签订本单后__天内或__年__月__日以前				
	交货地点					
	交货单号					
	发票号码					
通知人员签字		运输主管签字			运输人员签字	

表 10-33　运输记录表

运输起点			运输终点	
运输起止时间	____年__月__日__时至__年__月__日__时			
预定到达时间	____年__月__日__时		实到时间	____年__月__日__时
逾期时长（天）			逾期罚款	
运输里程		运输重量		吨/公里数	
短损情况说明				
运输费用			装卸费用	
报损金额			获赔金额	
承运人签字				
备注				

表 10-34　货物运输回执单

贵公司委托________________（货运服务单位名称）所承运的货物已于____年____月____日运达____________。

提运凭证内所载各项货物如数予以查收，除运损情形详附记录外，特先回报贵公司的运输配送部查对。

货运托字第____号

提运凭证号码（共　　份）			
主管		收料人	

（续表）

货物运损记录								
凭证号码	货物名称	规格	单位	实提数量	实收数量	短少数量	运损情形	备注

注：本表由收货单位收货后填写，并加盖公章，交承运者。

表 10-35　运输作业月报表

日期：　　年　月　日

输送类别	实际工作天数	实际工作时间数	输送来回次数	输送个数	输送重量	输送距离	移动率	单位作业量	摘要

表 10-36　运输方式选择定性分析表

日期：　　年　月　日

运输方式	航空运输	水路运输	铁路运输	公路运输
运输量				
运输距离				
运输时间				
运输成本				
总分数				

注："非常符合"5分，"基本符合"4分，"一般适合"3分，"不太适合"2分，"很不适合"1分。

表 10-37　路线方案评分表

序号	评价指标	权值（%）	路线 1		路线 2		……	路线 n	
			评分	最终得分	评分	最终得分		评分	最终得分
1	配送距离								
2	行车时间								
3	配送准时性								
4	行车难易								

（续表）

5	使用车辆台次数							
6	油耗							
7	车辆状况							
8	运送量							
9	配送客户数							
10	总费用							
	合计	100						

表 10-38　车辆维修记录表

车型			牌照号码			驾驶员	
序号	日期	维修原因	维修项目	金额	工时	维修人	备注
1							
2							
3							

表 10-39　车辆保养记录表

年		项目	金额	保养前路码表数	经手人（签章）	主管（签章）
月	日					

表 10-40　车辆费用报销单

填表日期：　　年　月　日

申请人		单位		车号	
报支期间				车型	
项目	张数	金额	（单据粘贴处）		
小计					

主管：　　　　领款人：　　　　会计：　　　　填表人：

表 10-41　车辆事故报告表

日期：　　年　月　日

发生时间：____年__月__日上午/下午__时__分			
事故种类	1. 人车相撞（☐轻伤　☐住院　☐重伤　☐病危　☐死亡） 2. 车辆本身（☐颠覆　☐冲撞　☐冲出路外　☐零件损坏　☐其他） 3. 车辆相撞（☐擦撞　☐追撞　☐冲撞　☐其他）		
发生地点			
原因、情况		现场概图	
共乘者		见证人	
当事人		对方	
姓名		姓名	
单位		单位	
本人地址		本人地址	
单位地址		单位地址	
车种/年份		车种/年份	
车牌号码		车牌号码	
驾照号码		驾照号码	
保险公司		保险公司	
保险单号码		保险单号码	
损失额明细		损失额明细	
损失部分		损失部分	
备注		备注	

报告者：　　　　　　　　　　　　　　　　　　　签章：

加强配送管理，可以缩短配送距离，节省配送费用和资源，提高配送速度，提高企业经济效益。

第11章 库存控制

见此图标 微信扫码
领取本书作者指导音频

库存是企业的重要资产，本章着重介绍库存控制、订货管理、ABC分类法、JIT控制法等内容，仓储管理者要深入领会库存控制与管理对于企业的重要性，不仅要全面掌握这些内容，还应熟悉库存控制中常用的文件、表单。

11.1 库存控制

库存控制是对企业生产、经营过程中的各种物资及资产进行管理和控制，使其储备保持在经济合理的水平上。仓储成本及核算制度、库存控制管理流程、库存成本核算流程、常用库存控制指标、常用储备定额类别分别如表11-1、图11-1、图11-2、表11-2、表11-3所示。

表11-1 仓储成本及核算制度

项目		内容
库存持有成本	资金成本	存货的资金专用，也称为资金的“机会成本”
	仓储空间成本	搬运堆放成本、租金、取暖费、照明费等
	库存服务成本	保险费用、税金、管理成本等
	库存风险成本	(1) 废弃成本：货物无法出售，必须报废的损失。 (2) 损耗成本：货物丢失被盗、保管不善、运输搬运途中破损等产生的损耗成本。 (3) 缺货成本：停工待料、计划变动、信誉损失、交货延迟等导致的损失。 (4) 在途库存持有成本：运输途中物资所有权转移的风险、损失成本

（续表）

项目		内容
仓储经济核算制度	财会专业核算	核算的指标包括仓库日平均储存量、上缴利润、费用水平、资金周转、吨/天成本、全员劳动生产额等，全面反映仓库的经营活动和成果，通过经济活动分析，发现仓库和班组核算中存在的问题，提出改进意见和建议
	班组核算	在财会专业核算指导下，基于做什么、管什么、算什么原则，将仓库各项计划指标分散成若干小指标，分别落实到科（股）、班组或个人，以完成各项定额指标

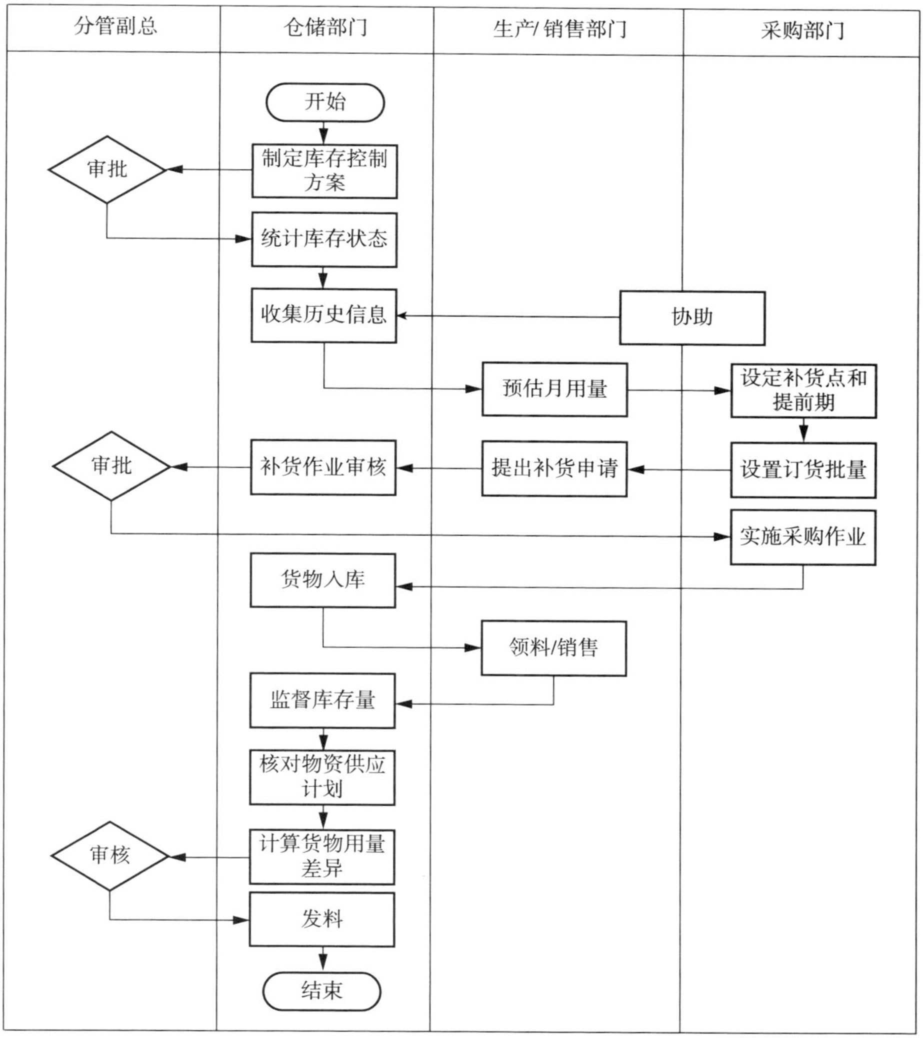

图 11-1　库存控制管理流程

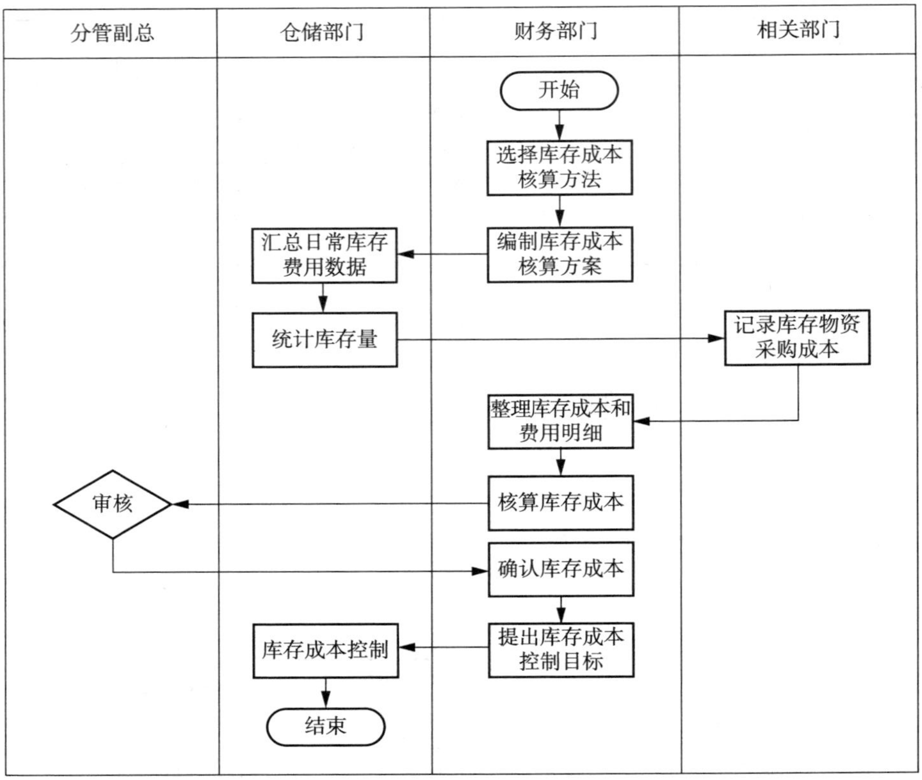

图 11-2　库存成本核算流程

表 11-2　常用库存控制指标

控制指标	内容	
库存周转率	按库存总量计算	年总库存量÷年平均库存量×100%
	按商品售价计算	销售额÷平均库存量×100%
	按商品成本计算	销售成本÷平均库存量×100%
	按商品的销量计算	销量÷平均库存量×100%
	按商品利益和成本计算	总销售额÷平均库存额×100%
发货及时率	实际及时出库的数量÷要求及时出库的数量×100%	
账卡物相符率	［1-（账卡物不符项数÷库存货物总项数）］×100%	
月均库存量	（月初库存量+月末库存量）÷2×100%	
库存货物质量完好率	计划期内质量完好的货物总量÷计划期内入库货物总量×100%	

表 11-3 常用储备定额类别

储备定额类别	内容
日常储备定额	日常储备定额=平均每日需要量×合理储备天数 合理储备天数=平均物品供应间隔天数+验收入库天数+使用前准备天数 $平均物料供应间隔天数=\frac{\sum(每次入库数量\times每次进货间隔天数)}{\sum每次入库数量}$
季节性储备定额	季节性储备定额=平均每日需要量×季节性储备天数
保障储备定额	保障储备定额=保障储备天数×平均每日需要量（保障储备天数一般可以按平均误期天数计算）
物品的其他储备量	最高储备量=经常储备量+保障储备量 最低储备量=保障储备量

11.2 订货管理

要降低采购及库存成本，就必须在保证企业正常运营的前提下，合理确定订货批量，常用的方法有定量订货法和定期订货法。计算订货量，应同时满足以下条件。

（1）单位物资价格固定。

（2）物资订货提前期固定。

（3）在一定时期内，物资需求基本固定。

（4）物资供应充足，能够迅速补充存货。

定量订货法是当库存量下降到预定的最低库存数量（订货点）时，按规定数量（一般以经济订货批量为标准）进行订货补充的一种库存管理方式。定量订货法库存控制程序及说明如表 11-4 所示。

表 11-4 定量订货法库存控制程序及说明

定量订货法库存控制程序	说明
确定定量订货物资	既适用于确定型需求，也适用于随机型需求，一般用于品种多而价值低的物资
确定订货点	订货点的高低取决于需求速度和订货提前期，其计算公式为 订货点=提前期需求量+安全库存量 =（订货提前期×平均日需求量）+安全库存量 安全库存量=（预计日最大消耗量-平均日需求量）×平均提前期
确定订货批量	订货批量是一次订货的货物数量。定量订货法中的每次订货量是相同的，通常为经济订货批量（EOQ）
达到订货点	库存物资达到订货点
发出订货指令	按照确定的 EOQ 发出订货指令

定期订货法是按预先确定的订货间隔期，进行订货补充的一种库存管理方式。定期订货法库存控制程序及说明、安全库存量的计算方法及说明、订货批量确定流程、安全存量预警流程、影响安全库存量的因素分别如表 11-5、表 11-6、图 11-3、图 11-4、图 11-5 所示。

表 11-5 定期订货法库存控制程序及说明

定期订货法库存控制程序	说明
确定定期订货物资	既适用于确定型需求，也适用于随机型需求，一般用于品种少而价值高、较为重要的 A 类物资
确定订货周期	$T=\sqrt{\frac{2C}{HR}}$ 式中，T——经济订货周期； C——每次订货成本； H——单位商品年储存成本； R——单位时间内库存商品需求量
到达订货时间	库存物资达到订货时间点
确定订货量	订货量=平均日需求量×（订购时间+订货间隔期）+安全库存量-订购日当天实际库存量-订货余额 式中，订货余额是上次已订货但尚未出仓的数量
发出订购指令	按照确定的订货数量订购

表 11-6 安全库存量的计算方法及说明

计算方法	说明
顾客服务水平	（1）顾客服务水平指对顾客需求的满足程度，顾客服务水平可以通过订货及缺货次数来反映： 顾客服务水平=1-年缺货次数÷年订货次数×100% （2）一般情况下，顾客服务水平越高，发生缺货的情况越少，缺货成本就较小，但因安全库存量增加，库存的持有成本上升；而顾客服务水平越低，发生缺货的情况越多，缺货成本越高，但安全库存量水平较低，库存持有成本较小。 （3）安全库存量可借助于数量统计方法，对顾客需求量的变化和提前期变化做基本假设，从而在顾客需求、提前期发生变化以及两者同时发生变化的情况下，分别求出各自的安全库存量
概率	（1）假设在一定时期内需求服从正态分布，且只考虑需求量超过库存量的概率，为求解一定时期内库存缺货的概率，可以利用统计学方法画一条需求量的正态分布曲线，并标明库存量。 （2）当需求量连续时，常用正态分布描述需求函数。 （3）安全库存量=需求量标准正态偏差×标准差

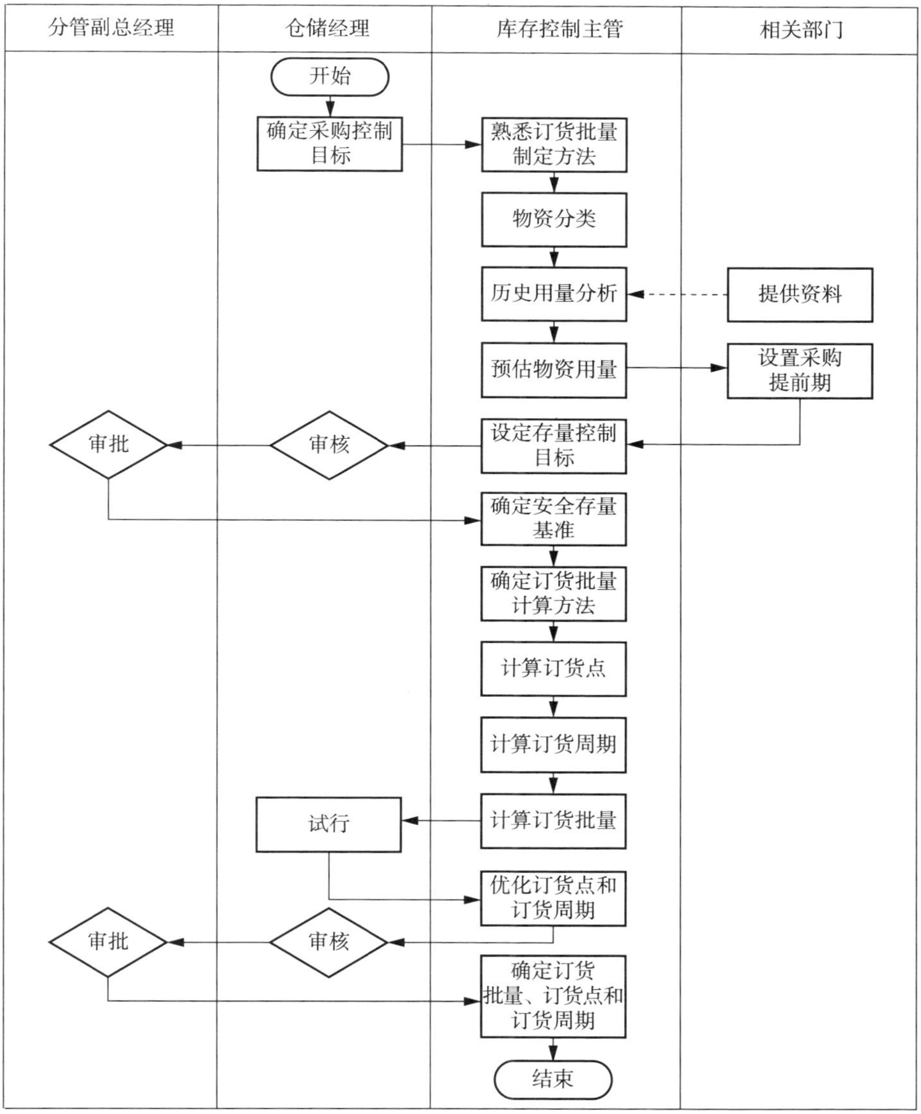

图 11-3 订货批量确定流程

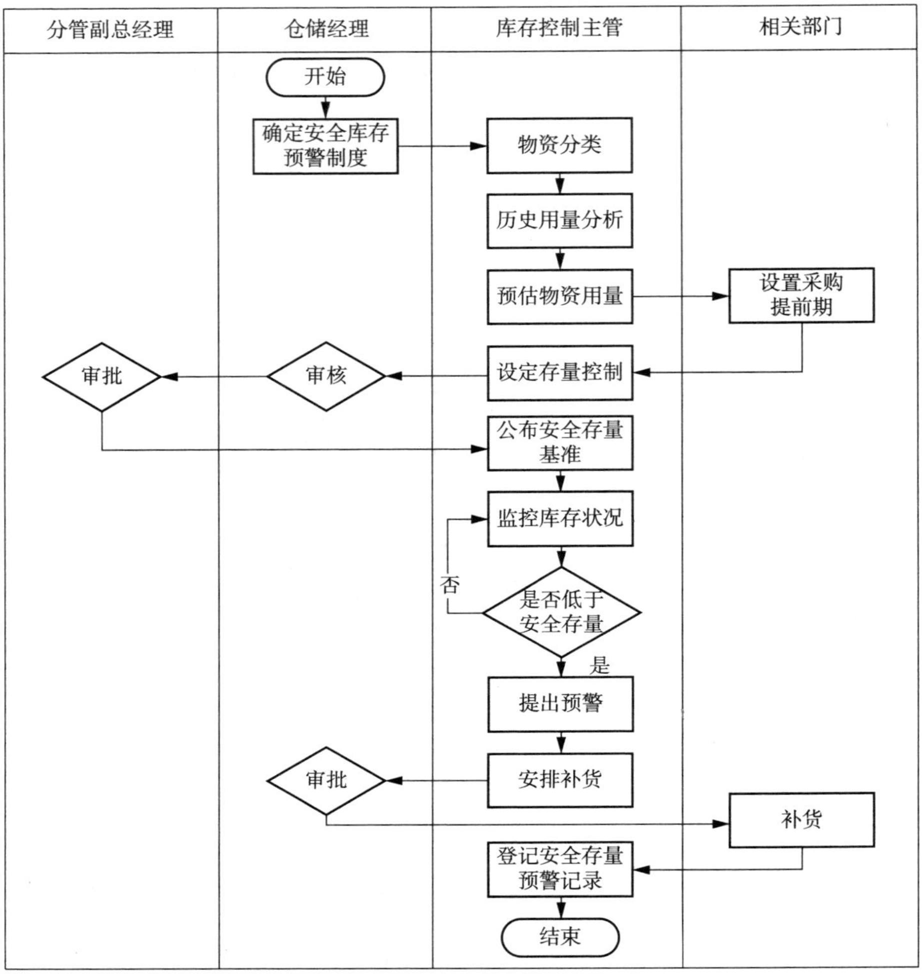

图 11-4　安全存量预警流程

图 11-5　影响安全库存量的因素

11.3 ABC 分类法

ABC 分类法由意大利经济学家维尔弗雷多·帕累托首创，该方法基于事物在技术或经济方面的主要特征进行分类排序，分清重点和一般，从而有区别地确定管理方式，由于 ABC 分类法把被分析的对象分成 A、B、C 三类，所以又称为“ABC 分析法”。ABC 分类法基本原理和操作步骤、ABC 类商品管理方法分别如表 11-7、表 11-8 所示。

表 11-7　ABC 分类法基本原理和操作步骤

项目		内容
基本原理		(1) 库存品的需求量和单价各不相同，年耗用金额也各不相同。年耗用金额大的库存品，占压资金较多，对经营的影响较大，因此需要重视。ABC 库存分类法根据库存品的年耗用金额大小，把库存品划分为 A、B、C 三类。 (2) A 类库存品：年耗用金额占总库存金额的 75%~80%，品种数却只占总库存品种数的 5%~10%。 (3) B 类库存品：年耗用金额占总库存金额的 20%~25%，品种数占总库存品种数的 15%~20%。 (4) C 类库存品：年耗用金额占总库存金额的 5%~10%，品种数却占总库存品种数的 70%~80%
操作步骤	收集数据	收集有关资料，包括各品种物资的年销售量和单价等数据
	统计汇总	对数据进行整理并按要求计算，如计算销售额、品种数、累计品种数、累计品种百分比、累计销售额、累计销售额百分比等
	编制 ABC 分类表	按销售额由高到低对所有品种排序，将数据填入 ABC 分类表中
	绘制 ABC 分类图	以累计品种百分比为横坐标，累计销售额百分比为纵坐标，绘制 ABC 分类图
	确定管理重点	根据 ABC 分类表，对 ABC 三类物资采取不同的管理策略

表 11-8　ABC 类商品管理方法

商品类别	管理方法
A 类	(1) 每件商品皆编号。 (2) 尽可能慎重、正确地预测需求量。 (3) 少量采购，在不影响需求的情况下尽可能减少库存量或只设少量的安全库存。 (4) 请供货单位配合，力求出货量平衡化，以降低需求变动，减少库存量。 (5) 定期订货，严格计算每个品种的经济订货量，定期检查存货，适当增加订购次数，保持储备量，防止缺货。 (6) 保持完整的库存记录，掌握该类物资的收、发、结存情况；建立完善的库存盘点制度，严格盘点，每天或每周盘点一次，以提高库存精确度。 (7) 严格控制交货期限，对制品及发货从严控制。 (8) 物料放至易于出入库的位置

（续表）

商品类别	管理方法
B类	（1）定量订货，但对前置时间较长或需求量有季节性变动的物资采用定期订货法。 （2）2~3周盘点一次。 （3）中量采购，可将若干种B类物资合并订购。 （4）设一定的安全库存。 （5）计算每个项目的经济订货量和订货点，为该类存货设置永续盘存卡片，以此反映库存动态，虽不必详尽掌握所有的收、发、结存情况，但需定期进行检查
C类	（1）采用复合制或定量订货方式以减少手续。 （2）半年一次采购或者一年一次采购，适当增加每次订货数量，以便在价格上取得优惠。 （3）采用双箱法，一旦库存低于正常存量，立即订货。 （4）简化库存管理及控制手段，每月（季度）盘点一次。 （5）安全库存量可稍大，以免发生库存短缺。 （6）库存记录不必非常详细，按金额汇总即可

11.4 JIT控制法

JIT即准时生产方式，又称“零库存生产方式”，是于20世纪70年代在日本兴起的一种库存管理控制方式，在日本丰田集团得到广泛实施，并取得成功。JIT简况、JIT的主要方法及控制策略分别如表11-9、表11-10所示。

表11-9 JIT简况

项目	内容
含义	以订单为驱动，通过看板管理，利用工厂的“拉动系统”紧密衔接供、产、销各环节，使物资储备、产成品库存以及在制品库存大为减少，提高了生产效率
目标	消除无效劳动和浪费，即有计划地消除生产过程中的一切浪费，强调零库存，以零缺陷为目标改善产品质量。力求在恰当的时间、恰当的地点，提供恰当数量、恰当质量的产品
特点	（1）把物流、商流、信息流合理组织到一起，使之成为高度统一、高度集中的整体。 （2）以市场为中心，以销定产，紧跟市场需求。 （3）生产活动组织严密，平滑顺畅，没有多余的库存和人员。 （4）库存成本大幅度下降
应具备的条件	（1）完善的市场经济环境，信息技术发达。 （2）供应商可按时、按质、按量地供应，通过电话、传真、网络即可完成采购。 （3）生产合理组织，具有符合逻辑、易于产品流动的生产线。 （4）生产系统有很强的灵活性（柔性）。 （5）注重设备维修、检修和保养，设备运行正常。 （6）完善的质量保证体系，无返工、次品，不合格品数为零。 （7）生产高度集中，事故发生率为零

表 11-10 JIT 的主要方法及控制策略

项目	方法/策略	内容
主要方法	看板管理	看板信息通常包括零件号码、产品名称、制造编号、容器形式、容器容量、看板编号、移送地点和零件外观等。看板管理使用的卡片有领料看板和生产看板两种形式。看板卡片随同存放材料或零部件的存料箱在上、下两道工序之间往返传送
	零库存管理	零库存指某种或某些物品的在库储存数量为零或接近零，即某种或某几种产品无库存或少量库存
控制策略	零库存	仓储人员应做好库存计划，及时处理订单，消除多余库存
	缩短备货期	以小批量、较短的供货周期供货，缩短备货时间和生产提前期，降低成本
	多批次、小批量	采用多批次、小批量供货方法，减少和避免存货
	高质量无缺陷	（1）消除不合理行为，精益求精。 （2）将质量管理引入每一项操作中，及时检测产品质量

11.5 常用表单

表 11-11 库存日报表

编号： 日期： 年 月 日

名称	批号	等级	规格	昨日结存		本日缴库		本日出库		本日退回		本日结存	
				数量	金额	数量	金额	数量	金额	数量	金额	数量	金额

库存主管： 制表人：

表 11-12 库存月报表（一）

序号	订购金额	已收金额	未收余额	出货实绩	库存（金额）				缺货（发生件数）			交期延迟		索赔退货	降低成本		备注
					标准品	计划品	库存基准	实绩	目标	实绩	评价	目标	实绩	现单价	降低单价	降低金额	

表 11-13　库存月报表（二）

编号：　　　　　　　　　　　　　　　　　　　　　　　月度：　年　月

货名	规格	单位	上期结存			本期入库			本期出库			本期结存			备注
			数量	单价	金额	数量	单价	金额	数量	单价	金额	数量	单价	金额	

表 11-14　库存计划表

编号：　　　　　　　　　　　　　　　　　　　　　　　日期：　年　月　日

日次	品名及规格	材料编号	生产量		单位用量	用量小计	损耗率（%）	总用量	库存量	计划用量	单价	金额	可用天数	备注
			数量	单位										

表 11-15　货物存量明细表

编号：　　　　　　　　　　　　　　　　　　　　　　　日期：　年　月　日

物资名称		规格型号	
货位名称		货位编号	
物资编号		计量单位	
补货安全存量		最低安全库存	

日期	凭单号码	摘要	入库量	出库量	结存量	备注

表 11-16　基准存量设定表

序号	品名	规格型号	单位	上年平均月用量	设定月用量	安全存量		请购量		设定请购量	最小包装量
						天数	数量	天数	数量		

表 11-17　安全存量预警表

品类						
料号	单位	品名规格	现有库存量	安全存量基准	差异数量	建议采购量

表 11-18　库存成本（按形态）计算表

费用项目		销售、管理费	物流费	计算基准
1	包装材料费			
2	车辆租赁费			
3	水电气费			
4	工资福利费			
5	保险费			
6	修缮费			
7	减价偿还费			
8	捐款及公用事业费			
9	通信费			
10	办公用品费			
11	软件使用费			
12	利息			
13	各项杂费			
14	广告宣传费			
15	业务招待费			
16	差旅费			
合计				

表 11-19　库存成本（按功能）计算表

费用项目		物流费	功能					
			包装	配送	保管	搬运	信息流通	物流管理费
1	包装材料费							
2	车辆租赁费							
3	水电气费							
4	工资福利费							
5	保险费							

（续表）

费用项目		物流费	功能					
			包装	配送	保管	搬运	信息流通	物流管理费
6	修缮费							
7	减价偿还费							
8	通信费							
9	办公用品费							
10	软件使用费							
11	利息							
12	各项杂费							
合计	金额							
	构成比							

表 11-20　库存成本（按过程）计算表

费用项目		供应	生产	销售	退货	废弃	合计
企业内物流费	材料费						
	人工费						
	维护费						
	水电气费						
	公益费						
小计	其他费用						
委托物流费							
外企业支付物流费							
合计							

表 11-21　物资管制卡

编号：　　　　　　　　　　　　　　　　日期：　　年　月　日

物资名称		物资编号		存储位置		物资等级	□A　□B　□C
安全存量		订购点		最高存量		前置时间	
日期	入库	出库	结存	日期	入库	出库	结存

表 11-22 物资跟催单

供应商名称： 供应商编号： 日期： 年 月 日

序号	物资名称	物资编号	规格	订购量	日期	在途量	备注

表 11-23 货物用量差异反映表

编号： 日期： 年 月 日

物资编号	物资名称	规格	上月用量	预估用量	实际用量	超出数量	超出百分比	原因	是否修订	拟修订用量

表 11-24 库存状态表

序号	物资名称	物资编号	计量单位	库存数量	保税货物			完税货物			清关货物		
					好货	坏货	搁置	好货	坏货	搁置	好货	坏货	搁置

表 11-25 存量管制表

品名		单位库号		请购点		采购前置时间	
规格		架位		请购量		月拨发量	
件号		图号		安全存量		每月平均拨发量	

日期	凭单号码	摘要	入库收/欠发	出库发/欠收	结存数量	请购			分配			
						请购量	请求交货日期	总请购量	分配量	计划使用日期	总分配量	可利用量

表 11-26 限额发料单

编号： 领料日期： 年 月 日

领料部门		仓库		材料用途	
计划生产量		实际生产量		使用期限	

物料名称	编号	规格	单位	领用限额	调整后的领用限额	实际耗用量		
						数量	单价	金额

发料记录

发料日期	请领数量	实际发放量			退料数量			限额结余
		数量	发料人	领料人	数量	发料人	领料人	

生产部门： 采购部门： 仓储部门： 领料单位：

表 11-27 物资采购统计表

日期		进厂量	使用量	库存量		订购未到量	采购参考量	
月	日			数量	日期限制		数量	可用天数

表 11-28 库存明细账目表

编号： 日期： 年 月 日

名称	规格	日期		凭证		摘要	收入		发出		结存		A 类物资		B 类物资		C 类物资	
		月	日	种类	编号		批号	数量	批号	数量	批号	数量	批号	数量	批号	数量	批号	数量

表 11-29 库存货物评估明细表

序号	名称	规格型号	单位	账面价值			实际数量	评估价值		增值率	备注
				单价	数量	金额		单价	金额		

表 11-30 物资 ABC 分析表

序号	物资名称	各品种比例	编号	单价	金额	年使用量	占用金额比例	累计占用比例

加强企业库存控制与管理，提高企业的综合管理能力，可保证生产经营活动的正常运行，推动其更稳、更快地发展。库存控制与管理不是简单地减少购入，而是对物品需求进行正确的预测，对库存做出合理规划，这对企业管理者提出了更加严格的要求。

第12章 绩效管理

绩效考核是企业在既定的战略目标下，基于特定的标准和指标，对员工工作及取得的业绩进行评估，并运用评估结果对员工进行正面引导的过程和方法。仓储管理人员应全面掌握针对仓储人员的绩效考核原则、目标与指标，配送人员绩效考核的内容、策略、指标及细则等内容。

12.1 人事管理

12.1.1 素质要求

仓储人员担负着重要的岗位职责，对其素质有较高的要求。仓储人员基本素质、职业道德要求、招聘管理流程分别如图 12-1、图 12-2、图 12-3 所示。

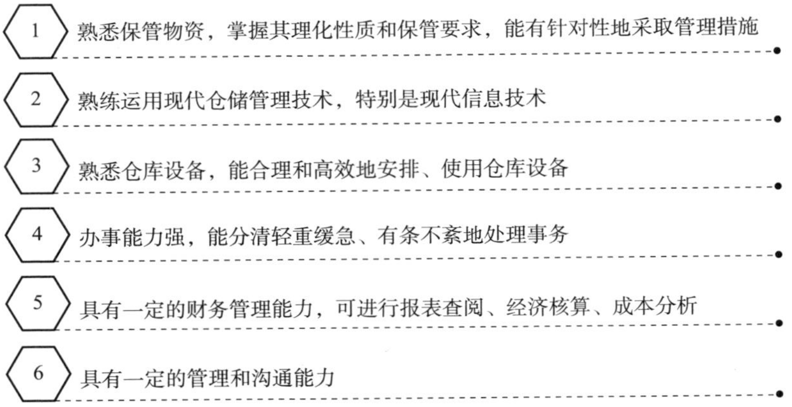

图 12-1 仓储人员基本素质

1. 热爱仓库工作，忠于职守
2. 具有“企业兴我荣、企业衰我耻”的责任感和使命感，坚决维护企业利益
3. 具备一定的政治理论修养，了解国家相关政策、法律、法规等
4. 具有强烈的责任感和良好的品德修养，讲效率、讲效益
5. 切实做到“三实”：做诚实人、说实话、做实事
6. 严格依照企业规定的程序及规范开展各项作业，不以个人主观意志或他人意志为转移
7. 清正廉洁，自觉构筑思想防线，抵制各种违法乱纪行为
8. 严格遵守规章制度和工作规范，履行岗位职责

图 12-2　仓储人员职业道德要求

- 步骤1 • 人员需求计划报人力资源部审核、总经理审批
- 步骤2 • 人力资源部制定招聘方案，包括招聘职位名称、任职资格、薪酬待遇、面试方式及时间、招聘渠道等
- 步骤3 • 人力资源部发布招聘信息并收集、筛选简历
- 步骤4 • 面试，重点审核应聘人员条件和能力，确定其是否适合应聘岗位、符合岗位要求
- 步骤5 • 审核面试人员，做出拟录用决策，报总经理审核
- 步骤6 • 做出录用决策
- 步骤7 • 发出录用通知，明确报到时间、地点、岗位、待遇等事项
- 步骤8 • 为新员工办理入职手续，签订劳动合同

图 12-3　仓储人员招聘管理流程

12.1.2 员工招聘

结构化面试表如表 12-1 所示。

表 12-1 结构化面试表

项目	内容
工作兴趣	请用 1 分钟时间做自我介绍
	你认为该职位职责包含哪些内容？为什么申请这一职位
	你认为自己拥有哪方面优势
	对薪资的要求
	你对本企业有哪些了解？为什么选择我们？期望从工作中得到什么
	接下来的 1~3 年里，你的职业目标是什么？希望我们提供哪些帮助
	什么环境可以激励你更好地工作
当前工作状况	现在在职吗？是□否□。如果否，多久了
	如果在职，为什么重新选择
	多久可以入职
工作经历	请介绍前 5 年的工作经历，包括单位名称、职位、职责等
	当前（上一个）职业
	上份工作的职责是什么
	当前从事同样的工作吗？是□否□。如果是，请描述工作时间及承担的主要职责
	对于当前的工作，最喜欢的方面什么？最不喜欢什么？为什么
	起薪多少？当前收入多少
	为什么选择离开？提交离职申请了吗
	你在上一份工作中发挥了哪些个人长处，有什么不足
	若和主管领导意见不一致，你如何处理？请举例说明
	上一份工作中遇到的最大困难是什么，你是如何解决的，结果怎样
	我们可以和你当前所在单位联系吗
教育背景	具有哪些相关教育或培训经历？在职业选择和职业生涯规划方面有哪些考虑
	介绍一下你的专业和方向
业余活动	业余时间喜欢做什么？有兼职工作吗
	说说你的日常文体活动
个人问题	是否可以出差？你愿意出差的最长时间是多久
	是否可以加班？如何看待周末上班
	你对所申请职位的职责有什么疑问吗
	你认为自己有哪些优点和缺点？请举例说明

12.1.3 员工培训

仓储员工培训课程大纲如表 12-2 所示。

表 12-2 仓储员工培训课程大纲

课程模块	课程名称	课程内容
仓储管理与跨部门协作	制造企业仓储与物流的关系	现代制造业物流发展对仓储管理的要求
		物料仓储管理面临的十大问题
		如何将传统仓储功能向物流配送管理功能转化，如何降低物流成本、提升企业快速反应能力
	仓储与跨部门协作	跨部门不协调的种种表现和后果
		跨部门协调性差的原因分析
		仓储同采购、生产、销售跨部门的协作与沟通
	传统仓储功能向物流现场管理的转化	传统仓储与现代仓储观念和目标的区别
		如何根据现代物流管理的要求进行仓储管理职责再定位
		如何发挥仓储部门的物料控制、货位规划利用、信息沟通与配送服务的作用
	仓储业务流程及优化	仓储业务流程及其优化方法
物料入库控制	物料入库交接问题及其解决途径	到货信息预报、包装标示与描述存在的问题
		入库业务操作不规范问题
		供应商供货时间、数量的不确定性问题
		问题物料得不到及时处理的问题
	物料验收方法	计件货物的验收操作方法
		超长货物的验收操作方法
		计重原材料的验收操作方法
		物料验收差错的预防与责任追溯
		仓储部门如何做好验收记录
	仓储货卡标示的设置方法	货物标示与 ISO 9000、TS 16949 国际质量认证要求（待检、合格、不合格、待处理、让步接收的定义与标示）
		如何根据可追溯性与目视化管理的要求进行物料的标示
		信息系统中的设置
	物料快速验收条件	确保物料快速验收的五个条件

（续表）

课程模块	课程名称	课程内容
货物储存与养护技术	仓储规划	如何根据货物特点合理设置货架及平库的比例与布局
		如何进行仓库储存能力规划
		在 ERP 系统管理环境下，货位合理规划与编号的方法
		“先进先出”、批次管理的四种有效方法
	仓容定额与物料合理储存	如何确定构成仓库储存能力的三个参数
		如何根据物料性质、保管要求及特点进行分区储存
		如何根据物料库存周转率规划货位
		如何发挥仓储主动沟通信息的作用来提高货位利用率
		如何根据产品 BOM 和采购周期、体积、重量及消耗的特点合理分配货位、确定周转率
	库存盘点与盈亏、损耗的处理	库存盘点的目的和方法
		库存盈亏的原因、预防与处理
		如何发现和防范仓储业务中的舞弊行为，以确保物资安全
		仓库账外料的预防与处理方法
	货物养护技术	导致物料质量变化的八大原因分析
		仓库温湿度控制方法
		防治霉变、锈蚀的八大措施
	仓储 5S 管理	5S 管理的内涵、内容和标准
		5S 管理推行办法、达标标准和评比方法
仓储物料库存控制	仓储物料库存控制与 ERP 系统管理	库存控制的三大精髓
		如何实现库存信息共享
		ERP 系统运作的八大问题及解决方案
	库存控制的有效方法及其应用	ABC 控制法、定量控制法、定期控制法、安全库存控制法、滚动计划控制法等方法的介绍
		各种方法的运用案例
	备品、备件管理	备品、备件管理中的八大难题
		备件请购行为规范与操作程序
出库作业控制	出库操作管理	出库规范操作的十大要求
		出库操作的八大程序
	拣货与备货作业	快速拣货的三种方法及其适用情况
		如何防止拣货差错
	退料与补料操作规范	补料处理和退料处理
		ERP 移库与 BOM 自动扣料方式下的盘盈盘亏业务处理

（续表）

课程模块	课程名称	课程内容
出库作业控制	非正常领料处理方法	借料产生的原因及其带来的问题
		杜绝借料的有效方法
如何构建高效的物料配送体系	高效物料配送管理	领料制、发料制与配送制的利弊分析
		如何打破部门界限，实现仓储、配送及物料管理一体化
		如何进行仓储、配送与在线物料管理岗位的职责定位
		如何处理好物流部门与其他部门的关系
	物料配送的具体运作方式	如何确定生产需求与配送的信息传递方式
		物料配送的三种具体运作方式
	仓储与配送技术的现代化应用	仓储与配送技术的发展趋势
		仓储与配送新技术的应用
	仓储管理应用软件的选择	先进的仓储管理应用软件应具备的功能
		如何规避软件及供应商选择风险
		选择仓储管理应用软件及供应商时应注意的八大关键点
仓储安全管理	仓储安全管理制度	岗位职责
		仓库安全值班制度
		仓库安全防火管理规定
	仓库安全管理措施及方法	仓库分区管理办法
		危险品的存放与保管
		废弃包装材料的处理
		库房的安全管理
		仓库设备的安全管理
	仓库安全管理设备的使用与维护	安全设备使用规范
		安全设备故障处理、设备维护及保养
	安全事故处理规范	安全事故责任制处理办法
		如何规避仓储安全事故
		如何确保库内操作规范化
		直接责任人及相关连带责任人处罚办法
		紧急事故处理办法
仓储与配送业绩评估	仓储与配送考核管理	仓储管理质量评审内容
		仓储与配送业绩评价指标体系
		仓储与配送业绩评价操作程序

12.2 绩效考核

只有建立系统的仓储绩效考核体系，才能更好地完成生产经营目标，提高对客户和其他部门的服务水平，控制仓储成本和物流总成本。

12.2.1 仓库整体绩效指标

仓库整体绩效评估指标、仓库审计检查表分别如表12-3、表12-4所示。

表12-3 仓库整体绩效评估指标

类别	评估指标	计量单位	指标说明
仓储能力	平均库存金额	元	（期初库存金额+期末库存金额）÷2
	货物周转（吞吐）金额	元	入库金额+出库金额（不含直通）
	事故次数	次	分大型、中型、小型、微型4类
	日均发货件数	件	平均每天发出的货物件数
	日均收货件数	件	平均每天收取的货物件数
	日均出库订单个数	个	平均每天发货的订单个数
	日均出库订单行数	行	平均每天发货的订单行数
	日均入库订单个数	个	平均每天入库的单据个数
	日均入库订单行数	行	平均每天入库的单据行数
	仓储面积	平方米	仓库的总面积
	存货占用面积	平方米	存货可占用的面积，不含过道
	单位面积储存金额	元/平方米	平均库存金额÷存货占用面积
	库容量	立方米	除去通道和间隙后，能够堆放货物的最大体积
	库容量利用系数	元/立方米	平均库存金额÷库容量
	仓库面积利用率	%	存货占用面积÷仓储面积×100%
	流出运费率	%	运费总额÷出库总金额×100%
	流入运费率	%	供应商至仓库运费总额÷入库总金额×100%
运行成本	销售仓储费用率	%	仓储费用总额÷销售额×100%
	单位存储费用率	%	仓储费用总额÷平均库存金额×100%
	车辆费用	元	维修按车统计，燃油按加油卡统计
	延迟订单个数	个	未按要求在规定时限内发货的订单个数
	客户投诉次数	次	客户投诉物流部门的次数

（续表）

类别	评估指标	计量单位	指标说明
服务能力	平均订单周期	天	订单从接收到交付之间的平均天数
	拣选差错率	%	拣选出错订单行数÷订单总行数×100%
	单据传递差错率	%	单据传递差错个数÷总订单个数×100%
	发货差错率	%	从仓库发出的商品差错行数÷总订单行数×100%（含产品多、少、错）
	配送差错率	%	从仓库发出的出错商品总件数÷总发货件数×100%（含发错地址）
	账货差异率	%	（盘盈+盘亏）÷货物周转金额×100%
	库存损耗率	%	报废商品金额÷平均库存金额×100%
	单位时间订单处理效率	行/时	订单行数÷所用工时×100%（订单从打印至发运）
	单位时间单据处理效率	行/时	所有单据行数÷所用工时×100%（含出入库）
	装箱质检效率	行/时	装箱质检总行数÷所用工时×100%
	分拣效率	行/时	分拣总行数÷所用工时×100%
	全员平均劳动生产率	元/人	货物周转金额÷仓库总人数×100%
	质检有效率	%	质检岗位发现的拣货差错次数÷（质检岗位发现的拣货差错次数+客户反馈的发货差错次数）×100%
	货物延迟入库单数	个	到货后未在规定时限内入库的单据个数
	提货延迟次数	次	接货运公司通知，未在规定时限内提回的次数
其他指标	员工流失率	%	本期员工流失人数÷（期初员工人数+本期增加员工人数）×100%
	直通比例	%	直通订单金额÷总采购金额×100%
	客户退货率	%	退货金额÷采购金额×100%
	单位订单平均品种数	行/单	订单行数÷订单个数

表 12-4　仓库审计检查表

项目	内容
员工管理	新员工是否都有仓库工作经历
	新员工入职后，是否接受过相关专业培训？若是，是否有对应的考核
	员工离职是否有安全风险？员工离职，相关的密码或钥匙是否更换
	是否有员工储备？新员工是否直接上班
	新员工熟悉仓库相关工作、货物和货位、各类工作流程需要多长时间
	有储备的仓储主管吗？培养一个仓储主管需要多长时间
	员工可靠程度如何

（续表）

项目	内容
安全管理	是否有火灾、水灾、盗窃、突击检查等应对预案
	员工是否都会使用灭火器？是否实际操作过？是否安排过消防学习
	员工是否都会拨打报警电话
	消防水管是否都完好？是否确保关键时候出水？员工是否都清楚位置
	暴雨天仓库若漏水，有无应对的器材设备？钢结构天沟是否定期打扫？下水管道是否疏通？仓库四周排水管道是否清理？污水井、雨水井是否堵塞？有无消防沙袋、苫布？窗户是否每天关闭
	货物是否放在托盘上不接触地面
	在某些特定情况下，仓库需要进行整体转移，是否有对应的流程？后备仓库是否已联系好？需要多长时间可转移完毕
	监控措施是否到位，是否有监控死角？装车口是否有多路交叉监控？监控设备是否有后备电源，是否具有远程查看功能
库存管理	出入库准确率如何？多发、少发、错发的频率如何
	多长时间盘一次库？每次需要多长时间
	每次盘点是否所有商品都参与？是否包括不良品、待退回厂商的货、赠品
	盘点前是否提前告诉仓储主管？是固定日期盘点，还是突击盘点
	盘点数据准确率如何？是盘盈情形多，还是盘亏情形多？错放情形如何
	盘点差额由谁承担？有无未及时入账的货物？有无暂借出去的货物？有无客户暂存仓库的货物
	损耗是否能确定原因？有无损耗超标的处理方案
	整箱货物与散件货物是否分开管理
价值管理	商品是否都“先进先出”？员工在日常工作中是否都能贯彻执行
	是否有相应的硬件、措施、流程、监督体系和奖惩办法确保仓库员工都遵守“先进先出”要求
规划管理	是否有仓库工作时间安排总表
	对于每天、每周、每月、每年固定日期要重复执行的工作，是否有标示
	对于公司上游厂商的订货及到货情况，是否进行及时标注追踪
	仓库工作的流程化、标准化、书面化、图示化等要求是否执行到位
现场管理	仓库整体清洁程度如何？地面有无明显落灰，有无对应的除尘措施？顶棚是否漏水？地面是否积水？地面有无明显的垃圾或杂物
	现场光照是否充足
	拐角、地面凹凸处、货架边角和推车边角等处，是否有相关防护措施
	仓库内是否停放员工私人车辆？是否有处于充电状态的设备？是否配备卫生间

（续表）

项目	内容
现场管理	是否按照消防法规要求使用防爆灯具和开关
	库区是否有使用普通生活电器的情形？各类电线是否进行包管处理
	各类工具器材是否归放到位？各类吊牌、墙标、箱标、地标等是否齐全且清晰
	仓库分区是否清晰？分区标志是否到位？库存区、清点区、装车区之间是否有明确的分割措施
	库外人员是否能随便进库？进库人员是否要求有明确的身份证明
	仓库办公室整洁程度如何？各类文件物品分类是否清晰？标签是否到位

12.2.2 仓储人员绩效考核

仓储人员绩效考核项目、考核目标、考核指标，主要仓储岗位业绩考核指标分别如表12-5、表12-6、表12-7、表12-8所示。

表12-5 仓储人员绩效考核项目

项目		内容
营运能力分析	人力资源分析	充分调动经营管理者的积极性、能动性，通过提高员工作业经营效率，奠定仓储营运能力持续、稳定提升的基础，通常采用劳动效率指标进行分析
	作业资源分析	（1）总资产周转率。仓储的总资产营运能力集中反映为总资产的营业水平，即周转率。总资产周转率是指营业收入净额与平均资产总额的比值。 （2）流动资产周转率。仓储流动资产营运能力的强弱主要体现为流动资产营业率，具体表现在流动资产周转速度方面。 （3）应收账款周转率。应收账款周转率是商品或产品赊销收入净额与应收账款平均余额的比值，反映应收账款流动程度。 （4）存货周转率。存货周转率是营业成本与存货平均资金占用额的比值
	固定资产分析	结合流动资产的投资规模、周转率、周转速度来分析固定资产的营运能力，主要通过固定资产营业率指标考核固定资产营运能力
获利能力分析	服务利润率	仓储服务利润率是利润与营业收入净额的比值
	成本利润率	成本利润是利润与成本的比值
	资产利润率	资产利润率是利润与资产平均占用额的比值，包括总资产利润率、流动资产利润率、固定资产利润率、净资产利润率、资产保值增值率等指标

表 12-6　仓储人员绩效考核目标

考核目标	内容
物资保管制度	制定物资存储、保管的相关制度，确保制度完善率达 100%，并根据仓储状况及时提出修订建议
物资存储方案	（1）根据物资特性以及仓库布局，及时制定各类物资的存储方案。 （2）确保方案合理、可行
堆码工作管理	（1）根据物资的数量、形态、特性以及仓库布局情况，选择合适的堆码方法对入库物资进行堆码，堆码工作完成及时率达 100%。 （2）确保物资堆码方案合理，货垛的稳定率达到__%
存储环境管理	（1）由专人负责仓库温湿度的调节工作，充分利用通风、降温、吸湿等措施，确保将仓库温湿度控制在适宜物资存储范围内。 （2）定期对仓库周边的垃圾进行清理，确保仓库整洁、有利于物资存储
物资保养管理	（1）养护员定期对仓储物资进行保养，确保仓储物资完好率达__%。 （2）养护员定期对金属类物资进行防锈、除锈管理，确保物资损耗率不超过__%
防霉防腐工作	（1）对仓库物资进行防霉防腐处理，确保物资霉腐率不高于__%。 （2）对霉腐物资进行处理，防止霉腐继续蔓延
病虫害防治	（1）及时对仓库环境进行清理，杜绝病虫害。 （2）及时进行物资病虫害防治，确保出现病虫害的区域不超过仓库面积的__%。 （3）及时将出现病虫害的区域进行隔离，并迅速采取杀虫措施，确保物资安全
库存物资巡检	（1）定期对物资进行巡检，确保巡检工作完成及时率达 100%。 （2）检查内容包括清点物资数量是否正确、检查物资包装是否完整、查看物资是否发生霉变和病虫害等，确保问题物资检出率达 100%
仓储设备和器具使用	（1）由专人负责保管仓储设备和器具，确保仓储设备和器具完好率达 100%。 （2）作业人员需掌握仓储设备和器具的使用方法，确保妥善使用仓储设备和器具
仓储安全管理	（1）定期进行仓库安全检查，确保安全检查计划执行率达 100%。 （2）定期检查仓库消防、防汛的设施是否完好，确保安全隐患排除率达 100%

表 12-7　仓储人员绩效考核指标

指标	内容
吞吐量	吞吐量=入库量+出库量+直拨量 直拨量指直接从仓库外调拨给用户的数量，出入库手续按正常流程办理，仓库内的实际货物流动是虚拟的
平均库存量	日平均库存量（吨）=（月初库存量+月末库存量）÷2 月平均库存量（吨）=各月日平均库存量之和÷12 包括寄存商品，不包括待处理、代验收的货物

（续表）

指标	内容
存货周转率	存货周转率（%）=存货销售成本÷存货平均余额 存货平均余额=（年初存货数额+年末存货数额）÷2
收发差错率	收发差错率（%）=收发差错累计笔数÷收发货物总笔数 收发正确率（%）=1-收发差错率 贵重物品实行双人复核，收发正确率要求100%，一般物品收发差错率要求0.01%~0.10%
物品损耗率	物品损耗率（%）=物品损耗量÷物品入库总量 或：物品损耗率（%）=物品损耗量÷物品出库总量
投诉率	投诉率（%）=投诉累计笔数÷收发货物总笔数 业务赔偿率（%）=业务赔偿总额÷业务总收入
账实相符率	账实相符率（%）=账实相符品种数÷库存总品种数 账实差错率（%）=盘点账实差错金额累计÷出入库金额合计
物资消耗定额指标	燃料、水电气、办公用品、消耗材料等消耗定额
作业量系数	作业量系数=装卸作业总量÷进出库数量合计
单位仓储成本	单位仓储成本（元/吨）=仓储总费用÷各月平均库存重量之和 单件进出库成本（元/件）=仓储总费用÷进出库数量之和

表12-8 主要仓储岗位业绩考核指标

岗位名称	考核项目	关键绩效指标
物资验收主管	运营管理	验收规范的完善程度、验收工作开展及时率、验收工作按时完成率、验收检验报告提交及时率
	设备管理	设备完好率、设备使用率、设施维修及时率
	客户管理	验收工作被投诉次数、领导满意度评分、部门协作满意度评分
	内部管理	培训计划完成率、绩效考核计划按时完成率、核心员工流失率、验收人员违规次数
装卸搬运主管	装卸作业	装卸总作业量、装卸任务完成率、装卸工时效率
	搬运作业	搬运总作业量、单位人时工作量、搬运物资完好率
	设备管理	设备完好率、设备利用率、机械作业比重
	安全管理	装卸搬运事故次数、装卸搬运事故损失率
	台账管理	账物相符率、台账记录完整率

（续表）

岗位名称	考核项目	关键绩效指标
仓储主管	仓储管理	收发料台账登记及时率、物料出入库单据传递及时率、物料库存周转提交及时率、物料库存分析准确率、物料定置管理合理性、物料库存盘点账实相符率
	设备管理	仓储设备完好率
	费用控制	仓库费用控制目标达成率、仓储物料损失金额、一年内要过期的仓储物料金额
入库主管	入库管理	入库手续审核的规范性、入库事宜办理的及时率、入库台账编制的及时率、入库台账编制的准确率、库房报表提交的及时率
	内部管理	领导满意度、部门协作满意度、培训计划完成率、考核计划按时完成率
出库主管	出库管理	出库制度和流程的规范化程度、出库手续和凭证审核的规范性、出库差错率、出库物资报表提交及时率、出库工作延迟被投诉次数
	内部管理	领导满意度、部门协作满意度、绩效考核计划按时完成率、部门培训计划按时完成率、部门员工违纪次数
仓储规划师	仓储规划	仓储类型选择正确率、业务要求实现率、运营成本降低率、仓储面积利用率、单位面积存储量、货物吞吐量、功能模块的实现率、货物平均收发时间、单件商品出入库成本、仓储设备利用率、信息模块实现率、战略事项达成率
	工作绩效	规划任务按时完成率、规划方案提交率、培训参加次数
仓库管理员	物资管理	在库物资完好率、物资缺货率、物资堆放规范性、物资损耗率、仓储物资损失金额、仓容利用率、仓储事故发生次数、领导满意度
	环境管理	仓库环境良好率、库存5S管理

12.2.3 配送人员绩效考核

配送人员绩效考核内容、策略和指标分别如表12-9、表12-10、表12-11所示。

表12-9 配送人员绩效考核内容

项目	内容
商品销售绩效	商品毛利计算、商品周转率及周转时间计算、商品销售总数统计、各种商品所占经营比例、各种商品总销售利润比例、退货订单统计、退货金额与总销售金额比例分析、退货商品与销售商品数量比较分析、退货商品排序、退货原因分析

（续表）

项目	内容
作业处理绩效	作业人员作业量统计、作业人员进销订单与退货订单全额比例分析、作业人员呆账及销售金额比例分析、作业人员账款期长短分析、订单处理人员失误率分析、订单处理人员每日订单处理数量统计、出货人员失误率分析、出货人员每日订单处理数量统计、客户联络费用统计
仓库保管效率	保管容量效率、渠道商品处理容量比例、每人每月的处理比例、保管效率分析、仓库周转率、库存月差比率、合同仓库利用率、单位出入库的装卸费、出入库人员生产力评估、仓库使用容量高低峰比例、缺货率
配送效率	单位时间配送量、空车率、输送率、装载率、配送次数管理
机具设备使用	码头使用率、码头高峰率、搬运设备使用率、流通加工所产生的商品报废率、流通加工使用材料金额统计、包装容器使用率、包装容器损坏率、机具设备损坏率分析

表 12-10　配送人员绩效考核策略

项目	内容
物流成本考核	物流成本率＝年物流成本总额÷销售额×100%
库存周转率	库存周转率＝年销售量÷平均库存水平×100% 库存周转率数值越高，销售情况越好，库存占压资金越少
订货满足率	订货满足率＝现有库存能满足订单的次数÷顾客订货总次数×100%
订单与交货的一致性	无误交货率＝当月准确按订单发货次数÷当月发货总次数×100%
货物的破损率	货物破损率＝当月破损商品价值÷当月发送商品总价值×100%
投诉次数	应提高顾客忠诚度，降低投诉次数
运营费用比率	运营费用比率＝所支付的仓库租金和运费÷支出总额×100%

表 12-11　配送人员绩效考核指标

项目	内容
规章制度建设	制度和流程的完善程度
配送作业计划管理	配送作业计划的制订及时率、按时完成率
备货管理	备货及时率、入库交接时货物完好率
理货、包装、配货管理	验货的规范性、包装费用的预算达成率、分拣过程中出现错误的次数、车辆配载合理性
送货管理	送货及时率、送货准确率、配送效率提高率、送货成本控制率、突发事件处理及时率
部门日常管理	员工培训计划完成率、部门预算费用达成率、核心员工离职率、部门绩效考核计划按时完成率

12.3 常用表单

表 12-12 人员需求计划表

部门			负责人			编制日期	
序号	职务编号	现有人数	拟增人数	类别	需求原因	其他要求	备注
总计	—			—	—	—	—
仓储经理意见							
人力资源部门意见							
总经理意见							

注：1. 类别：A 指正式员工，B 指临时员工，C 指兼职员工；
2. 其他要求：岗位说明书之外的其他要求或限制条件；
3. 职务编号：新增设岗位的“职务编号”可暂空，需同时提交岗位说明书。

表 12-13 招聘申请表

<table>
<tr><td>申请部门</td><td colspan="2">仓储部</td><td colspan="4">部门经理（签字）</td><td colspan="2"></td></tr>
<tr><td rowspan="2">申请原因</td><td colspan="8">□员工辞退　□员工离职　□业务增量　□新增业务　□新设部门</td></tr>
<tr><td>申请原因说明</td><td colspan="7"></td></tr>
<tr><td rowspan="4">需求计划</td><td colspan="2">使用时间</td><td colspan="5">职务名称与人数</td><td>上岗时间</td></tr>
<tr><td colspan="2">□临时使用（少于 30 天）</td><td rowspan="3">职务</td><td>1</td><td></td><td rowspan="3">人数</td><td></td><td></td></tr>
<tr><td colspan="2">□短期使用（少于 90 天）</td><td>2</td><td></td><td></td><td></td></tr>
<tr><td colspan="2">□长期使用（多于 180 天）</td><td>3</td><td></td><td></td><td></td></tr>
<tr><td rowspan="7">聘用标准</td><td colspan="2">利用现有“职务说明书”</td><td colspan="6">□可以利用　□不能利用　□局部更改
□尚无“职务说明书”，需编写</td></tr>
<tr><td>工作内容</td><td colspan="7"></td></tr>
<tr><td>工作经验</td><td colspan="7"></td></tr>
<tr><td>专业知识</td><td colspan="7"></td></tr>
<tr><td>领导能力</td><td colspan="3"></td><td colspan="2">性格要求</td><td colspan="2"></td></tr>
<tr><td>创新能力</td><td colspan="3"></td><td colspan="2">组织能力</td><td colspan="2"></td></tr>
<tr><td>电脑操作能力</td><td colspan="3"></td><td colspan="2">外语能力</td><td colspan="2"></td></tr>
<tr><td>其他标准</td><td colspan="8"></td></tr>
</table>

（续表）

薪酬标准	基本工资		其他收入	
主管意见				
人力资源部门批示				
总经理意见				

表 12-14　员工面试评估表

类别	项目	0	1	2	3	4	评语
个人特征	外貌						
	行为、举止						
	语言表达						
	与面试官的合作						
工作相关特征	胜任本职位的经历						
	工作知识						
	人际关系						
	有效性						

表 12-15　录用通知书

××公司录用通知书

__________先生/女士：

您已成功应聘本公司仓储部__________职位，恭喜您成为本公司的一员。请您于____月____日____时到公司报到，报到时请携带以下证件和物品。

1. 身份证及复印件。
2. 毕业证书、学位证书及复印件。
3. 本录用通知书。
4. 三张一英寸免冠照片。
5. 其他____________。

本公司新员工的试用期为____个月，试用合格后转为正式员工。薪酬福利等事宜由人力资源部薪酬专员与您面谈。如有疑问，请按下面的联系方式联系我们。

预祝您工作愉快！

此致

敬礼！

××公司人力资源部

年　　月　　日

公司地点		联系电话	
乘车路线			

表 12-16　培训计划表

编号：　　　　　　　　　　制表人：　　　　　　　　　　制表时间：　　年　　月　　日

培训名称		培训对象/人数	仓储人员（____人）
培训内容		培训时间	

课程	培训时间	培训地点	培训机构	培训讲师	培训方式	预期效果	费用预算	备注

	姓名	职位	部门
参加人员名单			仓储部
			仓储部
			仓储部

人力资源部经理（签字）		总经理（签字）	

表 12-17　考勤汇总表

编号：　　　　　　　　　　　　　　　　填表时间：　　年　　月　　日

姓名	职位	出勤天数	应出勤天数	请假					迟到、早退		备注
				事假	病假	婚假	产假	其他	迟到累计时间	早退累计时间	

表 12-18　员工违纪处分通知单

编号：　　　　　　　　　　　　　　　　填表日期：　　年　　月　　日

姓名		工作证号		职位		所属部门	仓储部
所犯过错	□旷工 □屡次迟到 □工作时间睡觉 □屡次逃避工作			□行为不检点 □在单位赌博 □故意以不正确的方式工作 □不服从或拒绝接受上级正当命令			
发生日期	____年____月____日						
处分类别	□批评 □停职（从____年____月____日至____年____月____日，共____日） □撤职						
撤职生效日期	____年____月____日 （请受处分人员于撤职生效日期前到人力资源部报到）						
备注							

表 12-19 360 度评估表

被评估人：		评估人：同事、领导、客户				
序号	技能要求	评估				
		最符合	符合	一般	不符合	非常不符合
1	诚实、可靠、诚信，对企业有感恩之心					
2	有大局观，以身作则，能在工作中树立正气					
3	遵守规章制度，严于律己					
4	团结同事，人际关系融洽和谐					
5	主动学习相关知识，不断提高自身素质和工作技能					
6	工作不需监督，领导是否在场不影响其工作表现					
7	工作中不存在懈怠、拖延、偷懒等不良行为					
8	敢于创新求变，勇于承担责任；出现问题，主动承担责任					
9	具有强烈的主人翁意识，能站在企业的立场考虑问题，处理问题认真、细致					
10	爱护环境、不乱丢乱弃，爱护仓储设施、节约资源					
11	尊重内外部客户，对他人失误能予以谅解，不抱怨、不责难					
12	站在客户角度处理问题，想方设法满足客户需求，如急件发货等					
13	对于部门间协调的问题，寻求正常途径解决，而不是私下议论、指责					
14	能倾听别人的意见，虚心接受善意批评					
15	语言表达能力强，讲话简明扼要，易于理解					
16	与同组人员团结一致，高效完成本职工作，不各行其是					
17	工作具有计划性，统筹安排时间、排定工作次序，有条不紊开展工作					
18	上级交代的工作任务，能够保质保量地完成					
19	具备一定的专业知识和经验，能够胜任目前的工作					
20	协调工作进度，不影响整体工作进展					
21	有问题当面说，不背后乱说					
22	积极主动完成工作，当日事当日毕					

续表

被评估人：		评估人：同事、领导、客户				
序号	技能要求	评估				
		最符合	符合	一般	不符合	非常不符合
23	主动改进工作中的不足					
24	对仓库日常工作献言献策，有良好的团队意识					
25	责任心强，努力做好每一项工作，积极提高工作效率					
26	爱岗敬业，对工作一丝不苟，认真、勤奋，有上进心、责任感					
27	乐于助人、任劳任怨，做好本职工作之余积极协助其他岗位，进步快					
28	说话文明，微笑待人，有爱心、不斤斤计较					
29	上班时间打游戏、上网聊天、干私活，同事需要帮助时视而不见					
30	工作懒散、经常找不到人，经常请假					
31	时而躲在角落里聊天、上网、吃东西					
32	爱发牢骚，抱怨工作量大、待遇差，本着拿多少钱、干多少活的态度					
33	消极怠工、工作效率低、没有积极性，“当一天和尚撞一天钟”、工作拖拉					
34	缺乏责任心，不能主动发现问题，对出现的问题一知半解					
35	“事不关己，高高挂起”，缺乏担当					
36	只关心自己、不管他人					
37	对同事缺乏信任，出现问题总以为是针对自己					

表 12-20　仓储部经理季度考核表

考核指标	权重（%）	考核标准	得分	考核人
库房管理	30	1. 因仓库错发物品、成品原因影响生产、销售的，一次扣__分。 2. 因库房管理不善造成物品、成品损失在__元以上__元以下的一次扣__分。 3. 因库房管理不善造成物品、成品损失在__元以上__元以下的一次扣__分。 4. 因库房管理不善造成物品、成品损失在__元以上的，该项得分为0		

（续表）

考核指标	权重（%）	考核标准		得分	考核人
库存信息管理	20	考核项目	得分		
		库存信息记录准确性（40%）			
		库存信息管理规范性（30%）			
		库存信息更新及时性（30%）			
库存盘点相符率（X）	25	X≥99%	91~100分		
		98%≤X<99%	81~90分		
		97%≤X<98%	61~80分		
		96%≤X<97%	41~60分		
		X<96%	0~40分		
领导综合满意度	25	超过计划要求，带来预期外的较大收益	91~100分		
		超出计划要求，完成预期目标	81~90分		
		达到计划的基本要求，完成基本目标	61~80分		
		未能达到计划要求，但尚未产生损失	41~60分		
		未完成计划要求，对正常工作带来消极影响	0~40分		
季度考核得分					
行政人事部经理评价				签字	
				日期	
公司总经理评价				签字	
				日期	

表 12-21　仓储部经理年度考核表

考核指标	权重（%）	考核标准			得分	考核人
部门预算费用执行率（A）	20	A≤-10%	90~100分			
		-10%<A≤-5%	81~90分			
		-5%<A≤0	61~80分			
		0<A≤5%	41~60分			
		A≥5%	0~40分			
员工满意度	20	考核项目	权重	得分		
		对下属工作安排的合理性	20			
		对下属授权的合理性	20			
		下属工作目标的明确性	10			
		与下属沟通的充分性	30			
		对下属指导和培训的充分性	20			

（续表）

考核指标	权重（%）	考核标准					得分	考核人
各季度业绩平均指标	60	第一季度	第二季度	第三季度	第四季度	平均分		
年度综合得分								
行政人事部经理评价							签字	
							日期	
公司总经理评价							签字	
							日期	

表 12-22　配送中心经理工作业绩 KPI 考核量表

序号	KPI 指标	权重（%）	绩效目标值与评分标准	得分
1	部门规章制度的完善程度	10	每遗漏__件事项，扣__分；多于__件事项被遗漏时，本项得分为 0	
2	部门费用预算达成率	15	目标值为__%，每低__个百分点减__分，费用预算达成率低于__%时，本项得分为 0	
3	配送计划制订及时率	10	目标值为__%，每低__个百分点减__分，低于__%时，本项得分为 0	
4	配送计划按时完成率	15	目标值为 100%，每低__个百分点减__分，低于__%时，本项得分为 0	
5	部门培训计划完成率	10	目标值为 100%，每低__个百分点减__分，低于__%时，本项得分为 0	
6	绩效考核计划按时完成率	10	目标值为 100%，每低__个百分点减__分，低于__%时，本项得分为 0	
7	突发事件处理及时率	10	目标值为 100%，每低__个百分点减__分，低于__%时，本项得分为 0	
8	部门协作满意度	10	目标值为__%，每低__个百分点减__分，低于__%时，本项得分为 0	
9	核心员工离职率	5	目标值为不高于__%，每高__个百分点减__分，高于__%时，本项得分为 0	
10	员工绩效考核平均得分	5	目标值为__分以上，每减少__分减__分，低于__分时，本项得分为 0	
工作业绩考核总得分				

表 12-23 配送中心经理工作能力考核表

考核项目	考核内容	权重（%）	绩效目标值与评分标准	得分
领导能力	具有较强的协调能力，部门内外协调情况较好	10	因与其他部门沟通协调不力而导致工作无法进行的次数不得超过__次，每超__次减__分，超出__次，本项得分为0	
	具有良好的激励能力，能够激励员工更好地工作	10	对部门员工的激励次数不少于__次，每少__次减__分，低于__次，本项得分为0	
	决策能力较强，对突发事件能很快做出反应	5	因决策失误而导致工作无法开展的次数不得超过__次，每超出__次减__分，超出__次，本项得分为0	
业务能力	熟悉工作内容，工作能力突出	15	对工作内容的熟悉程度达100%，每少__个百分点减__分，低于__%，本项得分为0	
	保质保量完成工作	20	未保质保量完成工作次数低于__次，每超出__次减__分，超出__次，本项得分为0	
	掌握良好的工作方法，时间利用效率高	10	时间利用效率达__%，每低__个百分点减__分，低于__%，本项得分为0	
	具有创新精神，勇于开拓	10	提出具有创新意义的规划或者建议不少于__个，每少__个减__分，少于__个，本项得分为0	
管理能力	善于调动各种资源，下属工作职责明确	10	下属工作职责不清的次数低于__次，每超出__次减__分，超过__次，本项得分为0	
	具有良好的成本控制和经营意识	10	成本费用率控制在__%以内，每高__个百分点减__分，高于__%，本项得分为0	
工作能力考核总得分				

表 12-24 装卸作业主管量化考核表

业务目标	实际完成（%）	权重（%）	评价标准	考核得分		
				初核	复核	得分
装卸计划达成率不低于__%			每降低__%，扣__分			
装卸工时效率达__%			每降低__%，扣__分			
装卸货物完好率不低于__%			每降低__%，扣__分			
装卸过程中，事故发生次数控制为0次			每出现__次，扣__分			

（续表）

业务目标	实际完成（%）	权重（%）	评价标准	考核得分		
				初核	复核	得分
装卸设备开工率不低于__%			每降低__%，扣__分			
下属员工违规操作次数控制在__人次以内			每出现__人次，扣__分			
合计		100				

表 12-25　叉车司机量化考核表

业务目标	实际完成（%）	权重（%）	评价标准	考核得分		
				初核	复核	得分
工作效率达__%			每降低__%，扣__分			
安全作业达标率达__%			每降低__%，扣__分			
设备完好率不低于__%			每降低__%，扣__分			
发生安全事故次数不多于__次			每出现__次，扣__分			
违反工作纪律次数控制在__次以内			每出现__次，扣__分			
合计		100				

开展绩效考核可以改进员工的工作方式，提高其工作效率和企业经营效益。企业对于绩效考核应多加重视，不能流于形式，否则会影响员工的积极性。

第13章 安全管理

存储安全对于企业的生存和发展有直接重大影响。因此，必须加强仓库和物资的安全管理，提高职工的安全意识和安全技术水平，及时发现和消除安全隐患，杜绝事故发生。

13.1 安全管理

安全管理的内容、安全管理的原则、设定安全目标分别如表13-1、表13-2、表13-3所示。

表13-1 安全管理的内容

对仓库和物资的安全管理	对职工的安全管理
（1）重视消防：仓库要设置专业或兼职的防火人员，建立专职消防组织与义务消防组织；制定防火安全教育制度，组织职工学习安全技术知识与扑救方法；配备足够的消防设备，保持完整好用；要有健全的消防制度，对重点要害部位，要定点、定人、定措施；要建立防火档案，制订灭火作战计划，以便在发生火警和其他事故时能及时灭火，以免造成损失。 （2）安排警卫：仓库应设安全主管负责安全保卫工作，建立保卫部门或配备专职的保卫人员，对职工进行安全保卫工作教育；同时，结合实际情况，建立门卫检查，警卫执勤、巡逻、值班等制度。 （3）安全检查：仓库应采取定期检查与经常性检查相结合、领导检查与群众检查相结合的方式，逐级负责安全检查	强化劳动保护和技术安全措施，保护职工人身安全和身体健康，防止发生伤亡事故

表13-2 安全管理的原则

原则	内容
预防为主	通过有效的管理和技术手段，防范人为因素，改变物资的不安全状态，把发生事故的概率降到最低
偶然损失	无论事故是否造成损失，都要防止事故再次发生
因果关系	掌握规律性，把事故消灭在起始阶段

（续表）

原则	内容
三对策	工程技术对策、教育对策、法制对策
本质安全化	从根本上消除发生事故的可能性，从而预防事故发生
强制原理	采取强制手段，控制人的意愿和行动，使人的活动、行为等受安全管理规范的约束，从而保障仓库的安全

表 13-3　设定安全目标

项目	内容
依据	（1）国家的安全生产方针、政策。 （2）本系统、本企业安全生产的中长期规划。 （3）工伤事故和职业疾病统计数据。 （4）企业长远规划和安全生产现状。 （5）企业的经济技术条件
原则	（1）突出重点。 （2）突出先进性。 （3）突出可行性。 （4）突出全面性。 （5）突出量化性。 （6）突出应变性
指标	（1）重大事故次数，包括死亡事故、重伤事故、重大设备事故、重大火灾事故、急性中毒事故等。 （2）死亡人数指标。 （3）伤害频率或伤害严重率。 （4）事故造成的经济损失，如工作日损失天数、工伤治疗费、死亡抚恤金等。 （5）作业点尘、毒达标率。 （6）劳动安全卫生措施计划完成率、隐患整改率、设施完好率。 （7）全员安全教育率、特种作业人员培训率等。 （8）安全教育措施，包括教育的内容、时间安排、参加人员规模、宣传教育场地。 （9）安全检查措施，包括检查内容、时间安排、责任人、检查结果的处理等。 （10）危险因素的控制和整改。 （11）安全评比。 （12）安全控制点的管理
考核与评价	（1）考核内容：目标完成的数量、质量和时间；目标实施过程中各部门或各成员间的联系和配合情况；考虑目标的复杂程度和目标责任人的努力程度。 （2）在预定期限或目标完成后，上、下级一起对完成情况进行考核，总结经验教训，确定奖惩标准，并为新的目标做准备。 （3）成果的评价必须与奖励挂钩，物质或精神奖励达到目标者。 （4）评价阶段是上级指导、帮助和激发下级工作热情的最好时机，也是发扬民主管理、鼓励群众参与管理的一种重要形式

13.2 仓库消防

火灾隐患清单，仓库防火安全措施及要求，不同物资类别的灭火方法，禁水灭火物品及说明，灭火器的类别及灭火原理，灭火器使用要求，灭火器的保养方法及说明，消火栓的使用要求及说明分别如表13-4至表13-11所示。

表13-4 火灾隐患清单

隐患	表现
建筑物结构和耐火等级与其使用性质不符	未遵循防火规范要求；布局不合理，发生火灾后易蔓延或影响其他建筑物
火源、热源、电源距可燃物较近	如炉灶、火炉、电热器具、煤气灶靠近可燃物或可燃结构
外来火种和易燃品因检查不严带入库区	在库区吸烟、使用明火；炉火设置不当或管理不严；火柴、打火机等意外点燃等
未按要求配备灭火器材，或消防器材缺乏、损坏	如灭火器压力表指针位于黄区，表示灭火器过期或不可用；消防水源不足，消火栓被遮挡；消火箱内无水枪、水带；损坏或擅自挪用、拆除、停用消防器材、设施，如埋压、圈占消火栓；室内消火栓系统、自动喷淋系统、自动报警系统等固定消防设施不符合要求
电气设备的类型与使用场所不相适应	电气设备接触不良、缺乏安全装置；配电箱箱体材料、电缆沟盖采用木质结构；照明灯、移动插座等电源线接头外露；灯具不符合要求，照明灯为非冷光灯；电线老化，绝缘体破裂；电力超负荷；乱接乱拉电线；电线、电器设备发生短路；使用不符合规格的保险丝和电线；违章使用大功率电器等
温、湿度超过物品承受极限	可自燃物品堆码过实，不能很好地通风、散热、散潮；易燃物不及时清理
无防护罩的汽车、叉车、吊车进入库区或库房	使用易产生火花的工具；在库内停放、修理汽车；用汽油擦洗零件；叉车内部皮线破损、油管老化漏油；电焊、气焊违章作业，没有消防措施
易燃物品储存、运输、包装不符合规定	性质相抵触物品混存；易燃液体挥发渗漏；不执行分区分类货物储存规定，将易燃、易爆品存入一般库房
安全疏散出口少、消防通道不符合规定或堵塞	无疏散指示标志、无事故应急照明灯，失火后影响人员疏散和消防车辆通行
人员未经过消防培训	不具备安全常识，不懂防火和灭火知识
仓库内设置员工宿舍	易引发火灾

表13-5 仓库防火安全措施及要求

措施	要求
控制可燃物	用非燃或不燃材料代替易燃或可燃材料，采取局部通风或全部通风的方法，降低可燃气体、蒸汽和粉尘的浓度；将能相互作用发生化学反应的物品分开存放

（续表）

措施	要求
隔绝助燃物	避免可燃性气体、液体、固体与空气、氧气或其他氧化剂等助燃物接触，即使有着火源，也因为没有助燃物参与而不致发生燃烧
消除着火源	严格控制明火、电火，防止静电、雷击引起火灾
阻止火势蔓延	防止火焰或火星等火源蹿入有燃烧爆炸危险的设备、管道或空间，或阻止火焰在设备和管道中扩展，或把燃烧限制在一定范围，不致向外延烧

表 13–6　不同物资类别的灭火方法

物资类别	灭火方法
一般物资	冷却灭火法是降低燃烧物的温度于燃点以下，使之不能燃烧，如水、酸碱灭火器、二氧化碳灭火器等均有一定的冷却作用
	窒息灭火法是指使燃烧物得不到足够的氧气而熄灭的方法，如沙土、湿棉被、四氯化碳灭火器、泡沫灭火器等都是运用窒息灭火法灭火
	拆移灭火法又叫“隔离灭火法”，即搬开、拆除可燃烧的东西，使火势因缺少可燃物而熄灭
	遮断灭火法是指用浸湿的麻袋、旧棉被等物遮盖火场附近的其他易燃物和未燃物，防止火势蔓延
	分散灭火法是指将集中的物资迅速分散，孤立火源，一般用于露天仓库，库房内也可以使用
特殊物资	爆炸品引起的火灾主要用水扑救；氧化剂引起的大火多数可用雾状水扑救，也可用二氧化碳灭火器、泡沫灭火器和沙土扑救
	易燃液体引起的火灾用泡沫灭火器最有效，也可用干粉灭火器、沙土、二氧化碳灭火器扑救。由于绝大多数易燃液体都比水轻，且不溶于水，故不能用水扑救
	易燃固体引起的火灾一般用水、沙土、泡沫灭火器、二氧化碳灭火器扑救。如果氧化物着火，就不能使用酸碱灭火器和泡沫灭火器，因为酸与氧化物作用能够产生有毒气体，危害性极大
	腐蚀性物资碱类与酸类的水溶液着火可用雾状水扑救，但遇水分解的多卤化合物、氯磺酸、发烟硫酸等，绝不能用水扑救，只能用二氧化碳灭火器扑救，有时也可用沙土灭火
	遇水燃烧的物质只能使用沙土和二氧化碳灭火器灭火
	自燃性物资可使用大量水或其他灭火器材灭火
	压缩气体引起的火灾可用沙土、二氧化碳灭火器、泡沫灭火器扑灭
	放射性物资可用大量水或其他灭火剂扑救

表 13–7　禁水灭火物品及说明

禁水灭火物品	说明
电气设备	电路未切断时，用水灭火有触电风险
忌水货物	能与水发生化学反应引起爆炸

（续表）

禁水灭火物品	说明
油类、酒精和其他轻于水的易燃液体	能浮于水面，用水灭火会扩大火灾面积，但面积不广、厚度不超过3厘米时，可用雾状水扑灭
其他过水能使其质量变化或怕水的物资	如仪器、机电设备、纸张等，非万不得已避免用水扑救，尽量使用其他方法
高度灼热的物体	如金属铸件和某些矿物体在火灾中与水接触会爆炸伤人
粉末状固体	用水灭火时会随水流的冲击飞扬，扩大危害，但可用雾状水扑灭

表 13-8　灭火器的类别及灭火原理

灭火器类型	灭火剂类型	灭火原理
水型灭火器	灭火剂如果是清洁的水，可加入适量的防冻剂，以降低水的冰点；也可加入适量添加剂，如抗冻剂、润湿剂、增黏剂等，以提高灭火性能	利用灭火器喷出的水扑灭火焰
泡沫灭火器	灭火剂分化学泡沫和空气泡沫两种，前者泡沫由硫酸铝和碳酸氢钠混合产生，后者根据不同需要分别充装蛋白泡沫、氟蛋白泡沫、轻水（水层膜）泡沫和抗溶性泡沫	用泡沫覆盖燃烧物质的表面，以阻止可燃液体的蒸发和空气的进入
二氧化碳灭火器	灭火剂是液态的二氧化碳	稀释空气，把燃烧区空气中的氧浓度降低到维持物质燃烧的极限氧浓度以下，使燃烧停止
干粉灭火器	灭火剂主要包括碳酸氢钠、碳酸氢钾和磷酸铵盐三类	干粉在火焰中迅速分解，其碱性金属氧化物迅速夺取燃烧反应中的活性基，从而扑灭火灾
卤代烷灭火器	灭火剂是卤代烷，目前应用较广泛的是一氯二氟一溴甲烷、三氟一溴甲烷及四氟二溴乙烷	破坏燃烧的连锁反应，达到灭火目的

表 13-9　灭火器使用要求

灭火器类型	使用要求
水型灭火器	（1）将水型灭火器提至火场，在距离燃烧物10米处将灭火器直立放稳；摘下保险帽，用手掌拍击开启杆顶端的凸头，使气瓶的密膜片被刺破，气体进入筒体内，迫使清水从喷嘴喷出。一只手提起灭火器，另一只手托住灭火器的底部，将喷射的水流对准燃烧最猛烈处。 （2）随着灭火喷射距离的缩短，操作者应逐渐向燃烧物靠近，使水流始终喷射在燃烧处，直至将火扑灭。 （3）喷射过程中，灭火器应始终与地面保持垂直状态，切勿颠倒或横卧；否则，会使加压气体泄出而影响灭火剂喷射

（续表）

灭火器类型	使用要求
泡沫灭火器	（1）手提泡沫灭火器奔赴火场途中，应注意不得使灭火器过分倾斜，更不可横拿或颠倒，以免两种药剂混合而提前喷出。 （2）距离着火点 10 米左右，即可将筒体颠倒，一只手紧握提环，另一只手扶住筒体的底圈，将射流对准燃烧物。 （3）在扑救可燃液体火灾时，若已呈流淌状燃烧，则将泡沫由远而近喷射，使泡沫完全覆盖在燃烧液面上。 （4）若在容器内燃烧，则应将泡沫射向容器的内壁，使泡沫沿着内壁流淌，逐步覆盖着火区域
二氧化碳灭火器	（1）在距燃烧物 5 米左右处拔出灭火器保险销，一只手握住喇叭筒根部的手柄，另一只手紧握启闭阀的压把，将二氧化碳喷向燃烧物体。 （2）对于没有喷射软管的二氧化碳灭火器，应把喇叭筒往上扳 70°~90°。 （3）使用灭火器时，不能直接用手抓住喇叭筒外壁或金属连线管，以防手被冻伤。 （4）灭火器在喷射过程中应保持直立状态，切不可平放或颠倒。 （5）在室外使用二氧化碳灭火器时，应选择在上风方向喷射；在室内窄小空间使用时，灭火后操作者应迅速离开，以防窒息
干粉灭火器	（1）手提或肩扛灭火器并在距燃烧物 5 米左右处放下灭火器喷射，如在室外应选择在上风方向喷射。 （2）干粉灭火器若是外挂式储压式，操作者应一只手紧握喷枪，另一只手提起储气瓶上的开启提环。 （3）干粉灭火器若是内置式储气瓶或者储压式，操作者应先将开启把上的保险销拔下，然后一只手握住喷射软管前端喷嘴部，另一只手将开启压把压下打开灭火器灭火。 （4）干粉喷出后，应迅速对准火焰的根部左右晃动扫射，使干粉能够迅速覆盖燃烧物体的表面
卤代烷灭火器	（1）手提提把或肩扛灭火器在距燃烧物 5 米左右处放下灭火器，拔出保险销，一只手握住开启把，另一只手握在喷射软管前端的喷嘴处。 （2）如果灭火器无喷射软管，可一只手握住开启压把，另一只手扶住灭火器底部的底圈部分。先将喷嘴对准燃烧处，用力握紧开启压把，使灭火器喷射。 （3）灭火器使用时不能颠倒，也不能横卧，防止灭火剂喷不出。 （4）因卤代烷灭火剂有一定的毒性，为避免对人体造成伤害，在室外使用时，应选择在上风方向喷射；在窄小的室内灭火时，灭火后操作者应迅速撤离

表 13-10　灭火器的保养方法及说明

保养方法	说明
更换、补充灭火剂	灭火器使用完毕后，需要及时添加灭火剂；定期检查灭火剂是否有效，及时更换失效的灭火剂
清洁灭火器	定期疏通灭火器的喷嘴或套以纸罩，以防尘土、污物堵塞喷嘴；定期检查大型灭火器的皮管，以防止昆虫和污物侵入
报废灭火器	及时处理已达报废年限的灭火器，在筒身或瓶体上打孔，并用不干胶贴上报废标志

表 13-11　消火栓的使用要求及说明

使用要求	说明
室内消火栓维护与保养要求	(1) 定期检查室内消火栓是否完好，有无生锈或漏水现象，如有问题及时处理。 (2) 定期检查接口垫圈是否完整无缺，如有问题及时更换。 (3) 定期在消火栓阀杆上加注润滑油。 (4) 定期检查消防栓箱门是否损坏，门锁开启是否灵活，如发现问题及时更换、修理。 (5) 定期检查卷盘、水枪、水带是否损坏及阀门、卷盘转动是否灵活，如存在问题及时处理。 (6) 定期放水检查，以确保火灾发生时能及时打开放水
室内消火栓操作	(1) 用钥匙开启箱门或击碎门玻璃，扭动锁头打开箱门，如消火栓设有紧急按钮，应将其拉环向外拉出，再按顺时针方向转动旋钮，打开箱门。 (2) 取下水枪，按动水泵启动按钮，并铺设水带。 (3) 旋转消防栓手轮，开启消防栓，射水灭火。 (4) 灭火后，把水带洗净晾干，按盘卷或折叠方式放入箱内，再把水枪卡在枪夹内，装好箱锁、换好玻璃、关好箱门
地上消火栓检查	(1) 检查消火栓外部是否有损伤，并清除启闭杆端部周围的杂物。 (2) 将专用消火栓扳手套于杆头，检查是否合适，并转动起闭杆，加注润滑油。 (3) 用纱布擦除出水口螺纹上的积锈，检查闷盖内橡胶垫圈是否完好。 (4) 打开消火栓，检查供水情况，观察有无漏水现象，放净锈水后关闭

13.3　常用表单

表 13-12　安全作业巡查表

项目	要点	结果
作业服装	是否保持清洁	
	纽扣是否脱落或有破损	
	作业鞋的后跟是否断裂、鞋带是否松脱	
	是否穿拖鞋	
	是否在规定场所戴安全帽	
	身上是否有锐利或尖锐的物品	

（续表）

项目	要点	结果
劳保用品	是否戴眼镜和耳塞	
	是否正确戴口罩	
	是否更换过滤用品	
	是否随时准备好备用品	
	是否在指定地点保管，并正确保管	
通道	是否放置物品	
	是否有凹凸不平、不安全的地方	
	是否存水或油	
	是否有电线或管道横穿通道	
	进出口的宽窄、高度是否合适	
操作场所的地面	是否有不用的物品	
	电线或管道是否安全	
	清洁用品、备品是否在指定的场所保管	
	在电源柜、消防栓、防火设备、安全门等处是否放置物品	
	整理、整顿、清扫是否正常	
保管	保管地点是否标明保管物品的内容及其责任人	
	容器是否有盖子，防止灰尘、蒸发	
	是否配备消防栓，是否标明严禁烟火	
	通风换气设施是否正常运转	
	温、湿度是否控制在正常范围内	

表 13-13　仓库安全日志表

安全			事故					事故频率	对策
人员	时间	品名	存放场所	物资编号	内容	原因	损失额		

表 13-14 仓库值班记录表

___年___月___日		签名	值班情况	检查情况
___时___分	值班人员			
___时___分	值班人员			
___时___分	值班人员			
___时___分	值班人员			
___时___分	值班人员			
___时___分	值班人员			
___时___分	值班人员			
___时___分	值班人员			
___时___分	值班人员			
___时___分	值班人员			
___时___分	值班人员			
___时___分	值班人员			
___时___分	值班人员			
___时___分	值班人员			
___时___分	值班人员			

表 13-15 安全检查记录表

仓库：　　　　检查人：　　　　检查时间：___年___月___日至___年___月___日

序号	检查内容	___月___日	___月___日	___月___日	___月___日	___月___日	___月___日	___月___日
		周一	周二	周三	周四	周五	周六	周日
1	危险化学品是否按规定库房（场所）储存							
2	危险化学品的外包装是否正常，有无泄漏							
3	仓库有无混存混放或超量储存							
4	仓库的电气线路、照明器具、开关等是否正常							
5	安全（消防）设备设施、灭火器是否完好							
6	仓库内通道是否畅通							

（续表）

序号	检查内容	___月___日	___月___日	___月___日	___月___日	___月___日	___月___日	___月___日
		周一	周二	周三	周四	周五	周六	周日
7	仓库安全标志是否完好							
8	操作人员是否按规定穿戴劳保用品							
9	仓库内的垃圾、杂物是否及时清理干净							
10	是否有其他异常情况							

表 13-16　安全事故记录表

序号	事故发生日期	事故原因	措施	处理结果	处理人	备注
1						
2						
3						
4						
5						

表 13-17　安全事故调查表

事故内容			
发生地点			
见证人		责任人	
发生日期	___年___月___日	发生时间	□上午___时　□下午___时
事故原因			
事故状况			
处理方式	负责人：		
根本对策	负责人：		
追踪调查	负责人：		

审核人：　　　　　　　　　　　　制表人：

表 13-18 仓库安全改善通知书

检查日期： 时间：

不安全因素	不合规处或不安全情形	建议改善事项	改善期限	改善经过或结果

检查人： 主要负责人： 主管：

表 13-19 仓库防火防盗工作考核表

绩效考核人员		考核地点	
被考核人员		考核时间	
考核项目	考核内容	分值	实际得分
防火工作	能及时查出仓库内的消防隐患，并提出整改措施		
	正确检查仓库的消防设施是否齐全有效		
	能够根据检查情况对仓库的消防工作提出整改意见		
防盗工作	能及时发现仓库防盗隐患，并提出整改措施		
	正确填写门卫放行登记表		
	正确填写仓库巡查表		
	正确填写交接班表		
合计			

仓库安全管理责任重大，仓储管理者要把人员、物资、设备设施的安全作为头等大事。在安全管理方面，安全意识尤其重要，要时刻观察、发现、消除安全隐患。因此，安全工作除严格管理制度外，对员工的例行培训和安全提醒及常规检查也必不可少。

第14章 管理系统

见此图标 微信扫码
领取本书作者指导音频

仓库管理系统（Warehouse Management System，WMS），是对物资存放空间进行管理的软件。本章基于 WMS 的组成及功能模块，重点阐述 WMS 的实施误区、选型原则及实施步骤。仓储管理人员应重点掌握 WMS 的选型及实施方法。

14.1 概述

WMS 可对仓库内的各类资源进行计划、组织、引导和控制，对物资的存储与移动（入库、出库、库内移动）进行管理，并对作业人员进行绩效管理。WMS 的主要模块、WMS 组成架构、WMS 的应用效益分别如表 14-1、图 14-1 和图 14-2 所示。

表 14-1　WMS 的主要模块

主要模块	内容
入库	货到站台，收货员通过射频终端（RF）将到货数据传到 WMS，WMS 随即生成相应的条码标签，粘贴（喷印）于收货托盘（货箱），扫描生成入库单号，WMS 指示储存货位
收货直发	货到收货站台，如已有订单正在等待发货，WMS 指令叉车司机直送发货站台，不再进仓库储存、上架
储存	WMS 按最佳的储存方式选择空货位，通过叉车上的射频终端通知叉车司机，并指引最佳途径抵达空货位，扫描货位条码。货物就位后，扫描货物条码，WMS 即确认货物已储存于该货位
订单处理	订单到达仓库，WMS 按照执行人、订单日期、订单范围或客户等条件确定订单处理的顺序和方法
分拣	WMS 确定最佳拣选方案，安排订单拣选任务。由射频终端引导拣选人到货位，显示拣选数量，扫描货物和货位条码，WMS 确认拣选正确后，货物库存量同时减除

（续表）

主要模块	内容
发货	WMS 生成出库单号、制作包装清单和发货单，交付发运，称重设备和其他发货系统与 WMS 联合工作
货位转移	WMS 可支持多仓库、多货位之间的转移。当使用 RF 终端处理移仓业务时，WMS 会生成仓库位置报表
循环盘点	循环盘点是 WMS 的标准功能，规范完善的盘点制度可以保证盘点结果的准确性，避免因盘点导致业务暂停，造成损失及产生高额盘点费用。WMS 记录最后一次盘点的结果，作为系统的最终库存
自动生成报表	WMS 定期生成入库、出库、库存、盘点、效期等统计报表
报表查询	WMS 按照货物编号、条形码序列号、单据编号、作业区间、客户信息等条件查询相应报表

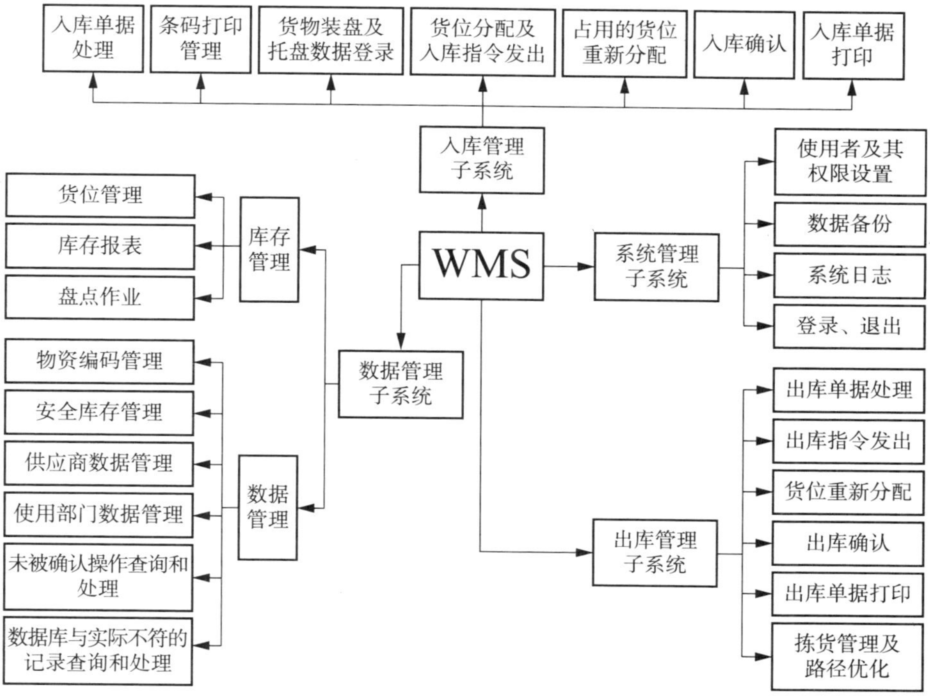

图 14-1 WMS 组成架构

1. 为仓库作业全过程提供自动化和全面的记录途径
2. 改变固定货位，实现进库随机储存，从而最大限度地利用仓容
3. 提高发货的质量和正确性，减少断档和退货
4. WMS提示作业者按物品入库时间或有效期的先后顺序，从有足够库存的货位进行分拣，保证“先进先出”
5. 客户、供应商可以按类别、地区等进行分级设置，方便用户进行差异化管理
6. WMS可以协助仓库作业人员将同种物品放置到相邻或相近区域，集中管理
7. 用户可以采用多种方法核算物资单价
8. 系统允许用户修改单据的编号，且具有自动填补断号的功能，方便用户管理仓库单据和对账
9. 拥有自动库存预警功能
10. 可让仓库作业人员直接从便携数据终端接收任务，实现无纸化作业
11. 与企业的TMS、OMS和ERP等一起融入企业的整体管理系统
12. 可连接自动导向车（AGV）、输送带、回转货架和自动化立体仓库等

图 14-2　WMS 的应用效益

14.2　WMS 实施

WMS 实施误区及说明、WMS 选型原则及要求、WMS 实施步骤及具体说明分别如表 14-2、表 14-3、表 14-4 所示。

表 14-2　WMS 实施误区

实施误区	说明
过分相信软件商的系统演示	演示会上，一定要控制交流的内容和进程，尽量使用自身的作业数据。若有条件，将演示过程录像；同时，使用拟购买的版本进行演示
过分依赖系统上线测试	测试不同于正式运行，测试无问题不代表上线无问题。要把上线工作计划与步骤文档化并严格遵守；对于整个系统测试、实施中遇到的系统问题或瑕疵记录在案、切实解决；己方的项目经理要在每个细节上负起责任
只关注软件本身，不关注实施顾问和厂商背景	WMS 一般需要在标准软件之外增加 10%～50%的定制工作量，签订一份系统维护合同。虽会增加成本，但来自厂家的支持必不可少
预算太低	一般情况下，对于软件项目的实施要对预算上浮 20%～30%。WMS 实施的过程是流程再造，是解决问题的过程，很多看似不起眼的因素可能让预算超支。正常而言，软件费用包括以下几项。 （1）使用许可：运行系统需要的软件许可证，通常按用户数收费，即电脑使用者或无线数据终端使用者数量。使用许可有不同的收费方式，包括根据交易付费或者按月付费（SAAS 模式），但不是完全购买该系统。 （2）专业服务：项目调研、实施、培训和在线支持服务的成本。 （3）定制成本：根据专项需求更改标准版系统的成本
过高的期望	购买纸端系统，期望高端服务

（续表）

实施误区	说明
完全相信软件商	软件的功能确认、业务需求描述一定要精确，己方要有专业人员全程跟踪、监督系统实施。由于各行业、不同供应链环节的业务需求千差万别，软件商的成功经验不一定适合己方，己方要主导 WMS 实施的整个过程
项目准备时间不足	购买 WMS 软件的决策时间，包括功能需求定义、项目建议书（Request for Proposal，RFP）编制、软件商及其产品考察等工作，一般需要 2~4 个月时间
忽视 WMS 实施是“一把手工程”	WMS 实施是流程再造，企业领导应始终关注，特别是关键点：如新仓库前期总体规划汇报会；老仓库前期流程分析与诊断会、WMS 系统需求总结会、意向软件商的系统应用现场、每周一次项目经理的汇报等
畏惧高新技术，谈判力不够	定义需求、确认实施计划、控制预算等需要反复沟通，WMS 实施过程就是双方讨论与谈判的过程，必须重视
签署合同过于草率	项目的需求文档（如 RFP）、需求定义、实施的要求与计划等，凡涉及时间、成本、质量的问题都要写进合同，一份只确认报价、付款方式的合同无法保证项目的顺利实施

表 14-3　WMS 选型原则及要求

选型原则	要求
流程梳理	引进 WMS 前，要确保现有业务流程有效，管理者对仓库的未来发展须有清晰蓝图。同时，在选型过程中要保持开放的心态，让软件商了解需求并展示对应的解决方案
重视兼容	（1）WMS 要与企业的其他管理软件兼容。由于实施 WMS 前库存和账目都是通过 ERP 管理，ERP 往往会为对账设置大量的业务逻辑，使 WMS 集成难度大大增加。如果软件商只懂仓库运作，对于 ERP 账务管理机制和背后的业务需求不了解，失败风险极大。 （2）实施过程中需要双方人员研讨如何确保业务流程在引入 WMS 后能够流畅运行，并得到优化
价格适当	价格非常关键，但不要过分压价。一定要提前了解清楚增加仓库和用户数时的费用、功能不满足业务发展需要二次开发的费用、是否需要支付海外专家费用、每年软件运维费用等
软件厂商	关注仓储和物流软件商
厂商实力	选择仓储专家队伍强的软件商，对同一套 WMS，实施人员不同，结果会大相径庭
售后服务	确保软件商有充沛的可控资源解决各种问题，能在工作期间随时提供必要的咨询支持。特别是在软件刚刚上线时，可提供全天候服务

（续表）

选型原则	要求
行业推荐	选择仓储和物流专业人士认可的 WMS，而不是项目开发者或者分析者认可的系统。对于软件商提供的产品要进行一次深度展示，确保系统包括企业所需要的全部功能
成功案例	选择有成功案例的软件商
相处融洽	确保软件商易于相处且规模合适。规模过小可能缺乏足够资源，规模过大对己方的个性化需求支持可能不够
新技术	确保产品使用的是最新的软件技术，并持续更新，可满足未来的管理需求
可配置	选用终端客户可配置的软件包。系统上线时很难预测未来需求，需要具备高度灵活性。小且重要的改变是必要的，但不能影响系统升级，且软件商的定制开发能力和费用可以接受
关注性能	WMS 是一个实操要求非常强的系统，在波次处理、分配等各环节都涉及大数据量计算，功能虽强大但使用起来不断卡顿，影响致命。功能不足可以通过二次开发弥补，性能不足往往很难解决
软件架构	（1）WMS 若在技术架构上和企业使用的其他管理系统一致，后期 IT 团队较容易支持和运维，出现问题也便于解决，运维的成本可控。 （2）需要考虑或设限的 IT 架构包括但不限于：是 B/S 还是 C/S、是集中部署还是每个仓库各安装 1 套、使用哪种 DBMS、. NET 还是 Java、运行在 Windows 还是 UNIX 平台上、RF 手持终端架构等
组织保证	选择得力的人员为负责人，在其带领下建立团队负责整个 WMS 的实施；同时，IT 部门一定要参与其中

表 14-4　WMS 实施步骤及具体说明

步骤		具体说明
调研	流程调研	（1）整理现有管理流程，对不合理的环节进行梳理和优化；同时，要考虑 WMS 对 ERP 流程的兼容性。 （2）分析现用系统如 ERP 的仓储管理模块，对系统功能任何小的缺陷都要高度重视，特别要解决影响系统接口可靠性和准确性的问题
	明确期望的改善	（1）提高数据录入效率、降低发货差错率、增加防错功能。 （2）采用 PDA 方式移动作业、根据实物标签进行物流流转、减少无效工时，自动记录工作量数据。 （3）智能拣货、上架，减少对一线人员的技术依赖性。 （4）实现动态、快速盘点。 （5）完善仓储管理规则，包括“先进先出”、批号生成、条码生成、智能上架（如按照重量和货品稳定性，系统推荐适用的高低货位）、商品流动性划分（如按照进出货频率划分产品的 ABC 类别，实施不同的管理策略）等

（续表）

步骤		具体说明
实施	项目试点	先确定试点项目，可以建立在会议室，或在仓库。关注一个客户、一个产品或一个功能，小范围测试系统，以确保系统按要求运行
	软件部署	包括服务端软件部署、客户端/移动端软件部署、参数设置（单据控制、用户账户与权限建立、拣选策略、货位管理、上架策略、批次管理和序列号追踪等）
	基础资料导入	（1）初始化，导入库存数据。 （2）批量设置或导入批号规则、条码规则、货位编号、标准包装数量等。 （3）对于每个 SKU，要有以下数据：货物的尺寸（长、宽、高）和重量、用于货物存储的包装箱尺寸大小、供应商、批次号、特殊存储条件等。 （4）对于每个货位，要有以下数据：货位编号、可使用的尺寸（长、宽、高）、承重力、适宜存放的货物类型、是否为危险品等
	设计标签模板	货位标签、物流标签等，同时打印所有货位标签并粘贴在货架上
	培训	包括统一的会议讲解、作业人员实际模拟培训等。另外，系统的前期测试也是一种有效的培训
正式上线		（1）上线前要保证软硬件到位，如服务器、电脑工作站、网络基础设施、打印机、无线数据终端等。 （2）保证基础资料准确无误。 （3）选择在库存相对静止时实施，如停工或晚上。 （4）制定应急预案，当遇到系统功能无法满足需求时，有备用方案可供执行。 （5）与 ERP 系统对接。 （6）IT 人员上线第一周要现场办公
持续改善		（1）系统上线后不断优化、提升性能。 （2）制定标准 SOP 作业流程。 （3）制作硬件异常情况下的解决方案并下发。 （4）定期组织作业人员培训。 （5）新需求提出并立项改进

14.3 常用表单

表 14-5 系统运行效果评价表

评价内容	本企业状况	
	是	否
库存量是否适当		
是否充分利用了需求库存信息，使生产、物流、销售更连贯，从而提高效率		
是否缩短了从订货到发货的时间		
是否提高了运输效率		

（续表）

评价内容	本企业状况	
	是	否
是否提高了装卸作业效率		
是否省力（特别是订货和发货）		
是否提高了工作的精确性		
是否提高了作业的准确性		
是否支持了销售活动		
是否降低了物流总成本		
本企业仓储信息系统的优点		
本企业仓储信息系统的不足		
改进计划		

表 14-6　系统故障报告表

编号：　　　　　　　　制表人：　　　　　　　　制表日期：　　年　月　日

发生时间		处理时间	
故障发生时的工作环境			
处理措施			
处理结果			
善后措施			
原因分析			
处理人员			

表 14-7　系统维护报告表

编号：　　　　　　　　制表人：　　　　　　　　制表日期：　　年　月　日

需求部门		责任人		员工编号	
设备名称		设备编号		维护时间	
出现情况					
维护内容					
备　　注					
部门主管			执行人		

一套好的WMS，可以优化库存、资源及物料搬运设备，帮助企业提高生产率和服务水平，缩短订单履行时间，降低运营总成本。实施WMS不是购买一件标准化产品，而是仓储管理日益优化的过程，仓储管理者须不断提升自身管理水平。

第15章 附录

见此图标 微信扫码
领取本书作者指导音频

15.1 表目录

15.2　图目录